W0344818

Archäologie

Marion Benz · Christian Maise

ARCHÄOLOGIE

THEISS WISSENKOMPAKT

THEISS

Inhalt

Tagebuch der Menschheit

Die Archäologie entziffert das Tagebuch der Menschheit. Mit modernsten Methoden erforscht sie den Alltag unserer Ahnen anhand von winzigen Überresten, prunkvollen Palästen und modrigen Gräbern. Doch trotz Computern und Hightech-Geräten bleibt sie vom Geheimnis der Vorzeit umweht.

Archäologie – faszinierende Vorzeit

Gibt es etwas Spannenderes als in einem Tagebuch zu schmökern? Die Seiten durchzublättern und peu à peu die Geschichte eines Menschen aus seinen lückenhaften Aufzeichnungen nachzuerleben? Wenn wir plötzlich merken, dass uns diese Geschichte selbst betrifft, wenn uns manche Passagen vielleicht sogar bekannt vorkommen, dann sind wir fasziniert und berührt zugleich.

Nicht anders ergeht es Archäologen. Mit jedem noch so kleinen Fund kommen sie der Vergangenheit ein Stückchen näher. Zwar sind es keine Buchstaben, aus denen sich ihre Geschichten zusammensetzen, sondern Dinge, die übrig geblieben sind, teils nur winzige Überreste: ein Stückchen gemusterter Stoff, verkohltes Getreide oder alte Knochen, teils sind es aber auch mächtige Tempel- und Palastruinen.

All diese Überreste verraten, wie unsere Vorfahren lebten, wie sie aussahen, wie sie sich kleideten, was sie aßen, welche Parasiten sie peinigten und manchmal auch, was sie glaubten, wer ihnen Freund und wer Feind war. Aus diesen Indizien schreiben die Archäologen das Tagebuch der Menschheit.

Dass dieses Tagebuch wie jede Aufzeichnung lückenhaft bleibt, versteht sich von selbst. Die Archäologie ist noch immer weit davon entfernt, all die Millionen von Seiten vergangenen Lebens entziffern zu können: Warum begannen Menschen vor 12.000 Jahren, Getreide anzubauen? Warum wur-

Sowohl Chinas Erster Kaiser († 210 v. Chr.) als auch Jing, ein Herrscher der Han-Dynastie († 141 v. Chr.), ließen einen ganzen Hofstaat in Terrakotta mit sich bestatten. Tausende von Figuren wurden individuell gefertigt und bemalt. Ihre Freilegung und Konservierung wird Archäologen und Restauratoren noch Jahrzehnte beschäftigen.

den um 1200 v. Chr. prächtige Paläste der Hochkulturen am östlichen Mittelmeer zerstört, während in Mitteleuropa eine Blütezeit einsetzte? Wie konnte es dazu kommen, dass die Hunnen eine Völkerflut auslösten, die das mächtige Imperium Romanum wegspülte und weshalb ging die prachtvolle Kultur der Maya sang- und klanglos unter?

Auf solche Fragen kann auch die Archäologie keine endgültigen Antworten liefern. Täglich aber entziffern Archäologen mit Hilfe einer Vielzahl von Methoden neue Seiten des Tagebuches. Sie entdecken unerwartete Funde, die mit keiner Hypothese vorhergesagt wurden, die altbewährte Theoriegebäude ins Wanken bringen und neue Fakten schaffen, die niemand wegdiskutieren kann.

Aber kann es nach 5000 Jahren Grabräuberei und 150 Jahren wissenschaftlicher Forschung, nach Pompeji, Machu Picchu und der chinesischen Terracotta-Armee überhaupt noch Neues geben? Allerdings!

Denken wir nur an Ötzi, der die halbe Welt fasziniert, an die Himmelsscheibe von Nebra, die uns astronomische Kenntnisse der bronzezeitlichen Sternengucker vor Augen führt. Denken wir an die Menschlein von Flores, die sämtlichen Regeln der Evolution widersprechen. Mit jedem neuen Fund wird deutlich, wie wenig wir bislang über die Vorzeit wissen. Doch dank modernster Methoden befindet sich die Archäologie mitten in einer Wissensexplosion. Sie ist populär wie nie und dennoch ist sie bedroht.

Pures Gold, eingelegt mit Edelsteinen: Tutanchamuns Totenmaske (um 1323 v. Chr.). Im Vergleich zu anderen ägyptischen Herrschern war die Grablege des jugendlichen Pharaos jedoch klein, er selbst eher unbedeutend. Wie prächtig müssen die geplünderten Gräber von Ramses II oder Sethos I gewesen sein.

Archäologie – gefährdet wie noch nie

Denkmalämter werden aufgelöst oder totgespart, Universitätsinstitute geschlossen, Museumsbestände eingelagert. Mit Archäologie ist eben kein Profit zu machen – legal jedenfalls nicht, so die landläufige Meinung. Schlimmer noch als die staatliche Ignoranz sind der alles zerstörende Gleichmut der Bagger und die rastlose Gier der Plünderer. Spektakuläre Fälle wie im Irak und in Afghanistan sind selten. In Sekundenschnelle katapultieren sie jedoch die Bedeutung der Archäologie ins Bewusstsein der Weltöffentlichkeit.

Welche Zukunft hat eine Wissenschaft, für die es zwischen der Zerstörung ihrer Quellen auf der einen und dem Abbau ihrer Infrastruktur auf der anderen Seite allmählich eng wird? Ein Orchideenfach, das in seinem Sandkasten buddeln darf, so lange es keinem wirtschaftlichen Interesse entgegensteht? Fast sieht es so aus.

Doch die Archäologie wird den Spaten so schnell nicht abgeben. So lange Menschen nach ihren Ursprüngen suchen, so lange werden Archäologen Tag für Tag, Seite für Seite Botschaften aus dem Tagebuch der Menschheit entziffern. Es wird weiterhin die »Rede von alten Dingen« sein, wie es die wörtliche Übersetzung von »Archäologie« fordert.

Archäologie – von Homo erectus bis Honecker

Wo kommen wir her? Wer sind unsere Vorfahren? Wo liegen unsere Wurzeln? Gerade in einer Zeit, in der alte Gewissheiten wegbröckeln, sind das Fragen, die immer nachdrücklicher gestellt werden. Einen guten Teil der Antworten kann nur die Archäologie geben, gestützt auf Befunde und Funde. Letztere bleiben so lange staubige Materie, wie Archäologen es nicht schaffen, aus ihrem Material und ihren Erkenntnissen Geschichten zu schreiben.

Wem es jedoch gelingt, mithilfe der Fundzusammenhänge, den Menschen zu entdecken, der den drögen Topf oder das plumpe Steinbeil benutzte, dem eröffnen sich völlig neue Welten. Wen fasziniert es nicht, auf einem 50.000 Jahre alten Stück Birkenpech den Fingerabdruck eines Neandertalers zu sehen, immer neue, überraschende Details von Ötzis Schicksal zu erfahren oder den filigranen Goldschmuck einer baktrischen Prinzessin zu bestaunen?

Es sind die Menschen, namenlos oder Persönlichkeiten wie Tutanchamun, Nofretete oder Lucy, die der Vorzeit ein Gesicht geben. Die Archäologie holt die Erinnerung an sie aus dem Boden, rekonstruiert

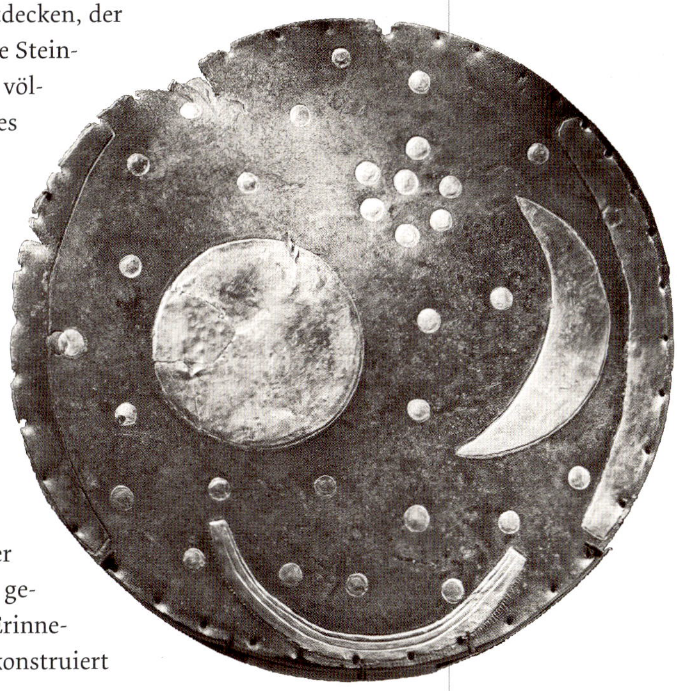

Die Plejaden auf der 3600 Jahre alten Himmelsscheibe sind die älteste Darstellung eines Gestirns. Der Jahrhundertfund wurde bei Nebra (Sachsen-Anhalt) von Raubgräbern aus der Erde geholt. Nachgrabungen und Metallanalysen beweisen jedoch die Echtheit des bronzezeitlichen Unikats.

sie, muss sie aber auch zu großen Teilen neu konstruieren. Was ist das für eine Wissenschaft, die die Epochen von Homo erectus bis Honecker erforscht, die von Mumienmoder und von der Faszination untergegangener Großreiche umweht wird, die den Spielplatz für Indiana Jones und Lara Croft bietet? Was und mit welchen Mitteln erforscht die Archäologie?

Archäologie – Anwendung aller Wissenschaften

Der Blick der Archäologie reicht weit in die Jahrtausende zurück. Doch nicht nur Stein-, Bronze- und Eisenzeit sind ihre Forschungsfelder. Sie bietet unerwartete Einblicke in die Alltagskultur von Römerzeit und Mittelalter, aber auch an Luftschutzbunkern oder der eilig planierten Berliner Mauer setzen Archäologen heute Spaten und Spatel an. Selbst Massengräber in Ruanda und Ex-Jugoslawien untersuchen sie im Auftrag des UN-Kriegsverbrechertribunals.

Die Archäologie betreibt die Erforschung der menschlichen Geschichte anhand materieller Hinterlassenschaften – und das sind längst nicht mehr nur Ton, Steine, Scherben, sondern in zunehmendem Maße auch Isotope, DNA, Pflanzenreste, Tier- und Menschenknochen. Zum traditionellen Vergleich von Töpfen, Schmuck und Waffen, von Hausformen und Bestattungssitten, kommen immer feinere Untersuchungen, mit denen Forscher heute vorgeschichtlichen Überresten ungeahnte Informationen entlocken.

Antike in der Baggerschaufel: Nach der Ausgrabung werden gut erhaltene römische Mauern abgebaggert. Nicht immer gelingt es, Politiker und Anwohner vom Wert des historischen Erbes zu überzeugen.

Mit naturwissenschaftlichen Methoden wird datiert, Genforscher und Anthropologen bestimmen Alter, Geschlecht und Verwandtschaft; Chemiker analysieren korrodierte Metalle und längst verblasste Farben. Geologen bestimmen die Herkunft der Steinwerkzeuge; Biologen erforschen die Ernährung und rekonstruieren die Landschaft. Nicht weniger wichtig sind die zahlreichen Geisteswissenschaften: Soziologie, Ethnologie, Volkskunde, Religionswissenschaft, Politikwissenschaft, Rechtsgeschichte, Kunstgeschichte …

Zufällig stießen irakische Archäologen 1988 in den Ruinen von Nimrud (Kalchu) auf drei unberaubte Grabkammern, in denen mehrere Dutzend Kilo Gold lagen. Die fast 3000 Jahre alten Geschmeide und Goldgefäße übertreffen bei weitem die berühmten, 1500 Jahre älteren Kostbarkeiten der Herrscherin Puabi von Ur.

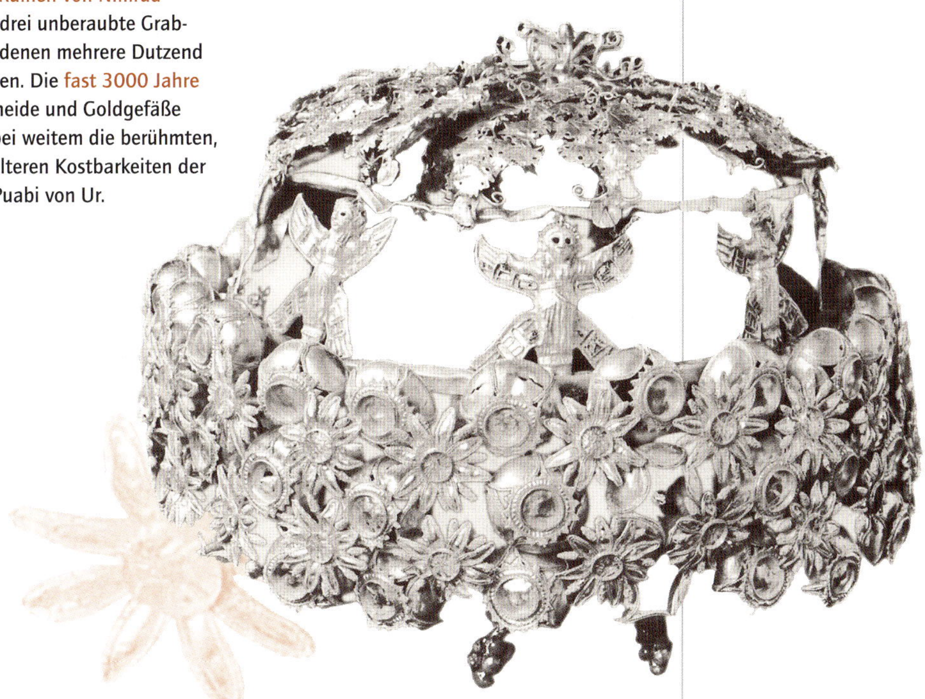

Archäologie ist also nicht weniger als die Anwendung aller verfügbaren Wissenschaften auf die Erforschung der menschlichen Vorzeit – eine unglaublich facettenreiche und spannende, aber auch eine anspruchsvolle Wissenschaft. Auf der einen Seite liefert sie Erkenntnisse über unsere Ahnen, mit denen wir uns identifizieren können: Wie gingen die Menschen damals mit ihrer Umwelt um, wie lösten sie Konflikte, wie organisierten sie ihr Zusammenleben in den frühen Städten und Staaten? Die Archäologie kann aufzeigen, was langfristig über Erfolg oder Misserfolg entschied. Die Vielfalt (prä-) historischer Alternativen relativiert den Blick auf die heutige Lebenswelt.

Auf der anderen Seite faszinieren uns die untergegangenen Reiche, die exotischen Lebensweisen und die befremdlichen Bestattungsbräuche, die die Archäologie erforscht. Sie sprengt die Grenzen nationaler Eitelkeiten: Archäologen forschen in Kältesteppen, in Wüsten und im Regenwald. Im Mittelpunkt ihres Interesses steht der Mensch. Ein ganzes Heer von Wissenschaftlern nimmt sich nach der Ausgrabung der Funde an, bevor diese – im besten Fall – im Museum präsentiert werden.

Vorsichtig legt ein Archäologe ein 7000 Jahre altes Skelett auf einem bandkeramischen Friedhof im Elsass frei. Trotz aller Hightech-Geräte, die zur Prospektion, Dokumentation und Analyse benutzt werden, sind Pinsel, Kelle, Schaufel und Schubkarren auf Ausgrabungen noch immer unersetzlich.

Schriftliche Dokumente erhellen die Geschichte der Mächtigen, der Reiche und Staaten. Tempel und Paläste sind auch in der Archäologie wichtig. Ihre Stärke liegt aber darin, vor allem die Geschichte von unten schreiben zu können, wie das die Schule der Annalen für die Historie fordert.

Über dieses Buch

Wie ein Tagebuch ist auch dieses Buch aus persönlicher Sicht geschrieben, es hat Lücken und interpretiert die Vergangenheit aus Sicht unserer Gegenwart. Wir wollen hier nicht nur von großen Schätzen oder mächtigen Königen erzählen, sondern auch von ihren Untertanen. Wie erging es den Handwerkern, die die Pyramiden bauten, wie den Dienern, die ihrer Herrin ins Reich der Toten folgten?

Den regionalen Schwerpunkt bilden Europa und der Orient, Ausblicke nach Amerika, Afrika, Australien und in den Fernen Osten erweitern den Horizont. Jedes Kapitel dieses Buches kann für sich gelesen werden und steht doch mit den vorangehenden und den folgenden in einer Reihe. Wen die harten Fakten, die Funde und Erkenntnisse der Forschung begeistern, der wird vielleicht mit dem Abschnitt »Wie alt ist eigentlich?« auf S. 37 beginnen und wen die Stellung der Archäologie in der heutigen und in früheren Gesellschaften interessiert, der wird eher auf S. 15 oder S. 169 anfangen.

Jedes der 25 Themen in diesem Buch hätte es verdient, in einem eigenen Buch behandelt zu werden. Jedes Kapitel ist also nur ein erster Einstieg. Das Buch ist ein Versuch, die zahllosen Facetten der Archäologie, die Fülle an Erkenntnissen und Methoden zwischen zwei Buchdeckel zu bringen; eines Faches, das wie kein anderes viele Wissenschaften in sich vereint, das Geistes- und Naturwissenschaft ist und mit modernsten physikalischen und biologischen Methoden überraschende Ergebnisse erzielt – und das daher mit gutem Grund heute auf riesiges Interesse stößt.

Ein Blick zurück

Das Bild der Vorzeit ist immer auch ein Spiegel der Gegenwart. Ängste, Hoffnungen und Ideale: Die Vergangenheit bietet für vieles eine Projektionsfläche – und das nicht erst seit heute.

Die Archäologie im Zeitalter der Massenmedien

Archäologie und Antike befinden sich in einer ungewohnten Situation. Nicht mehr nur staubige Bibliotheken und modrige Erdschichten sind ihr Zuhause – von allen Seiten werden sie bestaunt, bewundert und angestrahlt. Sie stehen mehr denn je im Rampenlicht.

Archäologische Ausstellungen feiern ungeahnte Erfolge. Hunderttausende strömen zu Tutanchamun, zu den Azteken, Minoern und Hethitern oder sind auf den »Spuren der Jahrtausende« unterwegs. Zeitschriften und Fernsehen berichten über Sensationsfunde, aber auch über die Resultate akribischer archäologischer Forschungen. Sie liefern historische Heimatkunde ebenso wie den goldenen Glanz der weiten Welt der Archäologie.

Selbst die Filmindustrie hat 40 Jahre nach »Ben Hur« mit »Gladiator« den monumentalen Historienschinken wieder als Publikumsmagneten entdeckt. Angesichts des Erfolgs von »Gladiator« entschied Hollywood sich rasch für ein weiteres Epos über Ehre, Macht, Krieg und Liebe und transportierte mit Brad Pitt als Achill den antiken Mythos Troia auf die modernen Kinoleinwände.

Das veraltete Bild der Vorgeschichte. Die Vorstellungen des 19. Jh. sind längst überholt, spuken aber noch heute, im 3. Jt., in vielen Köpfen herum.

Revival der Sandalenfilme

Was in den 1950er Jahren als »Sandalenfilme« verspottet wurde, feiert jetzt mit gigantischen Etats neue Erfolge: »Gladiator« kostete rund 100 Millionen Dollar und »Troja« sogar 185 Millionen Dollar. Alleine in Deutschland wollten 3,6 Millionen Kinobesucher die Kampfszenen in der Arena und 4,2 Millionen Menschen den Griechenklassiker sehen. Der Erfolg war jedoch sehr unterschiedlich: Während »Gladiator« in den USA 80 Millionen Dollar Gewinn einspielte, waren es bei »Troja« 50 Millionen Dollar Verlust.

Viele Archäologen bemühen sich heute, die Methoden prähistorischer Töpfer, Metallurgen und anderer Handwerker experimentell nachzuvollziehen. Nur so können Hypothesen, z. B. über Bronzegusstechniken, getestet werden.

Auch das Fernsehen will da nicht abseits stehen. Dokumentationen ohne Spielfilmszenen sind heute kaum noch denkbar. Caesar auf dem Feldherrenhügel, ägyptische Beamte in ihren Palästen: Die erhaltenen Ruinen und Statuen, Reliefs, Malereien und die schriftlichen Überlieferungen machen es für frühe historische Epochen relativ leicht, Kulissen und Kostüme zu rekonstruieren. Manchmal können dank Gerichtsprotokollen und Kriegsberichten sogar plausible Stories und Dialoge geschrieben werden.

Für die Frühzeit sind die Bilder, die dem Publikum präsentiert werden, aber teils abenteuerlich: In langer Reihe ziehen Gestalten über ein Schneefeld. Fellkleidung hängt ihnen in Fetzen vom Leib, außer »u-uargh« bringen sie nichts über die Lippen. Die Masken scheinen aus dem Fundus von »Planet der Affen« zu stammen. Hüpfende und grunzende Primaten im Schnee. Soll so die Eroberung des Planeten durch unsere Ahnen ausgesehen haben?

Die Archäologen liefern bei solchen Werken fachliche Beratung. Die Regisseure sind aber in der künstlerischen Gestaltung der Spielfilmsequenzen frei und es scheint fast, als ließen sie sich dabei von den veralteten Bildern des 19. Jh. mehr leiten als von neuen wissenschaftlichen Erkenntnissen.

Ähnlich sieht es in den Doku-Soaps aus. Die filmisch dokumentierte Auseinandersetzung moderner Städter mit kaum technisierten Lebenswelten ist vor allem auf Emotionalität ausgerichtet. Die Kulisse ist dabei fast beliebig austauschbar: ganz gleich, ob Schwarzwaldbauern, sibirische Rentierhirten oder Steinzeitmenschen – Hauptsache sie frieren ordentlich und müssen ein Tier schlachten.

Die biedere Sachlichkeit der 1990er Jahre ist vorbei. Es ist »Sturm über Europa« angesagt und nicht nur hier. Die Vorgeschichte wird von manchen wieder als eine Aneinanderreihung von Eroberungen und Kämpfen inszeniert. Die Neandertaler »fielen dem ersten Genozid der Geschichte« zum

EXPERIMENTELLE ARCHÄOLOGIE – ERLEBNISARCHÄOLOGIE

Im Schweiße ihres Angesichts beackern Archäologen ein winziges Feld. Sie wollen herausfinden, wie viel Ertrag es bringt. Andere fällen Bäume mit einem Bronzebeil oder bauen ein Wikingerschiff. Archäologen sind aber nun mal Schreibtischarbeiter und können mit ihren handwerklichen und landwirtschaftlichen Leistungen sicher nicht mit prähistorischen Menschen mithalten. Deren über Generationen erworbene Erfahrung lässt sich nicht an ein paar Samstagnachmittagen aus dem Ärmel schütteln. Soll experimentelle Archäologie wirklich neue und belastbare Ergebnisse bringen, so muss sie gemeinsam mit Fachleuten wie Bauern, Handwerkern, Volks- und Völkerkundlern systematisch und mit hohem Geld- und Zeitaufwand betrieben werden.

Das hat man erkannt und einige viel versprechende und langfristige Projekte gestartet, beispielsweise die großflächige Etablierung neolithischer und eisenzeitlicher Landwirtschaftssysteme, die Errichtung von Häusern und Wällen – deren allmählicher Zerfall dann sorgfältig dokumentiert wird – und die Verhüttung und Bearbeitung von Metall. Dagegen lehrt einen das Fällen eines Baumes mit dem Steinbeil zwar, die Motorsäge wieder zu schätzen, der Erkenntnisgewinn für die Wissenschaft ist aber gering.

Vieles, was im museumspädagogischen Tagesgeschäft »Experimentelle Archäologie« heißt, ist eher Erlebnisarchäologie oder Replikenherstellung. Feuer zu machen mit Pyrit, Silex und Zunderschwamm, ist für die Zuschauer jedes Mal ein Erlebnis. Hier ist die Erlebnisarchäologie richtig und wichtig, da man mit kaum einer anderen Methode die Urgeschichte anschaulicher und begreifbarer darstellen kann. Einen Schritt weiter bei der Inszenierung der Vorzeit gehen Trachtengruppen, die sich möglichst »zeitgemäß« ausstatten. Sie kleiden sich wie z. B. im 12. Jh. oder stellen für ihre Keltentruppe Schwerter, Schuhe und Hosen selbst her. Solche Vereine sind inzwischen ein unverzichtbarer Bestandteil von historischen Märkten, Römer- und Keltenfesten. Sie spinnen, weben, schmieden und schnitzen, kochen und backen und vermitteln so einem breiten Publikum archäologische Erkenntnisse über das tägliche Leben der Vorzeit.

Die Vorzeit selbst nachzuerleben, zu erfahren, wie mühsam es war, Getreidekörner von Hand zu mahlen oder ohne Streichhölzer Feuer zu machen, gehört zu den eindrücklichsten Methoden, die Ergebnisse der Archäologie einem breiten Publikum zugänglich zu machen.

Opfer. Solche Ideen und Bilder erinnern fatal an längst vergangen geglaubte Zeiten und selbst da, wo aktuelle Forschungsergebnisse wiedergegeben werden, werden sie allzu oft noch durch bunte Gemälde aus der Zeit des Historismus illustriert.

Öffentlichkeit – nein danke?

Es ist ein eigentümlicher Zustand, dass es die Archäologie, speziell in Mitteleuropa, noch kaum geschafft hat, der bildersüchtigen Mediengesellschaft adäquate, dem modernen Kenntnisstand entsprechende Lebensbilder zu liefern – vor allem solche, die auch das Gefühl des Betrachters ansprechen. Zwar gibt es neue, wissenschaftlich korrekte Lebensbilder. Sie strahlen aber allzu oft den Charme von Schulwandbildern aus. Bessere Illustrationen fehlen – für die Wahrnehmung des Faches in der Öffentlichkeit, die immer wichtiger wird, eine mittlere Katastrophe.

Immer häufiger machen Zeitschriften archäologische Themen zu Titelstories. Die Sehnsucht nach Verwurzelung in der Geschichte und die Frage nach den eigenen Vorfahren werden in Zeiten der Globalisierung immer dringlicher gestellt.

Denn anders als Medizin oder Materialforschung hat Archäologie keinen unmittelbaren monetären Wert. Die Existenzberechtigung der Archäologie ist in den Augen vieler Politiker alleine die Begeisterung des Publikums für die Vorzeit. Die Präsentation in Museen, die Arbeit der Denkmalpfleger und der Wissenschaftler an Universitäten legitimiert sich daher immer mehr durch das Interesse der Öffentlichkeit an der Archäologie.

Dabei gerät nur allzu leicht in Vergessenheit, wie viel wissenschaftliche Vorarbeit und Grundlagenforschung nötig sind, um isolierte Highlights wie Ötzi oder die Himmelsscheibe von Nebra in ihrem Kontext richtig deuten zu können. Dennoch fällt es Archäologen schwer, der Öffentlichkeit zu vermitteln, wie wichtig gerade solche Forschungen sind.

So ist es nicht verwunderlich, dass Gisela Graichen, die der deutschen Archäologie im Medienzeitalter eine größere Plattform verschafft hat, selbst keine Archäologin ist. Sie brachte in den 1990er Jahren mit »C14 – Vorstoß in die Vergangenheit« mehrere Serien ins Fernsehen, die zur besten Sendezeit die Ergebnisse der deutschen Landesarchäologien präsentierten. Dafür erhielt Graichen den Deutschen Preis für Denkmalschutz. Ab 1996 zeigte sie in der Reihe »Schliemanns Erben«, die regelmäßig von rund fünf Millionen Zuschauern in Deutschland gesehen wurde, vor allem die Arbeit des Deutschen Archäologischen Instituts (DAI) im Ausland.

Die Archäologie ist im Medienzeitalter angekommen – viele Archäologen freilich noch nicht. Vereinzelt gibt es sogar Professoren, die sich öffentlich über die Unwissenheit von »Spiegel«-Redakteuren mokieren und gleichzeitig ein aktives Desinteresse an der öffentlichen Darstellung ihres Faches haben. Andere bewerten bei der Besetzung von Stellen populärwissenschaftliche Aktivitäten der Bewerber ausdrücklich negativ.

Sicher: Die Wissenschaft muss Wissenschaft bleiben und braucht dazu ihre Ruhe. Es darf aber nicht übersehen werden, dass die Archäologie mehr denn je vom Wohlwollen der Öffentlichkeit abhängt und gleichzeitig, ob sie will oder nicht, verstärkt ein Teil der modernen Sinnsuche geworden ist. Das Bedürfnis nach Sinnstiftung aus der Vergangenheit wird in dem Maße größer, wie weltanschauliche Korsette gesprengt werden und Fundamente bröckeln. Manch einer hofft, für sich in der Vorgeschichte neue Gewissheiten zu finden, bei mystifizierten Germanen und Kelten, in Altägypten und Atlantis.

Die Wissenschaft ist hier gefordert, ihre Erkenntnisse der Öffentlichkeit zugänglich zu machen. Sie muss die Grenze zwischen mystischer und realer, zwischen erfühlter und erforschter Vergangenheit deutlich machen und muss diejenigen, die einen Religionsersatz suchen, an die wirklich Zuständigen, die Religionen und Philosophien, zurückvermitteln. Wenn sie dies nicht schafft, dann holen sich die Interessierten Pseudo-Informationen bei UFO-Gläubigen oder, schlimmer noch, bei nationalistisch und rassistisch gesinnten Autoren, die die Archäologie immer noch gern für ihre Ziele missbrauchen und ihre Ideen häufig pseudowissenschaftlich verpacken.

Aus heutiger Sicht – Vorzeit durch die Brille der Gegenwart gesehen

Geschichte, so der Soziologe Maurice Halbwachs, ist immer ein Konstrukt der Gegenwart. Das gilt auch für die Archäologie. Das Bild der Vorgeschichte spiegelt seit jeher immer auch die jeweilige Gegenwart. So wurden schon Umweltprobleme oder »real existierende« Verhältnisse in die Vergangenheit projiziert und mancher Forscher stilisierte »seine« archäologische Kultur sogar zu einem Utopia.

Mangels schriftlicher Quellen und mündlicher Überlieferung müssen Archäologen zwangsläufig viel interpretierten. Das betrifft natürlich nicht die Frage, ob ein Topf ein Topf und ob ein Schwert ein Schwert ist – wohl aber, ob der Topf Kochtopf oder Weihegefäß, ob das Schwert ein individu-

GÖTTINNENDÄMMERUNG – SUCHE NACH DEM MATRIARCHAT

Der Rechtsgeschichtler Johann Jakob Bachofen fand im 19. Jh. in antiken Quellen Hinweise auf eine frühe Phase – das Matriarchat (Mütterherrschaft) –, in der die Frauen geherrscht hätten. Als Evolutionist glaubte er, dass alle Völker eine solche matriarchale Phase der Stagnation durchmachten, bevor mit dem Patriarchat eine Weiterentwicklung möglich wurde.

Ab den 1950er Jahren griff Marija Gimbutas seine Ideen auf. Ihrer Meinung nach hätten kriegerische Steppenvölker aus Südrussland dem matriarchalen Alteuropa die indogermanischen Sprachen, den Krieg und das Patriarchat gebracht, eine Hypothese, die unter Archäologen heftig diskutiert wurde. Sie stieß aber bei der Matriarchatsforschung auf großes Interesse und wurde dadurch einer breiten Bevölkerung bekannt. Nur am Rande sei bemerkt, dass die Amazonen, das matriarchale Volk der Antike schlechthin, ausgerechnet in Gimbutas' Kernland des Patriarchats lokalisiert werden. Die Interpretation der Harvard-Professorin ist aus ihrer Zeit heraus zu verstehen. Man fühlte sich vom Osten bedroht und im Inneren wollten Frauen dem übermächtigen Patriarchat ein konträres Gesellschaftsmodell entgegensetzen.

Krieg, das zeigen Massengräber von Erschlagenen, gibt es spätestens seit dem frühen Neolithikum. Die absurde Vorstellung von einem friedlichen, bäuerlichen, von Frauen dominierten Neolithikum hat sich dennoch tief eingeprägt. Selbst Archäologen stellen in populärwissenschaftlichen Bildern nur in dieser Phase überwiegend Frauen dar. Das »friedlich-bäuerlich-weibliche« Neolithikum wird als »Sandwich« eingepackt zwischen dem »jägerisch-männlichen« Paläolithikum und den »kriegerisch-männlichen« Metallzeiten.

Füllige Frauenfiguren sind typisch für die späte Altsteinzeit und manche frühe Bauernkultur. Sie gelten als Symbole der Fruchtbarkeit. Wegen der häufig kalorienarmen und unregelmäßigen Ernährung hatten vor allem Wildbeuterinnen nur wenige Kinder.

Doch weder für ein Matriarchat noch für eine Jahrtausende währende Unterdrückung der Frauen liefert die Archäologie Beweise. In manchen Zeiten liegen beide Geschlechter wild gemischt im Kollektivgrab, in anderen scheint das Geschlechterverhältnis strikt bipolar geordnet zu sein und aus den Zeiten nachweisbarer gesellschaftlicher Differenzierung kennt man kaum weniger reiche Frauen- als Männergräber.

Dass Waffen fast ausschließlich aus Männergräbern stammen, macht sie nicht zwangsläufig zu Herrschern. Möglicherweise galt in vielen Epochen die Trennung zwischen dem Herrn des Hauses und der Herrin im Hause – doch auch das ist wahrscheinlich wieder eine der zeitbedingten Interpretationen, von denen dieses Kapitel handelt.

elles Stück ist oder aber Abzeichen eines Männerbundes. Wie gingen die Menschen miteinander um? Was haben sie geglaubt?

Um solche Fragen zu beantworten, sind Interpretation und Spekulation notwendig. Diese bergen aber die gleichen Gefahren wie die Eisfläche am Rand eines zufrierenden Sees: am Anfang sehr stabil, aber je weiter sich der Entdecker hinauswagt, um so brüchiger wird das Eis. Welche Interpretation schließlich innerhalb der Forschung akzeptiert wird, hängt unter anderem vom Renommee dessen ab, der sie präsentiert, vor allem aber vom Zeitgeist.

Weltberühmt: Sophia Schliemann trägt einige Teile aus dem »Schatz des Priamos«. In Wirklichkeit ist er 1000 Jahre älter als der troianische König und seit 100 Jahren wird um ihn gestritten. Türken, Deutsche, Russen: Alle wollen ihn für sich haben.

Archäologie auf Abwegen

In keinem Fall kann aber mit diesem Zeitgeist der politische Missbrauch der Archäologie entschuldigt werden, wie er – teils in vorauseilendem Gehorsam – in totalitären Staaten immer noch vorkommt. Die bewusste Umdeutung von Funden und Befunden zu Propagandazwecken ist das düsterste Kapitel der Vorgeschichtsforschung.

So hat sich das »Dritte Reich« der Archäologie in einer Weise bedient, wie dies vorher oder nachher nie der Fall gewesen ist. Für die Ausstattung der ur- und frühgeschichtlichen Archäologie in Deutschland waren die Jahre nach 1933 – rein materiell gesehen – ein Segen, auch wenn man das nach 1945 geflissentlich totschwieg. Die Archäologie sollte die zeitliche Tiefe für das nationalsozialistische Weltbild liefern und eine neue Herkunftsgeschichte des Menschen schreiben. Die Ideologie sollte die Religion verdrängen.

Die kirchliche Version über die Herkunft des Menschen blieb aber noch im 20. Jahrhundert für die Mehrzahl der Europäer maßgeblich. Öffentliche Kritik am biblischen Schöpfungsmythos war überhaupt erst im 19. Jh. möglich geworden, obwohl Phöniker und Griechen schon zu biblischen Zeiten Ideen entwickelt hatten, die modernen wissenschaftlichen Überlegungen erstaunlich ähnlich sind.

In der Epoche des europäischen Imperialismus diente die antike griechische Kolonisation des Mittelmeerraumes als Beispiel und Legitimation für die Kolonisation Afrikas und Asiens. In Europa war man überzeugt, dass alle Völker klar definierte Entwicklungsstufen durchlaufen müssten und dass selbstverständlich die Europäer auf der obersten Stufe stünden.

Daraus wurde das Recht abgeleitet, die anderen zu beherrschen und zu missionieren. Moderne »Primitive« wurden mit europäischen Steinzeitmenschen gleichgesetzt.

Bis heute wirkt die Trennung in so genannte Natur- und Kulturvölker nach. Noch in Fotobänden des 3. Jahrtausends werden europäische Steinzeitvölker und moderne »Naturvölker« auf eine Stufe gestellt. Besonders beliebt sind die Buschmänner der Kalahari, von Fall zu Fall ersetzt durch Papuas. In kaum einem populären Steinzeitbuch fehlen entsprechende Bilder.

Verkehrte Welt

In den wild bewegten 1970er Jahren wurden die zuvor als rückständig, primitiv, bedauerns- und verachtenswert geltenden Jäger und Sammler zur »original affluent society« umetikettiert. Anthropologen stellten fest, dass Wildbeuter kaum mehr als drei bis vier Stunden pro Tag dem Nahrungserwerb widmeten. Dennoch ist das Modell von Marshall Sahlins sehr stark durch seine antikapitalistischen Ideale geprägt. Er wollte der von Kenneth Galbraith aus dem Geist der 1960er Jahre beschriebenen Überflussgesellschaft mit ihren maßlosen materiellen Bedürfnissen ein bedürfnisarmes Wildbeuterleben entgegensetzen und unterstellte Jägern und Sammlern sogar eine Zen-ähnliche Philosophie der bewussten Selbstbeschränkung.

Plötzlich waren für viele die Bauernvölker mit ihrer enormen Arbeitsbelastung die Bedauernswerten. Uralte Geschichten holten die Forschung ein, von der Büchse der Pandora bis

»Why should we plant?«. Diese Frage der Buschmänner scheint angesichts der überreichen Nussernte mehr als berechtigt. Dennoch ist das Leben der Wildbeuter sehr karg und weit von dem Paradies entfernt, zu dem es heute oft stilisiert wird.

ARCHÄOLOGIE DES LANDES UTOPIA

Megalithgräber, mittelalterliche Kirchen oder markante Felsen gelten manchen Sinnsuchern als »Orte der Kraft«. Ähnlich absurd ist die Behauptung, viele solcher Monumente lägen auf »ley-lines« oder Kraftlinien, die sich teils über Hunderte von Kilometern erstrecken sollen.

Manch einer sucht heute in der mythischen Vorzeit Antworten auf zentrale Fragen des Lebens, nach dem Ursprung, nach dem Sinn. Die Bedürfnisse dieser Sinnsucher machen sich Scharlatane zu Nutze, die phantasievolle Bücher über die Vorzeit schreiben. Manche von ihnen tun das in offenkundiger Bereicherungsabsicht, andere in naivem Glauben an Außerirdische oder Atlantis. Diese Geschichten sind grob irreführend, aber für viele eine Art Ersatzreligion. Andere Sinnsucher basteln sich aus allen möglichen Versatzstücken eine keltische oder neuheidnische Religion. Sie kleiden sich in wallende Gewänder und spielen Druiden, nicht ahnend, wie unvorstellbar grausam manche religiöse Praktiken gerade der Kelten waren. Viele beugen sich über moderne Landkarten und suchen Verbindungen zwischen Orten gleichen Namens oder zwischen Kirchtürmen, Megalithgräbern und archäologischen Fundstätten. Dieses Hobby stammt aus England, wo Alfred Watkins feststellte, dass Orte mit der Endung -ley besonders häufig auf einer Linie liegen, den »ley-lines«. Seine Nachfolger sind die »ley-hunters«. Sie ignorieren die enorme zeitliche Streuung der Monumente. Alles was auf einer Linie liegt, so glauben sie, habe einen inneren Zusammenhang. Eine statistische Untersuchung hat aber ergeben, dass diese Linien reiner Zufall sind. Sie treten in der realen Landschaft nicht häufiger auf als auf einer Landkarte, die per Zufallsgenerator mit Monumenten ausgestattet wurde. Solche einfachen Erklärungsmuster sagen also nichts über die Vorzeit aus, aber viel über diejenigen, die sie (er-)finden, über ihre Sehnsucht nach einer dauerhaft klar geordneten, leicht erklärbaren Welt.

Etwas moderner als die ley-lines sind die »Orte der Kraft«. Die selben »Verdächtigen« werden dabei mit Erdstrahlen, Magnetismus und ähnlichem ausgestattet. Selbstverständlich sind diese Kraftlinien erst in dem Moment fühlbar, in dem das Monument der Öffentlichkeit bekannt ist. Ein planiertes oder im Wald verstecktes Megalithgrab, ein Menhir, der nicht auf Wanderkarten eingezeichnet ist, wird es nie zu einem »Ort der Kraft« bringen. Die Auswahl läuft meist nach dem Muster: »Was mich heute beeindruckt, muss früher ein heiliger Platz gewesen sein«. Derartige Bücher sind kaum mehr als Führer zu besonders schönen Aussichtpunkten oder zu historischen Monumenten – meist gibt es aber preiswertere Varianten. UFO-Gläubigen, »ley-hunters« und andern ist eines gemeinsam: Sie haben mit Archäologie nicht mehr zu tun, als dass sie archäologische Erkenntnisse, Objekte und Monumente missbräuchlich verwenden.

zum Sündenfall. Dem biblischen »im Schweiße Deines Angesichts ...« setzten die Buschmänner ein unbekümmertes: »Why should we plant ...« entgegen. Weshalb auch sollten sie in ihrer dafür wenig geeigneten Region als Bauern darben, wenn ihnen Nüsse und Melonen fast in den Mund wuchsen?

In den Ruinen der Römervilla von Wurmlingen an der Oberen Donau haben Alamannen Pfosten für ihr Holzhaus eingegraben. Spuren davon, die sich als dunkle Bodenverfärbungen abzeichneten, entdeckten Archäologen zwischen den römischen Fundamenten.

Es steht inzwischen fest, dass es erheblicher Anreize bedarf, bis Menschen Neuerungen annehmen. Diese Anreize können wirtschaftlicher Natur sein, sie können aber auch ideologisch begründet werden. Eine Änderung im bäuerlichen Wirtschaftssystem, so zeigen moderne Vergleiche, wird erst dann akzeptiert, wenn sie den Ertrag um etwa ein Drittel steigert. Das deckt sich mit dem Ansatz der prozessualen Archäologie oder »New Archaeology«, wonach der Mensch auf äußere Einflüsse reagiere. Die Postprozessualisten halten dagegen, dass der Mensch auch agiere, also beispielsweise die Ideologie den Anbau produktiverer Sorten oder das Essen von Fisch oder Schweinefleisch verhindere.

Alles nur relativ?

In den 1980er und 1990er Jahren wurde Archäologie zum »story telling« – Geschichte(n) erzählen. Ian Hodder, einer der Hauptvertreter der postprozessualen Archäologie, nannte sich gar den »Poeten des Neolithikums«. Es machte sich ein Kulturrelativismus breit, der nach der Devise »Anything goes« verlangte, alle Kulturen, aber auch alle Interpretationsansätze als gleichwertig zu betrachten.

Aufgrund dieser Überzeugung war für manche der offensichtliche technologische Rückschritt vom römischen Warmbad mit Hypokaustum zum alamannischen Holzhaus, das in der Badruine errichtet wurde, eine wertneutrale Veränderung oder gar eine positiv bewertete Entwicklung hin zu einer angepassteren Bau- und Lebensweise. Städtische Zivilisation, Ziegeldach und pax romana oder Subsistenzwirtschaft, Strohdach und dauernder Kleinkrieg – beides ist bitteschön absolut gleichwertig?

Dieser Kulturrelativismus bescherte der Forschung auch das »Kannibalenparadox«. Schließlich wird die Achtung jeglicher Kultur verlangt, bei gleichzeitiger Verpflichtung auf die allgemeinen Menschenrechte. Wie können wir aber eine Kultur achten, wenn sie unseren Grundüberzeugungen von Menschlichkeit zuwider handelt? Wie können wir Sklaverei, Verstümmelungen und Menschenopfer mit dem »pursuit of happiness« unter einen Hut bringen – wie die Kelten und Germanen, Römer und Griechen, Mayas und Azteken nicht verachten, die Menschen opferten, wie die Vandalen oder die Mongolen wertschätzen, die sich aufführten »wie die Hunnen«?

Goldene Zeiten – Die Geschichte der Archäologie

Lange bevor Archäologen begannen, im Boden nach den »Spuren der Jahrtausende« zu graben, beschäftigten sich antike Philosophen und Historiker mit der Menschheitsentwicklung.

Nach Ansicht der Phöniker ging es mit der Zivilisation in vielen kleinen Schritten aufwärts. Anfangs seien die Menschen nackt gewesen und hätten nur Kräuter, später auch Obst und Beeren gegessen, noch später Fleisch. Als letztes seien viele Generationen später die Schrift, großräumige Transportschiffe und schließlich die Heilkunde gefolgt.

Dagegen beklagt der griechische Dichter Hesiod, Urvater aller Kulturpessimisten, den stetigen Verfall. Vom ursprünglich goldenen Zeitalter gehe es über ein silbernes und ein bronzenes bis hinab zum eisernen. Er sieht zwar die technologische Aufwärtsentwicklung, der moralische Verfall ist für ihn aber bedeutsamer. Die Mehrzahl der griechischen Historiker pflegte jedoch ähnliche Ansichten wie die Phöniker. Wichtig ist ihnen die gesellschaftliche Entwicklung. In den frühen Phasen herrschte demnach das Faustrecht und erst später führte die Gemeinschaft Recht und Gesetz ein. Um dieses besser durchsetzen zu können, seien schließlich auch die Götter erfunden worden, befand Kritias von Athen (460–403 v. Chr.).

So plausibel viele dieser Überlegungen aus heutiger Sicht sind, letztlich beruhen sie alle auf Spekulation. Archäologische Untersuchungen wurden nicht durchgeführt, ja nicht einmal in Erwägung gezogen. Zwar gruben schon Caesars Soldaten in Korinth archaische Gräber aus und machten die Funde in Rom zu Geld. Aber ein Graben nach Baustrukturen war in der Antike eine Ausnahme.

Erste Ausgrabungen

Nebukadnezar II und Nabonid, die beiden letzten Könige von Babylon, ließen im 6. Jh. v. Chr. im schon damals sagenumwobenen Ur ausgraben und restaurieren. Nabonids Tochter En-nigaldi-Nanna ließ in Akkad graben und als dort der Regen einen alten Tempel freispülte, machte dies »des Königs Herz froh und ließ sein Angesicht leuchten«. Die Motivation der babylonischen Könige war aber nicht die Erforschung der unbekannten Vergangenheit. Sie wollten sich als Erben einer jahrtausendealten Tradition legitimieren.

Wesentlich kürzer lag die Vergangenheit zurück, an die König Assur-

Beutekunst: Die Gesetze des Hammurabi (um 1700 v. Chr.), die auf Tontafeln und der berühmten Dioritstele erhalten sind, gelten als die älteste vollständig überlieferte Gesetzessammlung. Heute im Pariser Louvre zu bewundern, war die Stele bereits im 12. Jh. v. Chr. Beutekunst. König Shutruk-Nahhunte hatte sie in seine Hauptstadt Susa holen lassen.

haddon in den 670er Jahren v. Chr. anknüpfte. In Babylon ließ er Gebäude wieder errichten, die sein Vater Sanherib bei der Eroberung der Stadt zerstört hatte und zwar »ohne auch nur eine Elle zu vernachlässigen oder eine halbe Elle hinzuzufügen, ganz nach seinem alten Plane das neue«.

Der Bezug auf die Ahnen war auch den Azteken wichtig. In das Gründungsopfer ihres großen Tempels in Tenochtitlan mauerten sie steinerne Ritualmasken aus dem 40 km entfernten Teotihuacan ein. Sie waren der Ansicht, es seien Objekte ihrer bewunderten Vorgänger, der Tolteken, nicht ahnend, dass die Masken damals schon rund 1000 Jahre alt waren. Ähnlich erging es Schliemann, der den »Schatz des Priamos« rund 1000 Jahre jünger machte, als er tatsächlich ist. Solche Fehldeutungen ergaben sich daraus, dass man damals von der wissenschaftlichen Archäologie noch meilenweit entfernt war, die ihr Wissen daraus bezieht, Funde aus ihrem Kontext zu deuten.

Donnerkeile Die Unheil abwehrende Wirkung neolithischer Steinbeile schätzte man noch im deutsch-französischen Krieg. 1870/71 trugen Soldaten »Donnerkeile« als schützende Amulette. Diese hatten sie nicht etwa auf dem Acker aufgelesen, sondern in Apotheken teuer erstanden.

Eine wenn auch hypothetische Quellenkritik archäologischer Befunde stellte erstmals Thukydides an. Nachdem er die Ruinen von Mykene besucht hatte, wurde ihm klar: Wer später einmal die Mauerreste von Athen und Sparta betrachtet, der wird Sparta für viel unbedeutender halten als Athen, weil es nicht über entsprechende Bauten verfügte, obwohl beide Mächte zu seiner Zeit gleich stark waren.

Das Mittelalter: gläubig und abergläubisch

Theoderich der Große ließ »die schönsten Säulen Roms« für seinen Palast in Ravenna holen. Genau so machte es Karl der Große bei seiner Krönungskapelle in Aachen. Friedrich Barbarossa ließ sich gar als »Augustus« auf eine »antike« Münze prägen. Die Texte der antiken Autoren blieben in den mittelalterlichen Klöstern erhalten, wenn auch manchmal nur als ausradierte Spur auf wieder verwendetem Pergament.

Im Mittelalter galten archäologische Objekte als Naturerscheinungen, als das Werk von Riesen oder Elfen. So hielt man die nach starken Regenfällen massenhaft freigespülten Töpfe aus Gräberfeldern der bronze- und eisenzeitlichen Lausitzer Kultur für in der Erde gewachsene Kuriositäten, die sich sogar Kaiser und Könige in ihre Raritätenkabinette stellten. In dieser abergläubischen Zeit war es auch jedem einsichtig, dass nur der Zauberer Merlin Stonehenge errichtet haben konnte und dass Hünen die Dolmen, die daher so genannten Hünengräber, gebaut hatten. Selbst

Wissenschaftler nennen bis heute keltische Goldmünzen »Regenbogenschüsselchen«, weil man früher glaubte, diese am Ende des Regenbogens zu finden. Immerhin ist aber die Überzeugung geschwunden, dass Medizin, aus Regenbogenschüsselchen verabreicht, sofort heilt.

Wiedergeburt der Antike

In der Renaissance intensivierte sich das Interesse an der Antike. In Italien grub man nach römischen und griechischen Kunstschätzen. Auf dem Forum Romanum, dem »campo vaccino«, grasten aber noch im 15. Jh. Roms Milchkühe und die meisten antiken Gebäude wurden erst in der Renaissance zerstört. Wissenschaftliche Ausgrabungen ließen die Basler Humanisten dagegen schon 1582 in der nahe gelegenen Römerstadt Augusta Raurica durchführen.

Einen wesentlichen Schub erfuhr das Antikenfieber im 18. Jahrhundert mit der Entdeckung von Pompeji und Herculaneum. Sie wurden durch Johann Joachim Winckelmann in ganz Europa populär. Er gilt als Gründer der Klassischen Archäologie. Seine Ideen, häufig mit »edle Einfalt und stille Größe« zusammengefasst, prägten das Verständnis der Antike bis ins 20. Jh. Selbstverständlich wurden die erotischen und erst recht die homoerotischen Motive der Klassik stillschweigend beiseite gelassen – jede Zeit macht sich eben ihr eigenes Bild.

Bis heute können sich viele nicht vorstellen, wie Menschen ohne Maschinen die Dolmen erbauten. Früher glaubte man, Riesen hätten die »Hünengräber« errichtet, Experimente und historische Berichte zeigen aber, dass selbst 1000 Tonnen schwere Blöcke allein mit Muskelkraft bewegt werden können.

Seit der Renaissance errichteten Architekten immer wieder Bauten nach klassischen Vorbildern. Im späten 18. Jh. bildete sich der Klassizismus, ein Architekturstil, der auch einen eigenen Möbel- und Einrichtungsstil ausprägte. Besonders gefragt waren antike Originale. Trotz wiederholter Verbote durch die Obrigkeit verkamen die römischen Ruinen zu Selbstbedienungsläden. Bis ins 19. Jahrhundert holte man Bausteine, Säulen und Statuen für Häuser und später für romantische Parks, die ohne eine möglichst originalgetreue Ruine nicht denkbar waren.

Faszination der Tradition: Ganze Interieurs wurden im frühen 19. Jahrhundert im Empire-Stil gestaltet, der viele seiner Motive aus der »Déscription de l'Egypte« bezog, sie aber unbekümmert mit klassisch antiken Formen mischte.

Beutekunst

Mit Napoleons Ägypten-Feldzug 1798/99 beginnt schließlich auch die Plünderung des Orients. In seinem Tross waren 167 Wissenschaftler, deren gigantische »Déscription de l'Egypte« in Europa ein wahres Ägypten-Fieber auslöste. In den folgenden 100 Jahren wurden die Überreste der ägyptischen Kultur dramatisch reduziert. Sie landeten auf dem westlichen Markt. Ein skurriler Auswuchs waren die in England beliebten »mummy parties«, auf denen Mumien ausgewickelt wurden – ein Vergnügen für Lords, denn Mumien waren teuer. Schließlich gewann man »Mumia« daraus, ein Pulver aus zermahlenen Mumien, das gegen fast alle Krankheiten wirkte und das noch bis in die 1920er Jahre von namhaften Pharmafirmen vertrieben wurde.

Zu Kaisers Zeiten gruben deutsche Archäologen, unterstützt aus der kaiserlichen Privatschatulle, in Assur und Babylon, von wo sie das Ischtar-Tor nach Berlin holten. Aber auch die Büste von Nofretete und der Pergamon-Altar gelangten in dieser Zeit in die deutsche Hauptstadt. Die Rechtfertigung der kolonialen Räuber war ziemlich einheitlich: »Die Kunstschätze sind dort nicht sicher und die Einheimischen wissen sie sowieso nicht zu schätzen«.

Tatsächlich war die »gerettete« Kunst aber – wie zu allen Zeiten – Beutekunst. Schon der elamitische König Shutruk-Nahhunte ließ im 12. Jh. v. Chr. Denkmäler aus anderen Städten Babyloniens in Susa aufstellen und es entbehrt nicht einer gewissen Ironie, dass die besten dieser Stücke erneut Beutekunst wurden und heute im Louvre ausgestellt sind, darunter die berühmte Gesetzesstele des Hammurabi.

Doch in dieser Zeit, von der Aufklärung bis zum 1. Weltkrieg, gab es nicht nur Schatzsucherei, es wurden auch die Fundamente der wissenschaftlichen Archäologie gelegt. Während im Süden Europas antike Monumente und Kunstwerke ausreichend Stoff für voluminöse Folianten boten, lernten im Norden die Nachfahren der »Barbaren« die Spuren ihrer Ahnen im Boden zu lesen.

Führend waren die Skandinavier, die sich mangels klassischer Antiken auf die heimische Vorzeit konzentrierten. Schon 1662 wurde in Uppsala ein Lehrstuhl für Archäologie geschaffen und nicht erst Thomas Jefferson, später Präsident der USA, machte Ende des 18. Jh. stratigraphische Beobachtungen an Grabhügeln in Virginia. Schon ein Jahrhundert zuvor beschrieb Olof Verelius minutiös die Schichtung des schwedischen Grabhügels von Broby. Ausgrabungen wurden gezielt mit Fragestellungen verknüpft. Die Raritätenkabinette, einst Wunderkammern, entwickelten sich zu Orten des Wissens.

Das 19. Jh. erlebt einen wahren Ausgrabungsboom. Die jungen Nationalstaaten schaffen sich eine jahrtausendealte Geschichte. Napoleon III gräbt in Alesia, Wilhelm I setzt Hermann dem Cherusker ein Denkmal und Wilhelm II lässt mit dem Wiederaufbau der Saalburg und der mittelalterlichen Hohkönigsburg im Elsass die deutsche Vergangenheit wieder lebendig werden. Ironie der Geschichte: Letztere ist heute französisches »Monument historique«.

1854 werden die Pfahlbauten am Zürichsee entdeckt. Mit den »Pfahlbauern« kann sich die junge Helvetische Republik gegen Frankreich und Deutschland abgrenzen, die die Gallier und Germanen für sich vereinnahmen. Gleichzeitig wird Austen Layards Buch »Niniveh and its remains« zum Bestseller und zwei Jahre später sollte die Entdeckung des Neandertalers die Sicht auf die Menschheitsentwicklung revolutionieren.

Schon früh waren die Europäer vom alten Ägypten fasziniert, wie diese vom flämischen Maler Peter Paul Rubens gezeichnete Mumie zeigt.

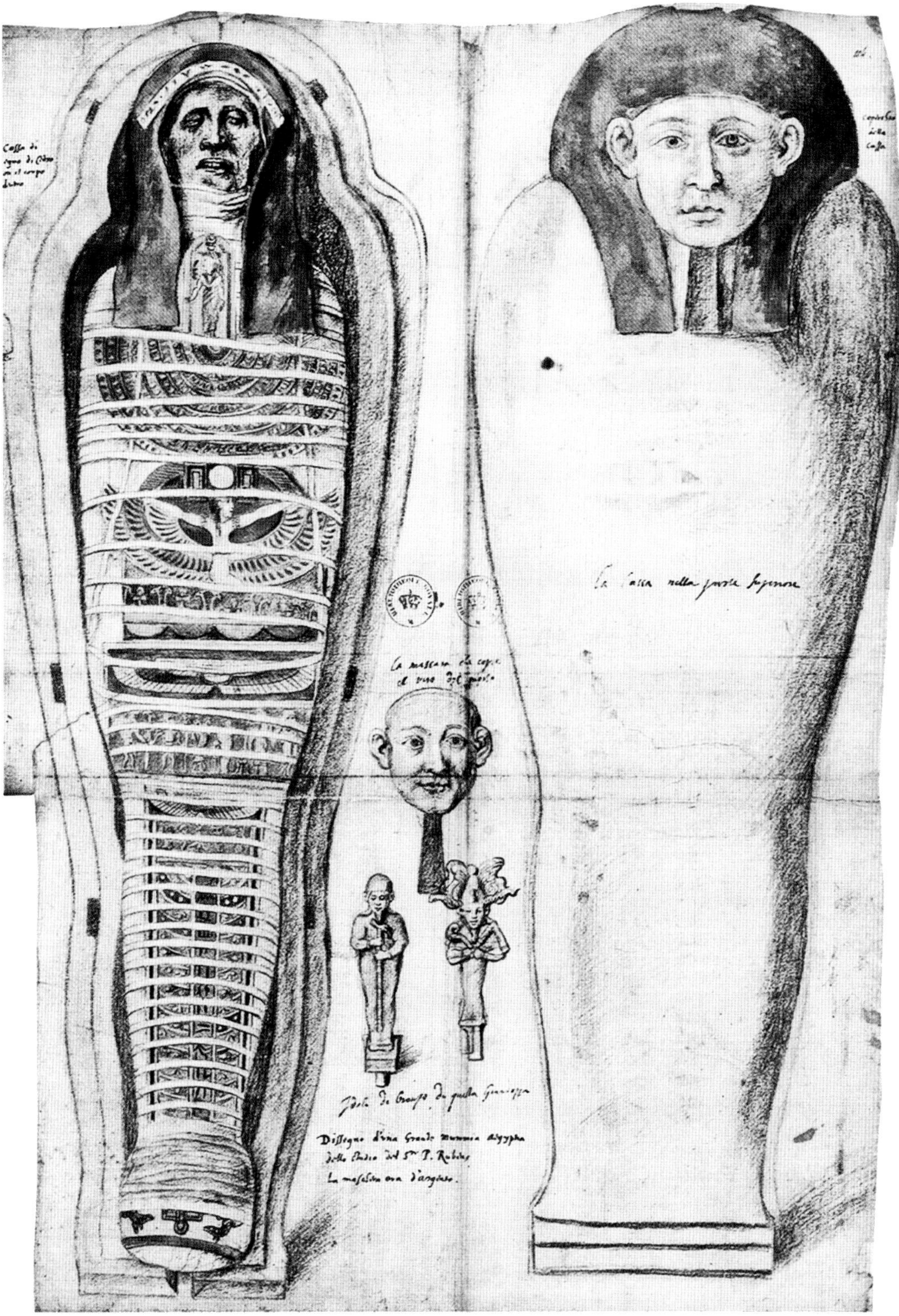
Dissegno d'una Grande Mummia Ægyptia
dello Studio del Sr. P. Rubens
La mascara era d'argento.

Den Ahnen auf der Spur

Die Archäologie ist längst nicht mehr nur die »Wissenschaft des Spatens«. Mit einer Vielfalt an Methoden aus Geistes- und Naturwissenschaft untersucht sie Funde in ihrem Kontext. Gleichzeitig werden aber ihre Quellen durch Raubgrabungen und illegalen Kunsthandel immer mehr zerstört.

Das biblische Weltbild wird erschüttert – Geologie und Evolutionstheorie im 19. Jahrhundert

1856 kamen in einer Höhle des romantischen Düsseltals bei Düsseldorf die Knochen »des« Neandertalers zum Vorschein. Ihrem Entdecker, Carl Fuhlrott, war sofort klar, dass er Überreste eines eiszeitlichen Menschen in seinen Händen hielt. Die Anerkennung dafür blieb ihm aber zeitlebens versagt, denn Rudolf Virchow, führender Anatom und Prähistoriker seiner Zeit, hielt die Knochen für neuzeitlich und diagnostizierte fälschlicherweise »frühkindliche Rachitis und Altersgicht«.

In Großbritannien aber geschah Unerhörtes: William King definierte den Neandertaler schon 1863 als eigene Art, »homo neanderthalensis king«. Gleichzeitig beschrieb er, ganz Evolutionist, den Urmenschen aber auch als »sittlich umnachtet« und ordnete ihn noch unterhalb der primitivsten damals bekannten Menschen ein, der Bewohner der Andamanen. Dennoch war damit erstmals wissenschaftlich anerkannt, dass es mehr als eine Menschenart gegeben hatte.

1856 schaufelten Steinbrucharbeiter nahe Düsseldorf altertümliche Menschenknochen frei. Die Existenz des Neandertalers wurde jahrzehntelang negiert. Schließlich war in der Bibel keine Rede von einer zweiten Menschenart. Heute gilt der einstige »tumbe Tor« vielen als dem modernen Menschen ebenbürtig.

Schichtenfolgen

Doch der Reihe nach: Schon 1669 hatte der schwedische Forscher Niels Stensen festgestellt, dass bei geschichteten Gesteinen die älteren unten und die jüngeren oben liegen. Damit war das Prinzip der Stratigraphie (siehe S. 40), eine der Grundlagen der Archäologie, erkannt.

Trotzdem blieb noch lange unbestritten, dass die Erde, wie kluge Köpfe anhand der Bibel errechnet hatten, nur rund 6000 Jahre alt war. Als einziges Ereignis, das die Gestalt der Erde nach der Schöpfung noch wesentlich verändert haben könnte, galt die Sintflut. Sie wurde sowohl für die Existenz von fossilen Muscheln fern des Meeres verantwortlich gemacht, als auch für das Auseinanderbrechen der Kontinente Afrika und Südamerika, deren erstaunlich ähnlichen Küstenverlauf man schon 1736 festgestellt hatte.

Nur schwer verkrafteten Darwins Zeitgenossen seine Erkenntnis, dass Mensch und Menschenaffe gemeinsame Vorfahren hatten. Die Leugnung der Evolution äußerte sich im 19. Jh. in Karikaturen und ist heute als »intelligent design« wieder auf dem rückwärts gewandten Vormarsch.

1830 präsentierte der Geologe Charles Lyell das Konzept des Aktualismus bzw. Uniformitarismus. Grundlage seiner Theorie ist die Feststellung, dass die Prozesse, die heute zur Bildung bestimmter Gesteine wie etwa vulkanischem Basalt, im Meer abgelagertem Kalk- oder von Flüssen angeschwemmtem Sandstein führen, auch schon früher so abgelaufen sein müssen. Die Gegenwart ist für ihn der Schlüssel zur Vergangenheit. Die Prozesse in Gegenwart und Vergangenheit sind gleichförmig bzw. uniform (Uniformitarismus), mit anderen Worten: Die Prozesse, die zur Bildung älterer Gesteine geführt haben, sind auch aktuell zu beobachten (Aktualismus).

Damit war ein zweites Grundprinzip der modernen Archäologie formuliert: Die Erklärung der Vergangenheit aus der Gegenwart. Seit im 16. Jh. bekannt geworden war, dass Völker in Amerika noch Steingeräte benutzten, forderten zwar immer wieder einzelne Wissenschaftler, europäische »Donnerkeile« als Werkzeug vorgeschichtlicher Menschen anzuerkennen. Ihre frühe Einsicht konnte sich aber erst im Verlauf des 19. Jh. durchsetzen.

Evolution

In der Biologie verhalf Charles Darwin dem Aktualismus zum Durchbruch. Zwar hatte man schon vorher eine Entwicklung der Arten vermutet, doch erst Darwins »natürliche Zuchtwahl« lieferte die Erklärung, wie die Evolution ablief.

In Frankreich hatte Jacques Boucher de Perthes bereits 1841 seine Beobachtungen veröffentlicht. Er hatte primitive Steinwerkzeuge zusammen mit Knochen ausgestorbener Tiere entdeckt. Ein hohes Alter der Menschheit war somit bewiesen. Seine Ergebnisse wurden aber erst in den 1860er Jahren von der Forschung akzeptiert. Lyell, der den Neandertalerfund selbst begutachtet hatte, veröffentlichte 1863 sein Buch: *Geological Evidences*

EVOLUTIONISMUS

Evolutionsimus hat mit der Evolutionstheorie nicht mehr gemeinsam als die Namensähnlichkeit. Er ist eng verwandt mit dem Sozialdarwinismus, dessen Glaubenssatz das rücksichtslose Prinzip »survival of the fittest« ist.

Im Gegensatz zu Darwin und der Evolutionstheorie predigen Evolutionisten und Sozialdarwinisten, dass alle Ereignisse einer ziel- und zweckbestimmten Ordnung unterliegen, dass alle Zustände Folge dieser Ordnung seien. In der extremen Ausdeutung dieses Konzepts sind körperliche oder kulturelle Überlegenheit ein Beleg für höheren moralischen Wert. Solche Ansichten dienten ihren Fürsprechern als Legitimation für die Vernichtung oder Ausbeutung schwächerer und damit automatisch auch als moralisch minderwertig angesehener Menschen, Völker oder Kulturen.

Bei manchen standen aber auch beide geistige Strömungen nebeneinander, so bei dem Biologen Ernst Haeckel, der Darwins Evolutionslehre weiterentwickelte, der aber auch schrieb: »Die Unterschiede zwischen den höchsten und den niedersten Menschen [sind] größer, als diejenigen zwischen den niedersten Menschen und den höchsten Thieren«.

Evolutionismus von seiner schockierendsten Seite: Auf dieser Preisliste aus dem 19. Jh. ist eine Buschmannfrau unter »Säugetiere« aufgelistet.

Preis-Verzeichniss

der

zoologischen Sammlung, von C. F. Drege in Süd-Afrika zusammengebracht

und in Hamburg für beigesetzte Preise zu beziehen.

July 1840.

Das Stück in Hamb. Ct.	ℳ	ß
I. Säugethiere.		
Buschmann Frau	400	—
Cercopithecus pygerythraceus	20	—
Cynocephalus ursinus	35	—
" " *jun.*	8	—
Vespertilio frons	2	—
Sorex capensis	2	—
" *spec.*	2	—
Bathyergus capensis	5	—
" *caecutiens*	8	—
" *maritimus*	10	—
" *Hottentottus*	6	—
" *spec.*	4	—
Chrysochloris aurata	4	—
" *holosericea*	5	—
Rhynomus jaculus	6	—
Lutra lapensis	15	—
s. C.		
Canis mesomelas	20	—
" " *jun.*	6	—
Proteles Lalandii	50	—
Hyaena villosa	50	—
Viverra Genetta	8	—
" " *s. Cr.*	5	—
Herpestes griseus	8	—
" *s. Cr.*	5	—
" *madagascariensis*	10	—
" s. *Cr.*	5	—
" " *jun.*	1	8
" *paludinosus*	10	—
Mephites Zorella	8	—
Felis capensis (Tigerboschkat)	20	—

Das Stück in Hamb. Ct.	ℳ	ß
Equus Burchelli	150	—
" *Quagga*	80	—
" " *jun.*	10	—
" *Zebra*	150	—
" " *jun.*	15	—
Antilope Oryx. (Gemsbock)		
" " *jun.*	100	—
" *Pygarga* (Bontebock)	60	—
" " *jun.*	15	—
" *Gnu* (Wildebeest)	90	—
" *jun.*	18	—
" *Caama* (Hartebeest)	80	—
" *Oreas* (Elaud)	200	—
" " *jun. s. Cr.*	25	—
" *sylvatica* (Boschbock)	50	—
" *albifrons* (Blesbock)	100	—
" " *jun.*	20	—
" *Euchore* (Springbock)	35	—
" *Oreotragus* (Klippspring.)	40	—
" " *jun.*	10	—
" *Eleotragus* (Rietbock)	100	—
" *Grimmia* (Kuifduiker)	20	—
" " *jun.*	8	—
" *Capreolus* (Rehbock)	30	—
" " *jun.*	8	—
" *Lalandii* (roode Rehbock)	40	—
" *melanotis* (Grysbock)	20	—
" " *jun.*	8	—
" *scoparia* (Oribi)	25	—
" *rufescens* (Vlaksteenbock)	20	—
" " *jun.*	8	—
" *pygmaea* (Blaauwbock)	15	—
" " *jun.*	7	—

Das Stück in Hamb. Ct.	ℳ	ß
Lanius Bulbul	1	8
" *colluris*	1	8
" *Cublan*	1	8
" *Fiscal*	1	8
" *icterus*	2	—
" *olivaceus*	6	—
" *senegalensis*	2	—
Edolius forficatus	1	8
Muscicapa paradisi	2	—
" *stricta*	1	8
" *torquata*	1	8
" *spec.*	1	—
" *spec.*	1	—
" *spec.*	1	—
" *spec.*	1	—
" *spec.*	1	—
" *spec.*	1	—
" *spec.*	1	—
Ceblepyris caesia	2	—
Turdus capensis	1	8
" *erythacus*	1	—
" *griseus*	1	8
" *reposcens*	1	8
" *rupestris*	1	8
" *spec.*	1	—
Lamprotornis Aenea	4	—
" *bicolor*	1	8
" *morio*	1	8
" *nitens*	2	—
Pastor galinacea	2	—
Oriolus auratus	3	—
" *larvatus*	2	—
Motacilla capensis	2	—

of the Antiquity of Man. Er datierte den Urmenschen anhand der beigefundenen Fossilien in die Riß-Würm-Zwischeneiszeit, nach damaligem Verständnis also 50.000 Jahre alt.

Der so vorbereiteten Öffentlichkeit traute sich auch Charles Darwin 1871 endlich, ein Manuskript zu präsentieren, das schon jahrelang in seiner Schublade lag. Obwohl bereits 1863 Thomas Huxley das Publikum mit der tierischen Abkunft des Menschen konfrontiert hatte, ging nach Darwins Veröffentlichung ein Aufschrei durch die Welt, der bis heute nachhallt. Man war zwar gerade dabei, sich mit seiner Evolutionstheorie anzufreunden, aber dass der Mensch vom Affen abstammen sollte, das ging nun endgültig zu weit.

Die von Geologen entwickelte stratigraphische Methode, die Beobachtung der Schichtenabfolge von Sedimenten, wurde auch in der Archäologie bald zu einer wichtigen Datierungsmethode.

Dennoch sollte die Zeit zeigen, wie Recht Darwin, Lyell, Fuhlrott und all die anderen Pioniere hatten. In welch unvorstellbar langen Zeiträumen sich die geologischen und archäologischen Prozesse aber abgespielt hatten, ahnten sie damals noch nicht. Im späten 18. Jh. hatte François de Buffon der Erde ein Alter von 75.000 und dem Menschen ein Alter von 40.000 Jahren zugesprochen. Damals grenzte das an Gotteslästerung. Hundert Jahre später schätzte Darwin das Alter der Erde immerhin auf 300.000.000 Jahre.

Wie alt ist eigentlich ...? – Datierungsmethoden

Montag, 23. Oktober, 4004 v. Chr., 14.00 Uhr. Alles ist wüst und leer. Pünktlich um 14.30 Uhr beginnt die Erschaffung der Welt. So zumindest hatte James Usher, Erzbischof von Armagh, die Berechnungen des großen Astronomen Johannes Kepler präzisiert. Erst seit 1953 ist bekannt, dass die Erde doch etwas älter ist, nämlich rund 4.550.000.000 Jahre.

Die Jahre sind gezählt: Das signifikante Muster von dünnen und dicken Jahresringen benutzen Archäologen zur präzisesten Datierungsmethode, die ihnen bislang zur Verfügung steht: die Dendrochronologie. Teilweise kann selbst der Monat bestimmt werden, in dem der Baum gefällt wurde.

Isotopenuhren

Diese Gewissheit hat man aus der Anwendung der Uran-Blei-Datierung. Dabei werden die Zerfallsreihen von Uran ausgenutzt. ^{238}Uran wird mit einer Halbwertzeit von 4,5 Milliarden Jahren zu ^{206}Blei und ^{235}Uran mit einer Halbwertzeit von 704 Millionen Jahren zu ^{207}Blei.

Auf dem Zerfall radioaktiver Elemente beruhen auch andere Methoden zur Altersbestimmung, darunter die Kalium-Argon-Datierung. Kalium (^{40}K) wird mit einer Halbwertzeit von 1,3 Mrd. Jahren zu gasförmigem Argon (^{40}Ar). Bei einem Vulkanausbruch entweicht das ^{40}Ar aus dem flüssigen Gestein. Die Uhr wird auf Null gestellt. Diese Methode eignet sich nur für vulkanisches Gestein, von dem es aber an vielen Frühmenschen-Fundorten, etwa in Afrika und Indonesien, reichlich gibt – man denke nur an die rund 3.700.000 Jahre alten Fußspuren in der Vulkanasche von Laetoli, Tansania, die so datiert wurden.

^{14}C-Datierung

Die in der Archäologie am häufigsten angewandte physikalische Datierungsmethode ist jedoch die Radiokarbondatierung. Sie wurde 1949 von Willard Libby erfunden, wofür er 1960 den Nobelpreis bekam. Der Archäologie bescherte sie für fast alle urgeschichtlichen Perioden neue – ältere – Daten. Galten die frühbronzezeitlichen Glas-, Fayence- und Bernsteinperlen im südenglischen Wessex bis dahin als Importe oder Imitationen mykenischen Schmucks, so wurde dank ^{14}C-Daten deutlich, dass die Wessex-Kultur älter war als Mykene.

Radioaktiver Kohlenstoff (^{14}C) entsteht aus Stickstoff durch die Höhenstrahlung in der Atmosphäre. Lebewesen nehmen ^{14}C mit der Atmung auf. Mit dem Tod endet die Zufuhr von ^{14}C, die radioaktive Uhr beginnt zu ticken. Nach 5730 Jahren ist die Hälfte des zu Lebzeiten angereicherten

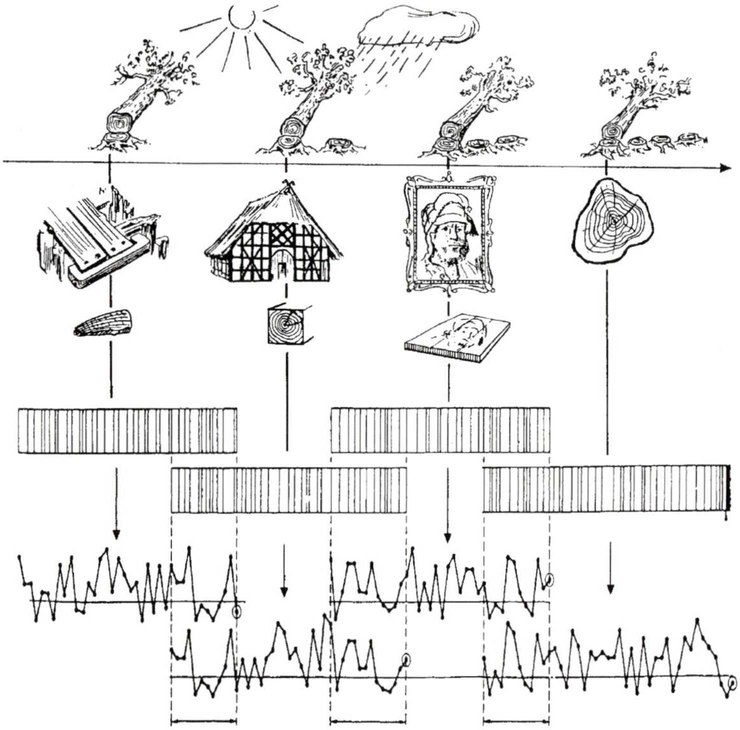

In jahrzehntelanger Arbeit haben Dendrochronologen Jahresringe von Bäumen, alten Balken und von Holz aus Ausgrabungen vermessen. Die über 12.000 Jahre lange Abfolge von schmalen und breiten Jahresringen ist für jede Epoche so einzigartig, dass neu gefundene Hölzer eingepasst und somit datiert werden können.

Rasanter Wandel Dendrodatierte Fundstellen zeigen, dass es Phasen rasanter typologischer Entwicklung gibt. Teilweise lassen sie sich mit äußeren Einflüssen oder Zuwanderung erklären, so beim Übergang von den groben Kübeln der Horgener Kultur zu den feinen, verzierten Bechern der Schnurkeramik. Dieser Bruch hat sich in der Schweiz nach 2750 v. Chr. innerhalb von wenigen Jahren vollzogen. In der gleichen Region erweist sich der scheinbare Bruch zwischen der Pfyner (ca. 3800–3500 v. Chr.) und der Horgener Kultur (ab ca. 3300 v. Chr.) als Datenlücke. Neue Ausgrabungen zeigen, dass bisher aus rund 200 Jahren kein Material vorlag. In Wirklichkeit lief die Entwicklung kontinuierlich weiter.

^{14}C zerfallen. Startpunkt, von dem ab rückwärts gezählt wird, ist das Jahr 1950. 3247 BP, before present, heißt also 3247 Jahre vor 1950. Ein ^{14}C-Datum ist aber nie präzise, da es bei Probe und Messung Ungenauigkeiten geben kann.

Es wird daher immer mit einer Spannweite von Jahren angegeben, z.B. +/–50 Jahre. Die Wahrscheinlichkeit, dass das reale Alter innerhalb dieses so genanten 1-σ (Sigma)-Bereichs liegt, beträgt dabei rund 66 %. Die Wahrscheinlichkeit, dass es innerhalb des 2-σ (Sigma)-Bereichs liegt (in unserem Beispiel +/–100 Jahre), ist immerhin 95 %. Mit ^{14}C-Daten kann man daher kaum präziser als auf ein Jahrhundert datieren. Wird nur das zentrale Datum (z.B. 3247 vor heute) angegeben, suggeriert es eine Scheingenauigkeit. Gravierender ist aber, dass der ^{14}C-

Anteil in der Atmosphäre früher höher war. Deshalb müssen die Daten geeicht werden. Diese Korrektur, die Kalibration, gewinnt man aus dem ^{14}C-Gehalt einzelner Jahresringe von Bäumen, deren Alter bekannt ist. Dabei zeigt sich, dass sich etwa ab 400 v. Chr. eine Schere öffnet. Die ^{14}C-Proben geben ein jüngeres Datum an als die jahrgenauen Dendrodaten. Bei einem ^{14}C-Datum von 5000 BP muss man rund 750 Jahre addieren, bei 10.000 BP knapp 1500 Jahre.

Dendrochronologie

Damit sind wir bei der präzisesten Datierungsmethode, die der Archäologie derzeit zur Verfügung steht: der Dendrochronologie. Der ständige Wechsel von guten und schlechten Jahren mit ihren breiten und schmalen Jahresringen an Bäumen bildet für jede Epoche ein eigenes, unverwechselbares Muster. An zehntausenden von Hölzern aus historischen Gebäuden, archäologischen Fundstellen, Mooren und Flussschottern hat man die Ringbreiten gemessen und miteinander verglichen. Teilweise überlappen sich die Sequenzen und so kann man sich Baum um Baum in der Zeit weiter zurück hangeln. Mit Hilfe der Dendrochronologie wurde beispielsweise das Pfahlgewirr aus den Ufer- und Moorsiedlungen rund um die Alpen entzerrt und jahrgenau nachvollzogen, wann welches Haus gebaut wurde.

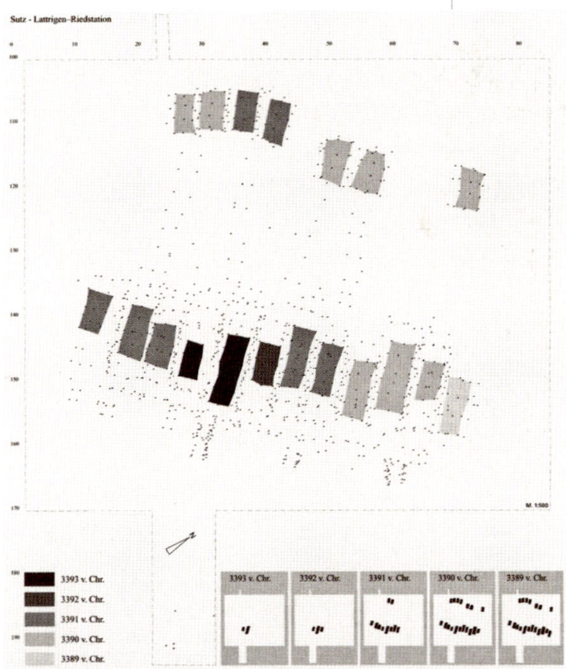

Mit Hilfe der Dendrochronologie gelang es, die Baugeschichte der 5400 Jahre alten Pfahlbausiedlung von Sutz-Lattrigen-Riedstation am Bielersee in der Schweiz aufs Jahr genau zu rekonstruieren. 3393 v. Chr. standen zwei Häuser, 3391 v. Chr. waren es bereits zehn und ein Jahr später kamen acht weitere dazu.

Alle bisher genannten Datierungsmethoden liefern absolute Daten. Es kann ein mehr oder weniger genaues Alter angegeben werden. Diese Möglichkeiten stehen den Archäologen erst seit wenigen Jahrzehnten, teilweise erst seit einigen Jahren zur Verfügung. Vorher war es kaum möglich ohne historische Überlieferung ein genaues Datum zu ermitteln. Nur das relative Alter konnte mittels Stratigraphie und Typologie bestimmt werden.

Stratigraphie

Die traditionelle Datierungsmethode ist die Stratigraphie. Sie beruht auf der Beobachtung, dass die ältesten Schichten unten und die jüngsten oben liegen – im Allgemeinen jedenfalls. Selbstverständlich müssen Archäologen bei der Ausgrabung genau darauf achten, ob kein jüngeres oder älteres Material eingedrungen ist. Das hört sich einfach an, ist es aber manchmal gar nicht. Gerade in mitteleuropäischen Schotterebenen oder in den aus Lehm bestehenden Tells des Orients unterscheiden sich die einzelnen Schichten häufig kaum voneinander.

Waren archäologische Fundstellen über längere Zeit besiedelt, wurde immer wieder älteres Material etwa beim Ausschachten von Kellern nach oben befördert. Dort liegt es gemeinsam mit jüngerem Abfall. Ähnlich wirkt die Bioturbation. Was sich nach Schnellkomposter anhört, beschreibt Wurzeln oder Tiere, die Funde in ältere oder jüngere Schichten verfrachten.

Fatal ist das dann, wenn es sich ausgerechnet um datierende Funde handelt, sei es die einzige Münze oder – schlimmer – ein Stückchen Holzkohle, das der hoffnungsfrohe Archäologe ins ^{14}C-Labor schickt. Eine Münze lässt sich, wenn man Glück hat, auf typologischem Wege aussondern, ein Kohlestückchen kann aber auch den besten Typologen narren. Ein Datum ist also (fast) kein Datum. Besser ist es, eine Stratigraphie durch mehrere Daten abzusichern.

Das Dreiperiodensystem In seinem Führer zum dänischen Nationalmuseum gliederte Christian Jürgensen Thomsen 1836 die Funde in Stein-, Bronze- und Eisenzeit. Diese Einteilung hat sich bis heute bewährt und wurde stetig verfeinert. In der Regel haben die archäologischen Regionalkulturen zusätzlich einen Namen. Dieser wird anhand charakteristischer Objekte, eines Fundorts oder der Grabsitte festgelegt. So heißt z. B. in Mitteleuropa das früheste Neolithikum Linearbandkeramische Kultur (kurz: Bandkeramik), die frühe Eisenzeit nach dem namengebenden Fundort Hallstatt-Kultur und die mittlere Bronzezeit Hügelgräberkultur.

Typologie

Königsdisziplin der Archäologie ist die Typologie. Für viele ist ein Archäologe erst dann ein »richtiger« Archäologe, wenn er eine typologische Arbeit abgeliefert hat. Die Typologie beruht auf der Beobachtung, dass sich die Objekte aus aufeinanderfolgenden Zeiten häufig graduell unterscheiden. Seit der Erfindung der Töpferei waren die Möglichkeiten, sich von der vorangehenden Generation stilistisch abzuheben, fast unbegrenzt. Mehr noch als Speerspitzen und Faustkeile kann Keramik sehr variabel geformt und verziert werden, ohne ihre Funktion zu verlieren. Das Gros der Siedlungsfundstellen, viele Gräber, Depots und Opferplätze werden anhand von Scherben datiert.

Ebenso lieb und teuer ist dem Typologen aber das Metall. Ganz gleich ob Gold, Silber, Bronze oder Eisen: Auch funktionsgebundene Objekte wie Waffen, Werkzeug oder Kleidungszubehör lassen sich im Detail in fast beliebiger Weise formen – ganz zu schweigen vom Schmuck. Musterbeispiel für eine typologische Reihe, die sich an technologischen Verbesserungen orientiert, ist die kupfer- und bronzezeitliche Entwicklung von flachen Beilklingen, über Randleisten- und Lappenbeile hin zu Tüllenbeilen.

Mit Stratigraphie und Typologie bringen die Archäologen ihr Fundmaterial in eine zeitliche Reihe. Durch intensive Forschungen hat man nach und nach immer feinere Unterteilungen vornehmen können. Ein Grundproblem der Typologie ist aber, dass nicht immer festgestellt werden kann, ob zwei identische Objekte in verschiedenen Regionen auch tatsächlich gleich alt sind. Im Gegenteil: Pioniere und Nachahmer werden in einen Zeithorizont gestellt. In Randgebieten halten sich viele altertümliche Formen länger als im Zentrum, was zu chronologischen Verwicklungen führen kann.

Historische Datierung

Die typologisch und stratigraphisch gewonnene relative zeitliche Abfolge des Materials braucht deshalb absolute Datierungen. Neben den naturwissenschaftlichen Methoden sind Münzen für die letzten 2500 Jahre in der Alten Welt das wichtigste, weil häufigste Datierungsmittel. Königslisten und historische Berichte liefern für die letzten 3000 Jahre zuverlässige Daten. Davor gibt es Unsicherheiten von mehreren Jahrzehnten, wenn nicht Jahrhunderten. Mit den ägyptischen und mesopotamischen Königslisten kann man Richtung Europa bis nach Kleinasien und in die Ägäis datieren.

Die Methode, die die Archäologen dabei anwenden, nennt sich »cross-dating«. Klassisches Beispiel dafür sind die minoischen Vasen in Ägypten, die aus der Regierungszeit des Pharao Echnaton stammen. Umgekehrt finden sich die gleichen Vasen gemeinsam mit ägyptischen Funden aus der Zeit Echnatons in Kreta. Damit ist gesichert, dass beide Fundstellen gleich alt sind.

Back to the Roots – Die Anfänge der Menschheit

Der Mensch, so glaubten im Jahr 2005 die Hälfte aller Amerikaner – und zwei Drittel der Wähler ihres Präsidenten –, wurde irgendwann in den letzten 10.000 Jahren in seiner jetzigen Form von Gott erschaffen. Häme ist aber kaum angebracht, da auch in Europa viele dieser Ansicht sind. Als Kreationisten sind sie überzeugt, dass es einen Denker und Lenker im Hintergrund gibt. Für Archäologie ist da wenig Platz.

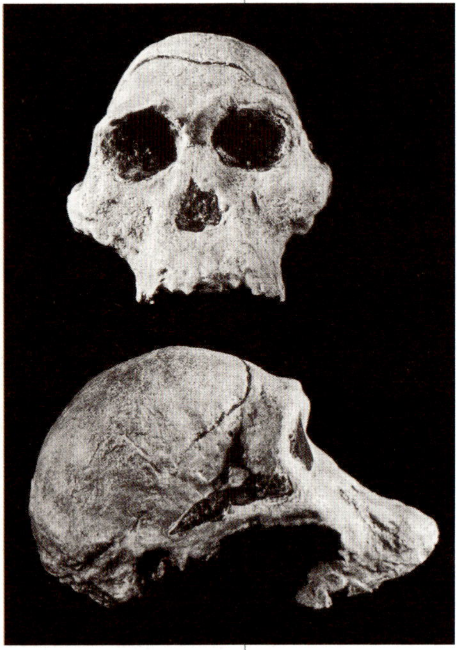

Rabiate Ausgräber: 1947 wurde der Schädel von »Mrs. Ples«, einem Australopithecus, aus Sterkfontein in Südafrika freigesprengt, so dass man in das mit Kristallen übersäte Schädelinnere schauen kann. »Mrs. Ples« war der endgültige Beleg dafür, dass es in Südafrika frühe Hominiden gab.

Der Kreationismus wird als Teil einer fundamentalistischen Ideologie von allen großen Kirchen abgelehnt, ist aber heute in neuem Gewand als »Intelligent Design« auf dem Vormarsch. Er leugnet die Evolution und speist sich – so einer seiner Kritiker – »aus Denkfaulheit und Arroganz«, muss aber aufgrund von Gerichtsurteilen in Teilen der USA Schülern als gleichwertig mit der Evolutionslehre beigebracht werden.

Mit ihrem einfachen, nicht überprüfbaren Erklärungsmuster sind die Kreationisten nicht besonders weit von den UFO-Gläubigen entfernt. Beide Gruppen leugnen auf ihre Weise die Daten der Wissenschaft, die belegen, dass die Entwicklung des Menschen vor fünf bis acht Millionen Jahren in Afrika begann.

Südaffen und Sahelmenschen

Nachdem Molekularbiologen berechnet hatten, dass sich die Stammbäume von Mensch und Menschenaffen vor fünf bis acht Millionen Jahren trennten, begann unter Paläoanthropologen ein Wettlauf um die ältesten menschlichen Knochen. Sollte bereits der im Jahr 2000 in Kenia entdeckte Orrorin tugensis mit seinen sechs Millionen Jahren aufrecht gegangen sein oder doch erst seine etwas jüngeren Kollegen aus Äthiopien?

Während sich die Fachwelt stritt, entdeckten Forscher 2002 einen fast sieben Millionen Jahre alten Schädel im Tschad, nannten ihn Sahelanthropus tchadensis (»Sahelmensch aus dem Tschad«) und neuer Streit entbrannte. Ist er nur ein Gorilla-Ahne oder wirklich ein Fund von der Verzweigungsstelle auf dem Stammbaum? Diesen Zeitpunkt, an dem sich die Stammbäume von Mensch und Affe trennen, halten manche für den entscheidenden Schritt hin zum Menschen.

Für andere ist es der aufrechte Gang. »Star« unter den frühen aufrecht gehenden Hominiden bleibt Lucy, eine bescheidene 1,07 m große Frau aus Ostafrika. Sie gehört zu den Australopithecinen (»Südaffen«), die vor rund zwei bis vier Millionen Jahren lebten. Als schönster Schädel eines Australopithecus gilt der von »Mrs. Ples« aus Südafrika. Unschön nur, dass sich ein Riss um den gesamten Hirnschädel zieht – Folge der Dynamitexplosion, mit der das Skelett 1947 aus dem umgebenden Gestein gesprengt wurde.

Sieben Tonnen sieben

Etwas vorsichtiger ging da Friedemann Schrenk zu Werke. Zehn Jahre lang grub er in Malawi nach frühen menschlichen Knochen, als sich 1991 endlich Teile eines menschenähnlichen Unterkiefers fanden, der 2 bis 2,5 Millionen Jahre alt war. Der Jubel war groß, doch dann folgte Ernüchterung: Der einzige Backenzahn im Kiefer war nicht vollständig. Nun haben aber Menschenaffenbackenzähne vier Zahnhöcker, menschliche dagegen fünf. Was dann passierte, zeigt, mit welcher Hartnäckigkeit Hominidenforschung betrieben werden muss. Studenten und einheimische Mitarbeiter siebten sieben Tonnen Schotter und Knochenreste. Mit Erfolg: Die Stecknadel im Sandhaufen, das fehlende Zahnsplitterchen wurde gefunden –

Erst ab homo erectus ist die Ahnenreihe des Menschen vollständig gesichert. Auch homo habilis, ergaster und rudolfensis dürfen wir wohl zu unseren Vorfahren zählen. Welche der zahlreichen australopithecinen-Arten aber unsere direkten Ahnen sind ist bisher ebenso unklar wie die Stellung der noch älteren Knochenfunde.

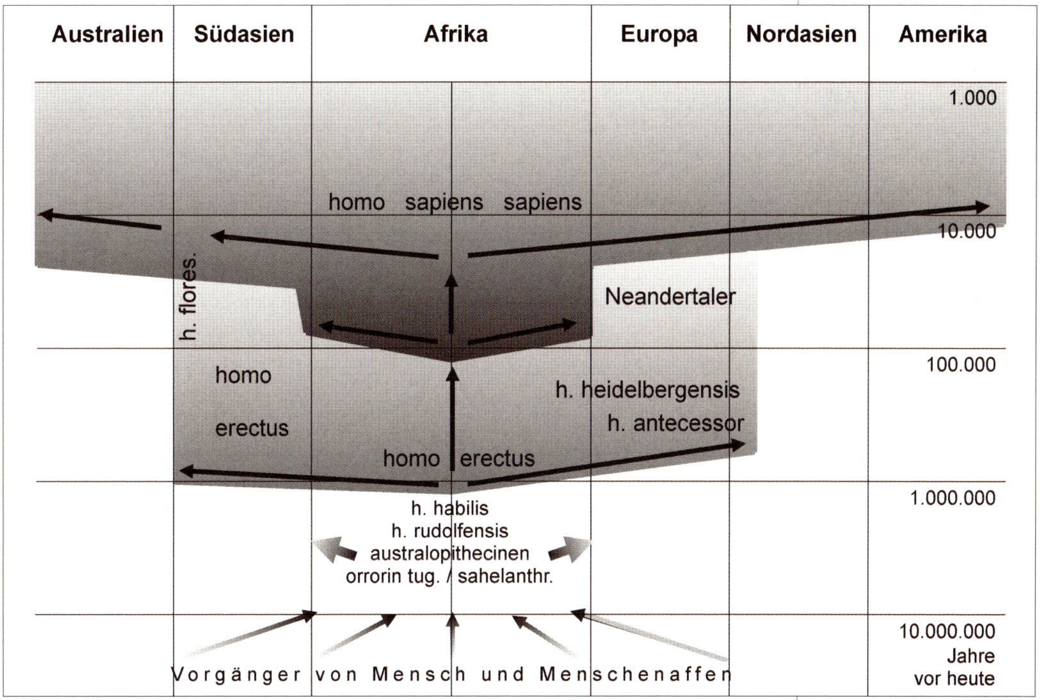

Aufgepasst! Homo-erectus-Kinder waren bei der Geburt noch ähnlich unreif wie heutige. Das Hirn wuchs nach der Geburt noch stark weiter – ein Lernpotenzial, das wesentlich zum Erfolg dieser Frühmenschen beitrug.

selbstverständlich erst am letzten Tag der Grabungskampagne. Und es war ein Menschenahnenzahnfragment.

Homo rudolfensis, dem dieser Fund zugeordnet wird, verwendete vor 2,5 Millionen Jahren sorgfältig hergestellte Steingeräte, um zu jagen und Fleisch zu zerlegen. Anlass war eine Veränderung in seiner Umwelt. Dieses Vorgehen, erstmals durch technologische Innovation und nicht mehr durch evolutionäre Anpassung zu reagieren, wird von manchen als der entscheidende Schritt der Menschwerdung interpretiert.

Raus aus Afrika

Vor knapp 2.000.000 Jahren setzte sich in Afrika mit dem homo erectus (dem »aufrechten Menschen«) ein wesentlich größerer Mensch mit mehr Hirn durch. Dieses wuchs nach der Geburt um mehr als das Dreifache. Erectus-Kinder waren also, anders als die von Affen und Australopithecinen, bei der Geburt noch unreif und pflegebedürftig. Körpergröße und Proportionen des erectus entsprechen bereits unseren.

Erstaunlich rasch breiteten sich die Frühmenschen über die gesamte Alte Welt aus – von Spanien bis Java (dort vielleicht schon vor 1.800.000 Jahren) und von Peking bis Kapstadt. Vor etwa 1.750.000 Jahren lebten sie in Dmasini in Georgien. Wenig später tritt der Faustkeil seinen Siegeszug an. Ebenso wichtig sind die Beherrschung des Feuers und die Errichtung primitiver Behausungen – beides gelang erstmals zu Zeiten des homo erectus. In Europa und Westasien war der Neandertaler sein Nachfolger und in Südostasien lebten erectus-Formen noch gleichzeitig mit dem modernen Menschen.

Out of Africa

Wahrscheinlich waren es Mutationen innerhalb einer weitgehend isolierten Population in Afrika, die vor rund 200.000 Jahren den Entwicklungsschub hin zum modernen Menschen ermöglichten. Vor 50.000 bis 100.000 Jahren kam es dann zu einer großen Krise. Manche machen dafür den »vulkanischen Winter« verantwortlich, der auf den Toba-Ausbruch (Sumatra, Indonesien) vor ca. 72.000 Jahren folgte. Die Zahl der Menschen, so schließen die Genetiker aus den geringen Unterschieden zwischen den heute

Lebenden, ging auf ca. 10.000 Erwachsene zurück. Erst nachdem *homo sapiens* durch diesen »genetischen Flaschenhals« hindurch war, verdrängte er alle anderen Menschenarten.

Zwar erreichte er schon vor 90.000 Jahren Israel, die weltweite Ausbreitung begann aber erst vor etwa 60.000 Jahren, als moderne Menschen nach Südasien wanderten – vermutlich über Südarabien. Die negriden Bewohner der Andamanen gelten als direkte Nachkommen dieser Auswanderer. Sie zeigen, dass das Meer kein Hindernis war und so verwundert es nicht, dass schon vor 60.000 bis 40.000 Jahren Australien besiedelt wurde. Europa war zu dieser Zeit noch ausschließlich das Gebiet der Neandertaler.

Zwei Erwachsene von ca. 1,35 m und 1,45 m sowie ein Kind stapften vor 3,7 Millionen Jahren durch die Vulkanasche bei Laetoli (Tansania). Die populäre Rekonstruktion Papa-Mama-Kind wird von Feministinnen heftig angefeindet und angesichts der Gewohnheiten moderner Wildbeuter scheinen zwei Frauen und ein Kind tatsächlich wahrscheinlicher.

Nicht nur die Neandertaler: Verschwunden …

Erst vor ca. 38.000 Jahren betrat der moderne Mensch mit einem Paukenschlag die europäische Bühne. Höhlen werden mit Tiermalereien verziert, die so kunstvoll sind, dass ihre Echtheit anfangs angezweifelt wurde. Die Neandertaler standen staunend daneben und versuchten anscheinend, diese Kultur zu imitieren. Das Chatelperronien, eine Neandertalerkultur mit den damals topmodernen Klingengeräten aus Feuerstein, mit Schmuck und Farbresten, ist nur aus der Epoche bekannt, in der beide Arten in Europa lebten und ein Indiz dafür, dass zwischen ihnen Informationen ausgetauscht wurden. Dennoch überlebten die Neandertaler nicht. Sicher war es kein »Ausrottungskrieg« und schon gar keine »ethnische Säuberung«, auch wenn solche Schlagwörter heute gern benutzt werden. Viel eher dürfte es eine langsame Verdrängung gewesen sein. Der Neandertaler war ein reiner Großwildjäger. Der Fleischanteil in seiner Nahrung war, das zeigen Isotopenanalysen, höher als bei Wölfen oder Bären. Der moderne Mensch war flexibler, jagte auch Kleintiere, fischte und nutzte zahlreiche Pflanzenarten. Vielleicht war diese Strategie dafür verantwortlich, dass sich homo sapiens im Lauf von 10.000 Jahren in Europa ganz allmählich durchsetzte.

INSELZWERGE

Auf Inseln, Laboratorien der Evolution, entwickeln sich die seltsamsten Formen. Pflanzenfresser müssen auf kleinen Inseln schrumpfen, um zu überleben. Dieser Verzwergungsprozess brachte so possierliche Tierchen hervor wie diverse Zwergelefanten von teils nur 90 cm Schulterhöhe – man fand ihre Reste auf Mittelmeerinseln, in Indonesien und vor Kalifornien. Umgekehrt werden Nagetiere, Eidechsen und flugunfähige Vögel größer. Hundegroße Mäuse lebten neben hundegroßen Elefanten. Beide wurden gejagt von Rieseneidechsen, bis zu sechs Meter langen Verwandten des Komodo-Warans.

Der Vergleich mit einem etwa 18.000 Jahre alten Schädel der »Flores-Zwerge« aus Liang Bua zeigt gut den Größenunterschied zum modernen Menschen.

Es war also aus Sicht der Biologie nicht erstaunlich, als 2004 in der Höhle Liang Bua auf Flores, eine Insel östlich von Bali, Überreste von verzwergten Menschen auftauchten. Evolutionsgeschichtlich war es eine Sensation. Noch vor weniger als 20.000 Jahren lebte eine zweite Menschenart auf unserem Planeten. Mit einer Größe von einem Meter und einem Hirnvolumen von gut 400 ccm reichte sie aber kaum an die drei Millionen Jahre ältere Lucy heran.

Dennoch, das zeigen die Ausgrabungen, jagten die Zwergmenschen Zwergelefanten und selbst die gefährlichen Riesenwarane, die sie dann am Feuer brieten. Auch ihre hoch entwickelten Steingeräte, wie man sie sonst nur von modernen Menschen kennt, zwingen die Wissenschaft zum Umdenken. Dass nicht die Größe des Hirns alleine über Intelligenz entscheidet, war schon lange klar. Immerhin hatte ein durchschnittlicher Neandertaler rund 1600 ccm Hirn, ein moderner Mensch dagegen nur rund 1400 ccm – und Frauen dabei ca. 10% weniger als Männer.

Wie aber soll ein Zwerg mit einem orangengroßen Hirn Elefäntchen und sogar die gefährlichen Riesenechsen gejagt haben? Eine Untersuchung des Zwergenhirns anhand der Knochenwölbungen im Schädel brachte die überraschende Antwort: Die Bereiche, die dem Verstehen von Sprache dienen, waren stark ausgeprägt, diejenigen, die für Vorausplanung zuständig sind, sogar größer als bei allen anderen Frühmenschen. Die Zwerge von Flores waren also ähnlich sprachbegabte und planende Wesen wie wir – und das bei der Körpergröße eines heutigen Dreijährigen.

... ohne ein Spur zu hinterlassen

Ähnlich sieht es in Indonesien aus. Hier lebten beim Eintreffen des modernen Menschen vor 50.000 bis 60.000 Jahren noch Nachkommen des homo erectus. Beide Arten könnten viele Jahrtausende lang in der gleichen Region existiert haben. Am längsten hielt es homo floresiensis aus. Diese verzwergte erectus-Form lebte noch vor ca. 12.000 Jahren und wenn die Berichte der Einheimischen stimmen, wurde sie gar erst vor 300 Jahren ausgerottet.

Dagegen lebte, genetischen Analysen zufolge, der letzte gemeinsame Vorfahr von sapiens und Neandertaler vor rund 500.000 Jahren. Weder die Gene noch die Knochen lieferten bisher einen Hinweis, dass sich die Arten vermischt hätten. Alle, die wir heute auf dem Planeten leben, sind, trotz der Unterschiede in Hautfarbe und Haarwuchs, letztlich reinrassige Afrikaner und näher miteinander verwandt als zwei Schimpansengruppen im westafrikanischen Regenwald.

Alpenzwerge In der Schweiz lebten zwischen 1873 und 1959 die acht »Kleinen Menschen von Samnaun«. Sie hörten mit drei Jahren auf zu wachsen und blieben ungefähr einen Meter groß. Anders als die häufigeren »Liliputaner« waren sie normal proportioniert – genau wie die Zwerge von Flores. Trotz Mini-Hirn wurden sie anerkannte Ladenbesitzer, Bauern und Handwerker. Wegen einer erblichen Genveränderung fehlte den Samnaunern das Wachstumshormon – heute wären sie ein einfacher Fall für eine Hormontherapie. Vielleicht waren die Zwerge von Flores Folge einer ähnlichen Genveränderung.

Wie haben sie ausgesehen?

Was ist spannender als im »Tagebuch der Menschheit« auf alte Fotos zu stoßen? Das Aussehen der Ahnen fasziniert die Öffentlichkeit wie kaum ein anderes archäologisches Thema, die Archäologen interessieren sich aber vor allem für Scherben, Steine und Hausgrundrisse. Dabei gibt es unzählige dieser »Familienfotos«. Einen unmittelbaren Zugang zum häufig idealisierten Selbstbild früherer Menschen liefern Malereien, Reliefs und Skulpturen, ein ungeschminktes Bild dagegen die wenigen Menschen, deren individuelle Gesichtszüge noch nach Jahrtausenden erkennbar sind. Dazu gehören Moor- und Eisleichen sowie quecksilbergetränkte chinesische Mumien und in extremer Trockenheit konservierte Tote.

Wie hat Adam ausgesehen?

Seit seiner Entstehung als Art vor höchstens 200.000 Jahren hat sich homo sapiens sapiens nur wenig verändert. Ob ein Menschenknochen 100 oder 100.000 Jahre alt ist, sieht man seiner Form kaum an. Dennoch unterscheiden sich Menschen äußerlich ganz erheblich. Schwarzlockige Schwarzhäutige stehen neben hellhäutigen Hellhaarigen.

Wie die Frühmenschen ausgesehen haben, lässt sich relativ präzise anhand der Knochen rekonstruieren. Dazu bedient man sich der Methoden von Anatomie und Gerichtsmedizin. Heute werden so Opfer von Krieg oder Verbrechen identifiziert, aber auch ausgegrabenen Schädeln ein Gesicht gegeben. Denn was wären Lucy und Co., wenn man im Museum nur ein Häufchen Knochen sehen könnte? Erst die Rekonstruktionen machen die Ahnen anschaulich. Das gilt auch für Ötzi. Die dürre Leiche, die Leder-, Fell- und Grasreste sagen nur Fachleuten etwas. Unser Bild des Gletschermanns wird durch 1:1-Rekonstruktionen und Grafiken geprägt.

Die ersten Bauern des Orients modellierten Gesichter aus Lehm und Gips über die Schädel ausgewählter Toter. Die Ägypter, Mykener (um 1500 v. Chr.) und die Chimú im Nordwesten Perus (10.-15. Jh. n. Chr.) verwendeten goldene Totenmasken und in Mexiko beklebten die Mixteken Schädel mit Türkisen und Perlmutt.

Die Faszination für das Gesicht ist mindestens 10.000 Jahre alt. Schon die frühesten Bauern im Nahen Osten gaben ihren Toten das Antlitz zurück, indem sie den Totenschädel mit Lehm und Gips überformten und bemalten. Doch schon in der Eiszeit hatten Menschen begonnen, Abbilder von sich zu formen, sie fertigten aus Elfenbein, Stein und Ton füllige Frauenstatuetten. Auch in jüngeren Zeiten finden sich »dicke Damen«, so in jungsteinzeitlichen Bauerndörfern des Orients oder in den Tempeln von Malta.

In den Hochkulturen von Ägypten bis Rom kristallisiert sich ein Körperideal von Schönheit, Jugend und Kraft heraus. Nur ein Revolutionär wie Pharao Echnaton wagte es, sich mit schmalen Schultern und faltigem Bauch darstellen zu lassen. Der Körperkult erreichte im antiken Griechenland einen Höhepunkt. Zahlreiche Statuen und Porträts sind im Original oder als römische Kopien erhalten. Das griechische Ideal prägte auch die römische und die klassische europäische Kunst. Das Aussehen der Toten bewahrte man in Grabmalereien, in Büsten und Sarkophagreliefs, aber häufig waren auch diese Bilder idealisiert.

Der Blick in den Silberspiegel war schon zu Lebzeiten nicht immer zufrieden stellend, so dass sich römische Damen Perücken aus blondem germanischem Frauenhaar aufsetzten oder ihre Frisur mit Goldstaub überpuderten. Augenlider färbte man in Ägypten mit Malachit grün und schon im frühen Libanon wurden die Konturen des Auges mit einem Schminkstift schwarz nachgezogen. Bereits vor 8000 Jahren bewunderte man sich in Çatal Hüyük im fein polierten Obsidianspiegel. Wichtigste Steinzeitschminke war Hämatit. Sicher bemalten sich damit schon die Lebenden – noch amerikanische »Rothäute« haben daher ihren Namen. Mit dem roten Mineral bestreute man aber auch die Toten, ein Symbol des Lebens nach dem Tod?

Mumien

Verschiedene Kulturen gingen aber noch darüber hinaus und versuchten, den Körper für das Jenseits zu erhalten. Am bekanntesten dafür sind die Ägypter. Sie glaubten, dass der Tote nur mit seinem Körper im Jenseits weiterleben könne. Er wurde einbalsamiert und in Leinenbinden gewickelt. Dabei blieben manchmal nicht mehr als Haut und Knochen übrig, wie die Mumie von Tutanchamun eindrücklich zeigt.

Wesentlich bessere Resultate erzielten die frühen Chinesen, die vor gut

Anders als ein Spiegel geben archäologische Funde nur in besonderen Glücksfällen das Antlitz unserer Vorfahren preis. Forensiker rekonstruieren mit modernsten Methoden deren Aussehen. Kunstwerke wie dieses römische Mosaik aus Tunesien liefern in den meisten Fällen nur ein geschminktes Bild – so wie man aussehen wollte oder sollte.

2000 Jahren einige Tote so behandelten, dass deren Körper perfekt erhalten blieben. Am berühmtesten ist der von »Lady Dai« (vgl. S. 53). Allerdings gab es auch in China untaugliche Mumifizierungsversuche, so die Körperhüllen aus Jadeplättchen, in denen Kaiser und hohe Beamte der Han-Dynastie (2. und 1. Jh. v. Chr.) für das Jenseits erhalten bleiben sollten.

Besser als die meisten dieser absichtlich geschaffenen Mumien sind diejenigen erhalten, die zufällig mumifiziert wurden. Dazu gehören Moorleichen und Eismumien wie Ötzi oder Tote unter Grabhügeln im Altai, vor allem aber Trockenmumien von der chilenischen Atacama-Wüste bis ins zentralasiatische Tarim-Becken. Mumien und Moorleichen geben zudem Hinweise darauf, an welchen Krankheiten die Menschen damals litten und welche Parasiten sie plagten.

WIE WAREN SIE GEKLEIDET?

Unter dem Mikroskop liegt der Beweis: Der Mann hatte die Hosen an. Die Kleider des adligen Alamannen, dessen Grab Archäologen im baden-württembergischen Trossingen en bloc geborgen hatten, waren so gut erhalten, dass Restauratorinnen einen gelb-rot gemusterten Umhang, eine schmale Leinenhose und eine langärmlige wollene Tunika rekonstruieren konnten. Ein seltenes Vergnügen, denn Stoffe bleiben nur in feuchter oder extrem trockener Umgebung erhalten. Manchmal finden sich Faserreste an oxidiertem Metall. Im Labor lassen sich daran Webtechnik und Farbspuren erkennen.

Die Materialien waren vielfältig: Schon im Neolithikum trug man fein gewebte Leinen- oder Baststoffe. Für die Fellfetzen und das Sackleinen, in dem Steinzeitler heute oft präsentiert werden, hätte man damals wohl nichts übrig gehabt. Während die Ägypter weißes Leinen bevorzugten, kleideten sich Griechen und Römer vor allem in Wollstoffe. Vermutlich schon ab dem 5. Jh. v. Chr. wurde sogar Seide aus China bis ans Mittelmeer importiert.

Die Schnittmuster reichen vom einfachen Chiton oder der Toga – rechteckigen bzw. halbrunden Stoffstücken, die mehr drapiert als genäht wurden – bis zu den komplizierten Volantröcken und Boleros der Minoerinnen. Borten und Gürtel, bunte Bilder, gestickt, gewoben oder gemalt, zierten die Kleider. Goldplättchen, die in griechischen und skythischen Gräbern zu Tage kamen, waren auf die Kleidung genäht. Kostbar waren Goldfäden, wie sie Archäologen an einem purpurnen Leichentuch in Nordgriechenland, aber auch in alamannischen Gräbern entdeckten.

Tote einzuwickeln, beherrschten die Kelten in Perfektion. Hallstattzeitliche Verpackungskünstler hüllten den »Fürsten von Hochdorf« in vier Tücher. Zwei davon waren rot-blau kariert und eines rot. Ein Versuch, die unbezahlbaren phönizischen Purpurstoffe zu imitieren? Zudem verpackten sie das gesamte Grabinventar, sogar den großen Bronzekessel, einzeln in Tücher.

Seide und Purpurstoffe galten im Altertum als die wertvollsten Gewebe. Meist waren Kleider aber aus Wolle oder Leinen. Während man heute viel über die Farben und Stoffe weiß, gehören Funde von kompletter Kleidung, wie der karierte Rock und Pelzumhang einer eisenzeitlichen Dänin aus Huldremose zu den seltenen Highlights.

Virus und Fadenwurm – Krankheiten

Mit den Europäern kam der Tod nach Amerika. Schlimmer als Musketen und Schwerter wüteten Pocken und Masern, aber auch einheimische Seuchen. Sie rafften den größten Teil der indianischen Bevölkerung dahin. Der Zusammenbruch der amerikanischen Hochkulturen wurde durch die Seuchen beschleunigt. Selbst Gebiete ohne direkten Kontakt zu den Eroberern, wie etwa das Amazonasbecken, wurden weitgehend entvölkert. Das bestätigen neue archäologische Untersuchungen. Für die Alte Welt wird dagegen die Rolle der Seuchenzüge kaum diskutiert.

Nicht erst die Griechen waren erfahrene Ärzte. Schon in der Steinzeit war gegen vieles ein Kraut gewachsen. Anhand von verheilten Krankheiten und Verletzungen, die Spuren an den Knochen hinterlassen haben, können Archäologen auf die Kunst steinzeitlicher Ärzte schließen.

Masern, Pocken, Pest

Nehmen wir nur einmal das übermächtige Römische Reich als Beispiel: Wie können es Markomannen, Jazygen und Quaden ab 166 n. Chr. wagen, ein Imperium anzugreifen, das doch auf dem Höhepunkt seiner Macht steht? Auslöser war sicher die Bindung der römischen Armee im Osten, wo sie gegen die Parther kämpfte. Die lange Dauer des Konflikts war aber wohl eine Folge der Antonianischen Pest. Im Jahr 168 gab es ihretwegen Probleme bei der Rekrutierung von Legionären. Sogar mit Sklaven, Gladiatoren und Räubern wurden die Seuchenverluste ergänzt. Während eines Feldzugs gegen die Markomannen starb selbst Kaiser Marc Aurel im Jahr 180 an der Pest.

Die Mithraskult-Gemeinde aus der Provinzhauptstadt Virunum (Österreich) hielt die Namensliste der Kultmitglieder auf einer Bronzetafel fest. Am Rand eine Notiz: »Sie sind wegen eines Seuchensterbens am 26. Juni 184 zusammengekommen.« Fünf Gemeindemitglieder waren an der Seuche gestorben und noch 189 soll die Pest in Rom bis zu 2000 Menschen täglich gefordert haben.

Ähnlich sieht es in der Krise des 3. Jahrhunderts aus, die vielen Archäologen als der Anfang vom Ende Roms gilt. Die Aufgabe des Limes, das Gallische Sonderreich und die Plünderungen der Goten in Kleinasien sind kaum vorstellbar ohne eine erneute Schwächung des Reiches. Dabei spielt auch die »Cyprianische Pest« ab 251 eine Rolle, auf deren Höhepunkt in Rom täglich 5000 Menschen gestorben sein sollen. Seine Siege über die Alamannen und Goten verdankt Kaiser Claudius Gothicus nicht zuletzt einer Dezimierung der Barbaren durch Seuchen und Hunger. Lange konnte er sich aber nicht darüber freuen, denn er wurde 270 selbst Opfer der Pest.

Der Schwarze Tod

Das alles war aber nur ein mildes Vorspiel dessen, was in den 540er Jahren über die Alte Welt hereinbrach. Auf Handelsschiffen gelangte die Pest mit den begehrten Elfenbeinladungen von Ostafrika nach Ägypten und Konstantinopel. Ab 541 wütete hier die »Justinianische Pest« und forderte »bis zu 10.000 Tote pro Tag«. Wie das mittelalterliche Avignon zeigt, wo von 50.000 Einwohnern laut zeitgenössischen Quellen bis zu 120.000 an der Pest starben, sind solche Zahlen häufig dazu gedacht, die Dramatik der Situation zu schildern. Die Justinianische Pest breitete sich in ganz Europa aus und forderte einen fast so großen Bevölkerungsanteil wie der »Schwarze Tod« im Mittelalter.

Bis ins 8. Jh. brach die Pest etwa einmal pro Jahrzehnt irgendwo auf dem Kontinent wieder aus. Dann verschwand sie für über ein halbes Jahrtausend nach Asien und kehrte von dort 1347 mit einer Macht zurück, die Europa an den Rand des Untergangs brachte – und den Archäologen Massengräber, Wüstungen und städtische Parzellen bescherte, wo an Stelle von Häusern wieder Gärten angelegt wurden.

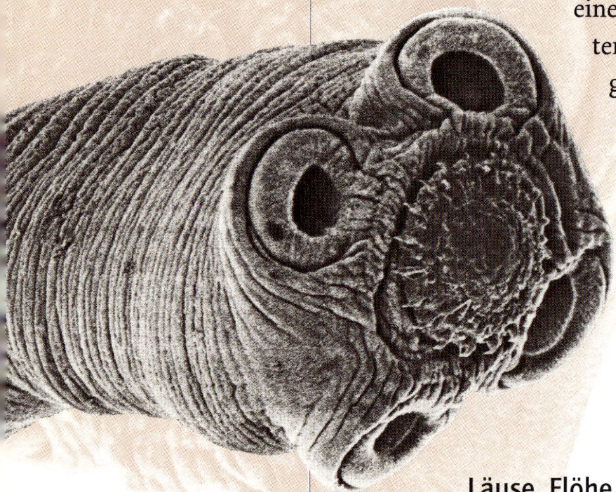

Bei entsprechenden Erhaltungsbedingungen lässt sich nachweisen, dass früher fast die gesamte Bevölkerung von Parasiten aller Art befallen war, von Flöhen und Läusen bis hin zu Band-, Leber- und Nierenwürmern. Lausige Zeiten also, in denen der Wurm drin war.

Läuse, Flöhe, Bandwürmer

Neben den Seuchen waren Parasiten ständige Begleiter des Menschen. Läusekämme waren schon bei Römern und Pfahlbaubewohnern in Gebrauch. Läuse fanden sich zwar in Ötzis Haaren nicht, dafür hausten Flöhe in seiner Kleidung. Aber nicht nur das: Er hatte einen kaputten Rücken und verkalkte Arterien. Was heute als typische Zivilisationskrankheit gilt, befiel offensichtlich schon steinzeitliche Alpenbauern. Seine Lunge glich der eines Rauchers. Der Ruß stammte vom offenen Feuer in den steinzeitlichen Häusern, der mineralische Staub vom Dreschen des Getreides. Im seinem Darm sorgte der Peitschenwurm für eine chronische Entzündung.

Dieses Schicksal teilte er mit Xin Zhui, einer chinesischen Kanzlergattin, die vor knapp 2200 Jahren starb. Viel mehr hatten die beiden aber nicht gemeinsam. Denn im Gegensatz zu Ötzi war »Lady Dai« ziemlich korpulent und bewegte sich kaum. Grund dafür war ein Bandscheibenvorfall, der der etwa 50-jährigen Dame das Gehen zur Qual machte. Ihren Kummer scheint sie mit reichlich gutem Essen bekämpft zu haben, denn trotz Peitschen- und Bandwürmern brachte sie rund 75 kg auf die Waage. Der Tod war die Folge einer Gallenkolik, die ihren Körper so belastete, dass das verfettete Herz nicht mehr mitmachte.

Die eigentliche Sensation ist aber die Erhaltung ihres Körpers. Er war so gut konserviert, dass er wie eine frische Leiche seziert werden konnte. Die Muskeln waren beweglich, alle inneren Organe vorhanden und sogar noch Blut in den Venen. Grund dafür war die Art der Mumifizierung, die alles in den Schatten stellt, was die Ägypter leisteten. Die Leiche wurde fest in 20 Lagen Seide eingenäht, mit einer quecksilberhaltigen Flüssigkeit getränkt und in vier ineinander gestellte, luftdicht lackierte Sarkophage gebettet. Diese wurden in eine 12 m tiefe Grube abgesenkt und mit einem 15 m hohen Hügel überdeckt. Damit war »Lady Dai« für die Ewigkeit gewappnet – und landete doch auf dem Seziertisch eines chinesischen Pathologen.

Aidsresistente Germanen Manche Nordeuropäer sind gegen bestimmte Aidsvarianten resistent. Diese genetisch bedingte Widerstandskraft gilt als Folge einer Selektion durch Seuchenzüge früherer Jahrhunderte. Dabei dachte man zunächst an die Pest im Mittelalter. Inzwischen haben aber Untersuchungen an 3000 Jahre alten Knochen ergeben, dass bereits diese Menschen entsprechende genetische Veränderungen zeigten. In Nordeuropa müssen also schon vor Jahrtausenden regelmäßig Seuchen gewütet haben.

Antike Ärzte

Die antike Ärzteschaft verfügte über ein beträchtliches Wissen. Schon in der Jungsteinzeit wurden Schädeloperationen durchgeführt und die meisten Patienten überlebten diesen Eingriff. Kräuterkunde und Wundversorgung waren sicher schon in der Altsteinzeit weit entwickelt. Eine erste umfassende Zusammenstellung bietet der ägyptische »Papyrus Ebers« aus der Zeit um 1500 v. Chr., den die Leipziger Bibliothek 1873 erwarb – von einem Raubgräber, wie könnte es anders sein.

Religion, Magie und Medizin sind die drei Standbeine der ägyptischen Heilkunde. Der Papyrus beschreibt 45 Themenbereiche, vor allem Augen-

und Bauchkrankheiten sowie Gynäkologie. Aber auch Alltägliches hat seinen Platz. Es gibt Rezepte gegen Husten und Schnupfen, gegen Falten im Gesicht, gegen Haarausfall und graue Haare und ein Haarwuchsmittel für Kahlköpfige: Mische je ein Teil Löwen-, Krokodil-, Kater-, Schlangen- und Steinbockfett. Salbe das kahle Haupt vier Tage lang mit der Mischung und du wirst den Erfolg sehen.

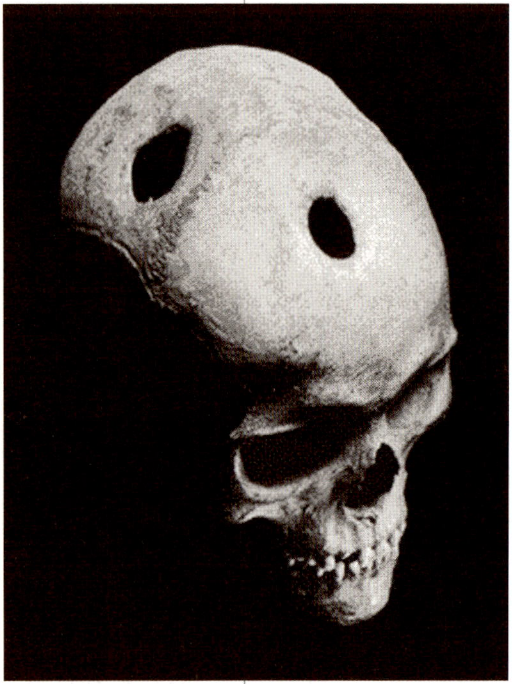

Der zweifach trepanierte Schädel von Pritschöna in Sachsen-Anhalt zeigt, mit welcher Präzision jungsteinzeitliche Chirurgen Schädel öffnen konnten. Fast alle Patienten überlebten die Operation.

Aus mesopotamischen Keilschrifttäfelchen erfahren wir, dass alkalische Mittel genau wie heute gegen Sodbrennen und Rizinusöl gegen Verstopfung verordnet wurden. Schwere Krankheiten wurden als göttliche Strafe für Verfehlungen im Kult betrachtet. Erst die Griechen lösten sich von der Vorstellung von Krankheit als Strafe. Der berühmteste Arzt war Hippokrates (um 460–370 v. Chr.) und das antike Wissen wurde in den 70 Bänden des Corpus Hippocraticum zusammengefasst. Die griechische Medizin bildete die Grundlage für die römische. Chirurgische Eingriffe waren bei einem expandierenden Militärstaat an der Tagesordnung. Über 200 verschiedene Instrumente standen dafür zur Verfügung. Vor allem in den Bereichen Geburtshilfe und Gynäkologie gab es auch römische Ärztinnen.

Wie verheilte Knochenbrüche oder die oben erwähnten Schädelöffnungen zeigen, verfügten auch die »Barbaren« über erstaunliche medizinische Fähigkeiten. Gegen Infektionskrankheiten waren aber auch sie machtlos und so war die Kindersterblichkeit ähnlich hoch und die Lebenserwartung ähnlich gering wie heute in den am schlechtesten medizinisch versorgten Regionen Afrikas. Die Todesursache lässt sich aber am Skelett nur dann feststellen, wenn sie auch am Knochen Spuren hinterlassen hat – und das ist außer bei Waffeneinwirkung allenfalls bei Tumoren und Knochenhautentzündungen der Fall.

Hygiene unbekannt

Mit der Sesshaftwerdung, vor allem aber mit dem Beginn der Viehzucht, dürften Infektionskrankheiten und Parasitenbefall deutlich zugenommen haben. Wildbeuter verlassen ein Lager häufig wegen des Abfalls, der sich angesammelt hat. Ein Bauer, der auf seinen Getreidespeicher aufpassen muss, hat diese Möglichkeit nicht. Die Haustiere, mit denen die Menschen nun eng zusammenlebten, aber auch ungebetene Gäste wie Mäuse und Ratten übertragen zahlreiche Krankheiten und Parasiten.

Besonders deutlich wird das an den Pfahlbauten, die häufig als Idylle dargestellt werden. Hier muss, den erhaltenen Parasiten nach zu urteilen, ein großer Teil der Bevölkerung mit aufgedunsenen Bäuchen herumgelaufen sein, voll mit Würmern, darunter so unangenehme Arten wie Leber- und Nierenwürmer, die diese Organe von innen her auffressen. Speziell im Sommer, wenn das warme Wasser knapp unter oder auch mal über den Böden der von Mensch und Tier bewohnten Häuser schwappte, muss ein ganz besonderer Duft in der Luft gelegen haben.

In den frühen städtischen Zentren potenzierte sich das Abfallproblem und so erfand man schon vor über 4500 Jahren am Indus die Kanalisation, die wie heute vor allem der Entwässerung diente. Auch im gleichzeitigen Mesopotamien und im frühen Griechenland lebte zumindest die Oberschicht in hygienischen Verhältnissen. Bis hin zu Badewanne, Dusche und Spülklosett war all das schon erfunden, von dem noch unsere Großeltern träumten. Rom erhielt schon im 6. Jh. v. Chr. die Cloaca Maxima – sie tut noch heute ihren Dienst – und in Köln ist ein Teil der örtlichen Cloaca Maxima begehbar – eine Touristenattraktion der besonderen Art. Das Wissen um die Kanalisation ging aber, zumindest in Europa, nach dem Ende des Römischen Reichs für über 1000 Jahre verloren. Das gleiche gilt für die Badekultur. Auch sie hatte in der Römerzeit ihre Blüte und verschwand in Europa mit den Römern für lange Jahrhunderte.

Die Erde sei dem Menschen untertan – Die (Um-)Welt: genutzt, verändert, zerstört.

Mehr als 99 % ihrer Entwicklung lebten die Menschen von dem, was die Natur ihnen bot. Doch dann kam es zu umwälzenden Veränderungen hin zu einer vorausplanenden Nahrungsmittelproduktion. Den steinzeitlichen Jägern und Sammlern war sicher nicht bewusst, dass sie in eine neue Lebensweise hineinschlitterten, die die Welt für immer verändern sollte. Vom täglichen Leben über die Sozialstruktur bis hin zu den religiösen Anschauungen: Nichts war mehr wie früher.

Ein amputierter Unterschenkel, Folge eines Kampfes oder eines Unfalls, wurde im frühmittelalterlichen fränkischen Griesheim durch eine Prothese ersetzt. Skurril erscheint heute dagegen die abgeschlagene Hand, die im Grab eines Merowingers um 700 v. Chr. in Herrenberg mitbegraben wurde.

Siegeszug der Körner und Kühe

Angeregt durch die Bibel suchten Archäologen schon früh im Vorderen Orient nach den Anfängen der Zivilisation und fanden die ältesten domestizierten Körner und Kühe der Welt. Die wilden Vorfahren von Gerste, Weizen und Roggen sowie von Hülsenfrüchten kamen hier vor. Heute sind die Pflanzen und Haustiere aus dem Orient Grundnahrungsmittel. Getreide wurde dort vermutlich schon um 9500 v. Chr. im frühen akeramischen Neolithikum, dem PPNA (Pre-Pottery-Neolithic A), angebaut. Sicher nachgewiesen sind Ackerbau und Viehzucht aber erst ab dem PPNB (8600–6300 v. Chr.). Der Nahe Osten scheint somit eine Vorreiterrolle zu spielen.

Was aber wissen wir aus China, wo vielleicht ebenso früh, um 9500 v. Chr., Reis angebaut und nur wenig später Schweine gehütet wurden? Auch Perus erste Gärtner stehen dem kaum nach. Im 9. Jt. v. Chr. sollen sie bereits Chili kultiviert haben, später dann Bohnen, Kürbis und Mais. Und seit wann wurden Knollenfrüchte, etwa Maniok in Südamerika oder Yams in Westafrika angebaut? Lange war es unmöglich, den Anbau tropischer Früchte nachzuweisen. Inzwischen gelingt es aber, Phytolithen – winzige Kieseleinlagerungen, mit denen Pflanzen häufig ihre Schalen und Stängel härten – einzelnen Arten zuzuweisen.

Diese neuen Erkenntnisse bescherten dem Nahen Osten unerwartete Konkurrenz aus Papua-Neuguinea. Hier ist der Anbau von Banane, Zuckerrohr und Taro ab 5000 v. Chr. gut belegt. Entwässerungsgräben und Brandrodungsfelder, auf denen in 1500 m Höhe Bananen und Taro angebaut wurden, datieren sogar schon um 8000 v. Chr. Taro ist eine Tieflandpflanze und muss im Hochland vom Menschen angepflanzt worden sein.

»Why should we plant ...?«

Warum aber Wildbeuter zu Ackerbau und Viehzucht übergingen, ist eine viel diskutierte Frage. Die meisten Archäologen gehen heute davon aus, dass ein Zusammenspiel mehrerer sozialer und natürlicher Faktoren zu dem führte, was der

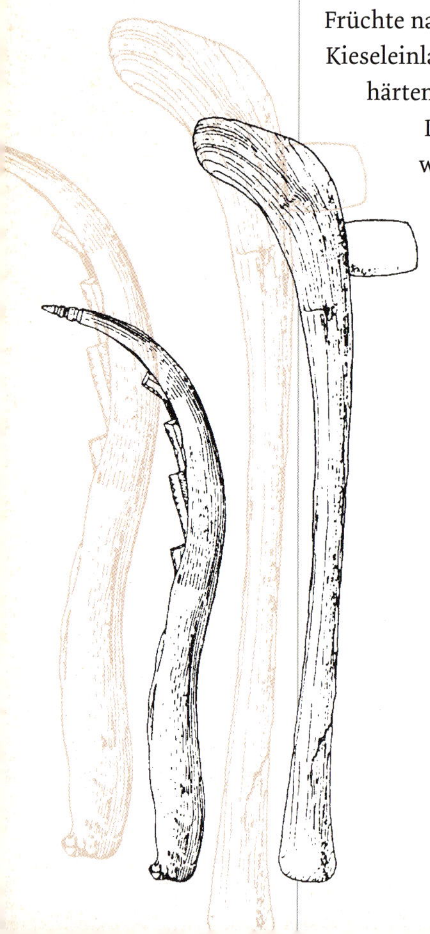

Mehr als mit Pfeil und Bogen eroberten Menschen mit Steinbeilen und Sicheln die Welt. Mit den Beilen rodeten sie immer mehr Flächen im steinzeitlichen Urwald für ihre Siedlungen, Äcker und Weiden. Mit Sicheln ernteten sie ihr wichtigstes Grundnahrungsmittel, das Getreide.

AUSGEROTTET ODER AUSGESTORBEN?

Elefanten weiden in den Elbauen, Löwen lauern am Rhein und Nashörner stampfen durch Bayern. Noch vor einigen 10.000 Jahren war die Welt von Riesenfaultieren, gigantischen Büffel-, Hirsch-, und Elefantenarten bevölkert, die von Säbelzahntigern und riesigen Bären gejagt wurden. 97 % dieser Megafauna wurde zwischen 50.000 und 10.000 Jahren vor heute ausgerottet. Alle hatten zuvor mehrere Eis- und Warmzeiten überstanden. Deshalb ist sich die Forschung heute sicher, dass ohne den modernen Menschen dieses Massensterben nicht möglich gewesen wäre.
Am härtesten traf es Amerika: Mit der Einwanderung des Menschen verschwanden fast alle alteingesessenen Tierarten von über 50 Kilogramm. Darunter waren bis zu sechs Meter hohe Faultiere, tonnenschwere Riesengürteltiere sowie verschiedene Elefanten-, Bären- und Löwenarten. In Südamerika existierte seitdem nichts Größeres als Tapir, Ameisenbär und Lama. Ähnlich sieht es in Australien aus. Riesen-Wombats und -Kängurus wurden ausgerottet. In Europa traf dieses Schicksal z. B. Wollnashorn und Mammut. Mit dem Ackerbau begann schließlich eine Vernichtung und Verdrängung der Restfauna, angefangen mit Bär, Wolf, Auerochse und Elch, die inzwischen bis zur Wachtel und Sumpfspitzmaus fortgeschritten ist.

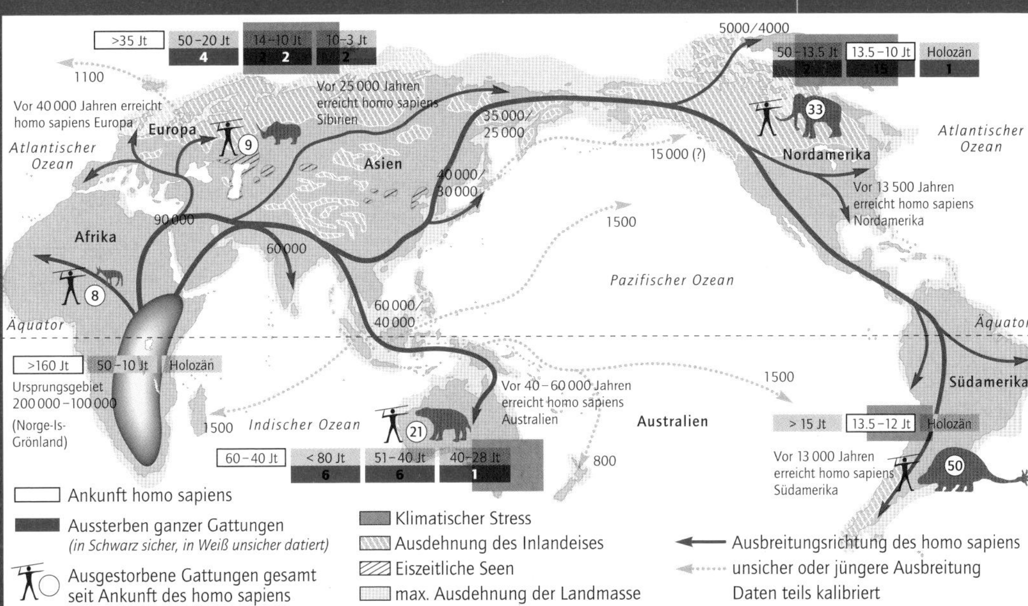

Bevölkerungsexplosion Ein Wachstum von 1,6% pro Jahr hört sich bescheiden an, und tatsächlich ist die Weltbevölkerung zwischen 1950 und 2000 stärker gewachsen als jährlich 1,6%. Dennoch bedeutet diese Rate, dass aus 1000 Menschen in 1000 Jahren acht Milliarden werden. Der Topf mit dem nahrhaften Getreidebrei brauchte also einen Deckel und der ist nicht eben attraktiv: Streit und Krieg, Hunger und Seuchen hielten das Bevölkerungswachstum in Grenzen, die durch technologische und gesellschaftliche Innovationen bis heute immer weiter ausgedehnt werden.

australische Prähistoriker V. Gordon Childe in den 1930er Jahren »Neolithische Revolution« taufte.

Nicht die Geschwindigkeit, mit der dieser Prozess ablief, macht ihn zu einer Revolution – das war ein Zeitraum von mehreren tausend Jahren. Doch die Konsequenzen dieses Wandels waren revolutionär: eine Bevölkerungsexplosion sowie eine komplett veränderte Lebensweise. Überschüsse konnten produziert, Vorräte angelegt und Spezialisten verköstigt werden. Dazu gehören Priester, Könige und Beamte ebenso wie Fernhändler und Metallurgen.

Die Zähmung der Tiere, die im 8. Jt. v. Chr. im Orient begann, brachte nicht nur Fleisch. Sie lieferte auch Milch, Käse und Wolle und spätestens ab dem 4. Jt. v. Chr. wurden Ochsen als Zugtiere genutzt. Diese »secondary products revolution« – wie sie der britische Archäologe Andrew Sherratt nannte – brachte eine zusätzliche Nahrungsquelle und vor allem eine enorme Arbeitserleichterung für den Menschen.

All inclusive?

Die Vorstellung, dass das neolithische Powerpaket mit Anbau, Haustieren, festen Häusern, geschliffenen Steinbeilen und Keramik en bloc in Europa

Wie ausgeklügelt bereits die jungsteinzeitliche Zimmermannskunst und Wasserversorgung war, zeigen hölzerne, 7000 Jahre alte Brunnenkästen in Blockbautechnik, die im Rheinland, in Sachsen und in Österreich ausgegraben wurden.

ankam, prägte jahrzehntelang die Forschung. Bauern der Linearbandkeramischen Kultur sollten die Landwirtschaft nach Mitteleuropa gebracht haben. Ab der Mitte des 6. Jt. v. Chr. kolonisierten sie von Westungarn aus die mitteleuropäischen Lössgebiete. Dieses bewährte Bild bekommt jedoch immer mehr Risse.

Schon 1983 beschrieb der französische Archäologe Christian Jeunesse die La-Hoguette-Keramik, Tontöpfe, wie sie mittlerweile vereinzelt zwischen Rhônetal, Thüringen und Ärmelkanal aufgetaucht sind. Bis heute weiß niemand, wer die spitzbodigen Gefäße angefertigt hat. Nur soviel scheint klar: Ihren Ursprung hat diese Keramik an der französischen Mittelmeerküste. Schon im frühen 6. Jt. v. Chr. lebten hier Bauern der Cardial-Kultur. Benachbarte Jäger und Sammler übernahmen rasch Elemente der neolithischen Lebensweise und vermittelten sie offenbar weiter – mehr als 1000 km nach Norden.

Noch stärker kratzen aber die Naturwissenschaften am Bild der bandkeramischen Kolonisation. Ende der 1990er Jahre entdeckten Archäo-

Verbreitungskarte der Fundorte von Keramik der La Hoguette-Kultur.

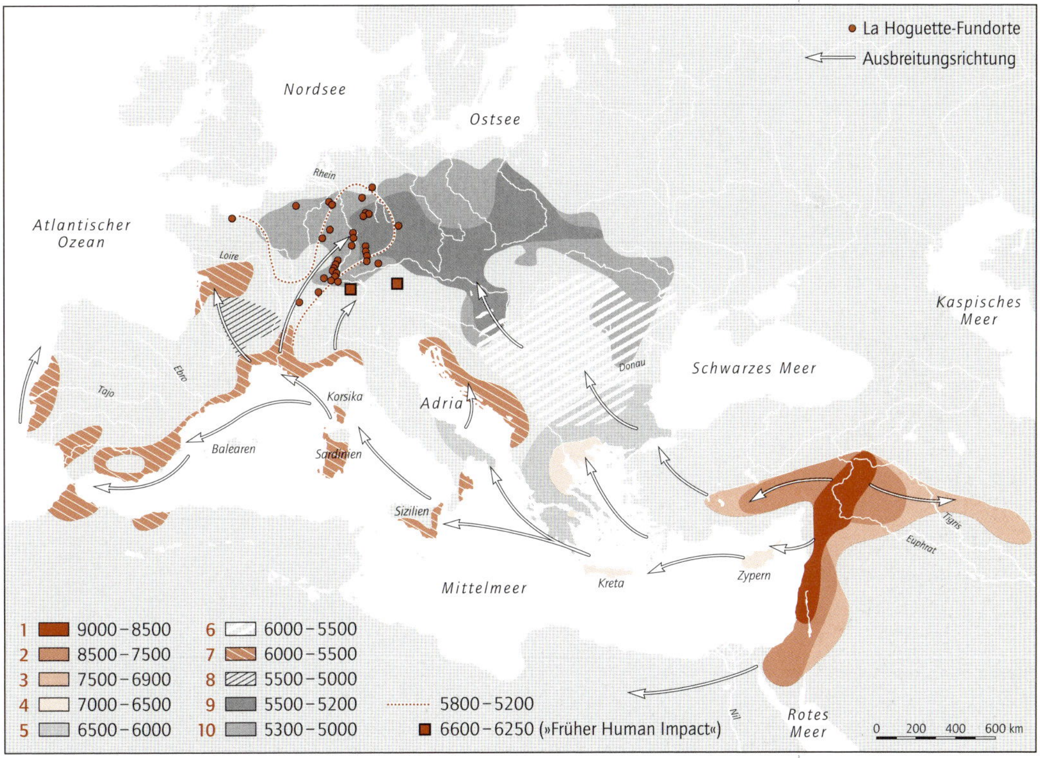

HYDRAULISCHE KULTUREN?

Überschwemmungsebenen gehören zu den fruchtbarsten Regionen. Doch ihr Name zeigt schon das Problem: Mal ist zu viel Wasser da, mal zu wenig. Es muss eingedeicht und kanalisiert werden. Das sind komplexe Aufgaben, die eine Koordination erfordern, eine Verwaltung. Die Entstehung der frühen Hochkulturen am Nil, in Mesopotamien, am Indus und am Gelben Fluss führte Karl Wittfogel darauf zurück, dass sie als »hydraulische Kulturen« ihren Aufstieg der Auseinandersetzung mit dem Fluss verdanken. Derart monokausale Erklärungsmuster werden heute nicht mehr akzeptiert. Es war wohl eine Vielzahl von Faktoren, bis hin zum Wirken einzelner Persönlichkeiten, die eine Staatsentstehung möglich machte.

Die Regulierung des Wassers war auch in tropischen Regionen wichtig. Es musste abgeleitet, für Trockenzeiten gespeichert und als Wasserweg ausgebaut werden. So sind noch heute in Kambodscha rund um Angkor Wat diejenigen Teich- und Kanalsysteme in Betrieb, ohne die der Aufstieg des Khmer-Reiches nicht möglich gewesen wäre.

In der Neuen Welt kanalisierten die frühesten Pyramidenbauer in der Küstenwüste von Peru schon vor über 4500 Jahren die aus den Anden kommenden Flüsse. Typisch waren auch die »schwimmenden Gärten« Mexikos. Sümpfe wurden dadurch urbar gemacht, dass der Schlamm zu langen Hügelbeeten aufgeworfen wurde. Die Gräben dazwischen dienten der Bewässerung und als Wasserwege für den Transport. Identische Systeme entdeckten Archäologen auch am über 3000 m hoch gelegenen Titicaca-See in Bolivien, wo sie, wieder instand gesetzt, heute erfolgreich bewirtschaftet werden.

Die Regulierung des Wassers war eine der Grundlagen der südostasiatischen Reiche. In Angkor wurde es in zwei mehreren Quadratkilometern großen Bassins gespeichert. Auf den bewässerten Feldern waren zwei bis drei Reisernten pro Jahr möglich und bis zu einer Million Menschen konnten im 10. bis 13. Jh. in der Stadt ernährt werden.

botaniker in der Schweiz Spuren von Brandrodung, Getreidepollen und einen Leinsamen in Moorschichten des 7. Jt. v. Chr. Aber weder Getreide noch Lein sind einheimische Arten. Sollte es also schon 1000 Jahre vor den bandkeramischen Siedlern Bauern gegeben haben, von denen man weder Häuser noch Keramik oder Haustiere kennt? Einige Archäologen hätten den frühen »human impact«, den menschlichen Einfluss, am liebsten wegdiskutiert.

Blütenstaub Ein gelber Schleier legt sich auf den See – Blütenstaub. Für Archäobotaniker ein wichtiges Erkenntnismittel. Wenn die winzigen Pollen sich am Grund ablagern, bleiben sie erhalten und können noch Jahrtausende später den Forschern Hinweise auf die Zusammensetzung der Umwelt geben. 100 bis 1000 der kaum 0,05 mm großen Pollen werden pro Zentimeter aus einem Bohrkern ausgezählt und nach Arten sortiert. Daraus können Archäobotaniker nicht nur Klima und Umwelt rekonstruieren, sondern auch Eingriffe des Menschen in die Umwelt erkennen.

Woher kamen sie?

Aber auch Genetiker demontieren das Bild der bandkeramischen Kolonisation. Zwar konnten Mainzer Molekularbiologinnen anhand alter DNA von Rinderknochen beweisen, dass die europäischen Hausrinder allesamt aus dem Orient stammen. Wer sie mitbrachte, ist aber umstritten. Denn Mainzer Anthropologen entdeckten in den Knochen der frühen Bauern Mitteleuropas eine Genvariante, die heute beinahe ausgestorben ist. Im Gegensatz zu ihren Rindern wurden die Menschen, die Mitteleuropa den Ackerbau bescherten, später von anderen so weit verdrängt, dass sie kaum genetische Spuren hinterlassen haben.

Fast scheint es, als schrieben Naturwissenschaftler die Seiten zur frühen Neolithisierung alleine. Doch nicht nur die Veränderungen der Umwelt, Pflanzen und Tiere spielten eine wichtige Rolle. Damit sich die produzierende Wirtschaftsweise langfristig durchsetzen konnte, mussten Jäger und Sammler ihr Sozialverhalten ändern und ihr Prinzip, mit allen zu teilen, aufgeben. Die Schere zwischen Besitzenden und Mittellosen begann sich zu öffnen.

Andere Folgen waren sofort spürbar. Schon in den Anfängen des Neolithikums zeigt sich die Kehrseite der Medaille. Karies, Folge des klebrigen Getreidebreis und Arthrosen wegen der harten körperlichen Arbeit sind noch das geringste Übel. Epidemien brachen aus, deren Erreger sich von Haustieren, Mäusen und Ratten auf den Menschen übertrugen. Je mehr Menschen die Erde bevölkerten, um so schwieriger wurde es, neue Siedlungsräume zu finden. Glichen die Siedlungen der frühen Ackerbauern in Europa Inseln im steinzeitlichen Urwald, zeigt sich erste Landknappheit

Teosinte Jahrzehnte lang war die Herkunft des Mais umstritten. 2005 gelang es John Doebley, Genetiker der Universität Wisconsin, eine Teosinteart zu identifizieren, aus der sich der Mais entwickelt hatte. Durch eine einzige Genmutation verloren die Teosinte-Körner ihre durch Phytolithen gehärtete Schale. Der Mais war entstanden, der Rest Züchtung. Die ältesten archäologischen Nachweise für domestizierten Mais stammen aus einer 7.700 Jahre alten Fundstelle in Panama.

sogar in der damals ziemlich abgelegenen Schweiz bereits im 3. Jt. v. Chr. Wie GIS-Studien nahe legen, waren in der gut untersuchten Region rund um den Zürichsee damals alle Flächen genutzt (s. S. 95).

Kulturlandschaft

Spätestens am Ende des 2. Jt. v. Chr. entsteht in der Spätbronzezeit unsere gewohnte Kulturlandschaft mit Wiesen, Weiden und Feldern. Das zeigen Pollen- und Pflanzenspektren. Ab der späten Eisenzeit und verstärkt in der Römerzeit wurden Wiesen als Mäh-Weiderasen genutzt: Im Frühjahr graste das Vieh darauf, dann ließ man das Gras einige Monate wachsen, machte Heu und ließ schließlich wieder die Tiere weiden.

Im Römischen Imperium bestimmen landwirtschaftliche Großbetriebe, die *villae rusticae*, das Bild. Sie sind auf Überschussproduktion ausgerichtet und sichern die Versorgung der städtischen Bevölkerung und des Militärs. Ohne fruchtbares Umland gibt es in römischer Zeit keine großen Städte. Deutlich erkennbar ist das an den Beispielen von Köln, Mainz oder

links und rechts: Im Angesicht des Todes: Der Ausbruch des Vesuv im Jahre 79 n. Chr. versiegelte mit Ascheregen und Gluthitze eine ganze Region. Seit über 100 Jahren werden die Hohlräume, die die zusammengekrampften Körper von Menschen und Tieren hinterlassen haben, mit Gips ausgegossen.

Straßburg. Diese Regionen sind teilweise in einem 800 m-Raster mit römischen Landwirtschaftsbetrieben überzogen – unmöglich, alle auszugraben und zu konservieren.

Nördlich der Alpen wird das eroberte Land erstmals vermessen. Dieses Raster bestimmt mancherorts bis heute die Landschaft. Mit dem Ende des Römischen Reiches im 5. Jh. und den Seuchenzügen des 6. Jh. brach die Wirtschaft in Mitteleuropa zusammen. Weite Gebiete, die zuvor als Weiden und Äcker gedient hatten, wurden aufgegeben. Der Wald kehrte wieder. Pollendiagramme zeugen von der größten Wiederbewaldung nach der Eiszeit. Selbstverständlich wurden die fruchtbarsten Regionen weiter genutzt. Weniger fruchtbare und niederschlagsreiche Gebiete verwaldeten und wurden teilweise erst im Hochmittelalter wieder gerodet.

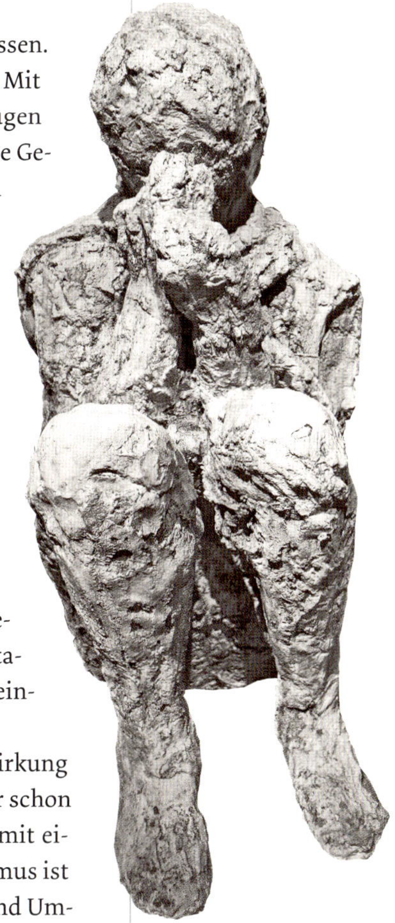

Katastrophenarchäologie – Die Natur schlägt zu

Katastrophen finden in der archäologischen Forschung immer mehr Beachtung. Anders als gesellschaftliche Veränderungen, deren Ursachen meist Spekulation bleiben müssen, sind Naturkatastrophen wissenschaftlich nachweisbar. Die Ursache ist also eindeutig, es muss nur die Auswirkung diskutiert werden.

Manche Forscher versuchen aber, zu einer erkannten Auswirkung eine Umweltkatastrophe als Ursache zu finden. So wird etwa der schon lange rätselhafte Untergang der Maya-Hochkultur neuerdings mit einer Dürreperiode begründet. Der Schritt zum Klimadeterminismus ist da nicht mehr weit. Doch genau so wenig, wie alles auf Klima und Umwelt zurückzuführen ist, dürfen Umwelteinflüsse generell aus der Diskussion verbannt werden. Es muss im Einzelfall beurteilt werden, ob und inwieweit eine Veränderung natürliche oder gesellschaftliche Ursachen hat. Das braucht freilich zum archäologischen Beurteilungsvermögen auch ein solides naturwissenschaftliches Fundament. Dieses muss sich der Archäologe selbst aneignen oder er muss mit einem Naturwissenschaftler zusammenarbeiten.

Explosive Epochen

Vulkanausbrüche sind das liebste Kind der Katastrophisten, da sie häufig auftreten und ihre Wirkung dank aktueller Vergleiche gut zu beurteilen ist.

Die gewaltigste Vulkanexplosion der letzen Jahrhunderttausende war der Ausbruch des Toba in Sumatra. Vor etwa 72.000 Jahren schleuderte er rund 2,8 Billionen Kubikmeter Gestein in die Luft, 2800 mal so viel wie der Mt. St. Helens 1980. Der Wind trieb die Asche Richtung Indien, wo eine meterdicke Schicht den größten Teil des Subkontinents bedeckte, ein Leichentuch, unter dem alles Leben ersticken musste. An mehreren Stellen haben Archäologen unter der vulkanischen Schicht Faustkeile entdeckt. Dagegen blieben das benachbarte Java und Flores, aber auch China von der Asche verschont.

Der Ausbruch des Vulkans Thera auf der griechischen Insel Santorin soll für die minoische Kultur auf Kreta das Ende bedeutet haben. Der Vergleich mit ägyptischen Funden datiert den Untergang auf die Zeit um 1500, frühestens 1550 v. Chr. Aber ist der Vulkan wirklich schuld? Die ^{14}C-Daten des Ausbruchs ließen sich lange nicht genauer als zwischen 1520 und 1680 v. Chr. eingrenzen. Auf Umwegen versuchte man, an genauere Daten zu kommen. In Irland zeigen Mooreichen in den Jahren 1628/26 v. Chr. extrem dünne Jahresringe, eine Folge kühler Sommer, wie sie typischerweise nach Vulkanausbrüchen auftreten. Im Grönlandeis analysierte man in einer Schicht, die auf 1623 v. Chr. datiert wurde, hohe Schwefelsäurewerte, ebenfalls eine typische Folge von klimawirksamen Vulkaneruptionen.

Warum keine neue Eiszeit? Eis- und Warmzeiten wechseln sich – das zeigen Messungen der im antarktischen Eis eingeschlossenen Luftbläschen – nach einem immer gleichen Schema ab. Nach diesem Muster hätte aber schon vor 5000 Jahren eine neue Eiszeit beginnen müssen. Dass das nicht geschah, erklärt William Ruddiman damit, dass Rodungen und Ackerbau seit 8000 Jahren und Nassreisanbau seit 5000 Jahren große Mengen der Treibhausgase CO_2 und Methan freisetzen – genug, um die Wiedervergletscherung zu stoppen.

Die Verknüpfung der drei Beobachtungen: Thera-Ausbruch, schmale Jahresringe und vulkanischer Niederschlag im Grönlandeis, galt als Musterbeispiel für die Kooperation von Naturwissenschaften und Archäologie. Angesichts dieser Datierung, die auf drei Beinen stabil zu stehen schien, wurde sogar eine Korrektur der ägyptischen Chronologie um etwa 100 Jahre gefordert.

Nun gibt es aber im 17. bis 15. Jh. v. Chr. zahlreiche Säureschichten im Grönlandeis und ausgerechnet die Schicht »1623 v. Chr.« enthielt vulkanischen Staub, der nicht vom Thera auf Santorin stammen kann. Zu allem Überfluss stellte sich auch noch heraus, dass diese Schicht wohl um etwa 70 Jahre zu jung datiert worden war. Einziger Fortschritt sind neue ^{14}C-Daten, die den Ausbruch mit 95 %iger Wahrscheinlichkeit zwischen 1680 und 1600 v. Chr. datieren, und damit rund 100 bis 150 Jahre vor das archäologisch gewonnene Datum. Das Rennen bleibt offen. Grönlandeis und irische

SINTFLUTEN

»Die silbernen Glocken der Stadt Vineta kann man noch jeden Abend, wenn kein Sturm auf der See ist, hören, wie sie tief unter den Wellen die Vesper läuten.« Wer kennt sie nicht, die Sagen um versunkene Städte, Inseln, Kontinente, von ebenso reichen wie hochmütigen Völkern, die durch eine Flut gestraft wurden? Der moralische Appell steht im Vordergrund. Dennoch: Es gibt sie, die untergegangenen Städte und Landschaften.

Taucharchäologen finden ihre Reste überall auf der Welt. Von eiszeitlichen Jägerlagern am Grund von Nord- und Ostsee über die vom Erdbeben erschütterten Ruinen Alexandrias bis hin zu der versunkenen Stadt im Titicaca-See, deren Gold offen am Seegrund lag.

In der Regel sind es steigende Wasserspiegel, die zum Untergang führen. Vor 20.000 Jahren lag der Meeresspiegel weltweit 120 m tiefer als heute. Riesige Flachländer versanken mit der Wiedererwärmung in den Fluten.

Besonders dramatisch, so Bill Ryan und Walter Pitman, soll die Flutung des Schwarzmeerbeckens gewesen sein. Noch im 6. Jt. v. Chr. sei es ein abflussloses Becken gewesen, 120 m tiefer als das Mittelmeer gelegen. Der Einbruch des Meereswassers durch den Bosporus soll der Ursprung der Sintflutgeschichte sein und sogar indirekt die bandkeramische Kolonisation Mitteleuropas ausgelöst haben. Gesichert ist aber lediglich, dass damals ein Wechsel von Süß- zu Salzwassermuscheln stattfand. Ob das aber Folge einer Überschwemmungskatastrophe war oder nur einen zunehmenden Wasseraustausch zwischen Mittel- und Schwarzem Meer bezeugt, wird die künftige Forschung zeigen. Um diese 1999 entdeckten »archäologischen Fundstellen« in 100 oder mehr Metern Tiefe ist es jedenfalls seltsam still geworden. Falls es diese Kronzeugen der Sintflutthese gegeben hat, wird man aber bald von ihnen hören. Immerhin ist ja Robert Ballard auf ihrer Spur, der Entdecker der Titanic.

Die Taucharchäologie hat sich in den letzten Jahrzehnten als eigene Ausgrabungsmethode etabliert. Seeufer und Meeresküsten sind das Revier der Taucharchäologen, wo sie gut konservierte Schiffswracks, Hafenanlagen oder vorgeschichtliche Siedlungen erforschen.

Eichen liefern keine Korrektur für die ägyptischen Königslisten. Katastrophentheorien müssen an anderen Beispielen getestet werden. Unter Generalverdacht steht dabei Westindonesien. Die geologische Instabilität dieser Region ist nicht nur für die Toba-Katastrophe verantwortlich. Hier liegt auch der Tambora, dessen Ausbruch für das »Jahr ohne Sommer« 1816 verantwortlich war und das Erdbebenzentrum des tödlichen Tsunami von 2004.

So verwundert es nicht, dass die größte Klimakatastrophe der letzten 2000 Jahre wohl durch einen Vulkan in Sumatra ausgelöst wurde. Ein Vulkanausbruch von 532 n. Chr. ist zwar im Grönlandeis nur schwach nachweisbar. Seine klimatischen Folgen äußern sich aber in irischen Eichen in den dünnsten Ringen der letzten Jahrtausende. Die Schriftquellen zeigen, dass von Konstantinopel bis China die Ernteerträge zusammenbrachen. Kälte und Hunger quälten die Menschen weltweit. Doch die schlimmste Folge des Ausbruchs, die Pest, schlich sich erst heran (vgl. S. 52).

Im antarktischen Eis sind winzige Luftbläschen eingeschlossen. Sie zeugen vom steten Auf und Ab des Klimas in den letzten Jahrhunderttausenden. Die Gehalte an Treibhausgasen wie Methan und CO_2 schwankten stark, erreichten aber nie die Werte unserer Tage.

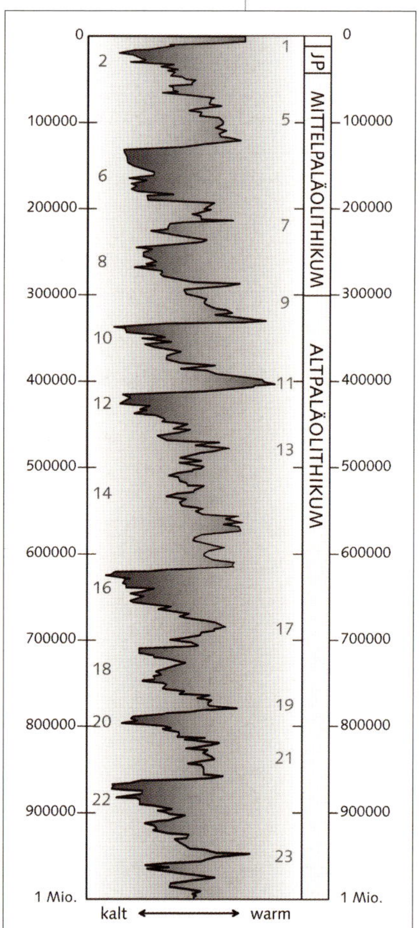

Auch die Neue Welt hat ihre frühgeschichtliche Vulkankatastrophe: Im 3. Jh. brach der Ilopango in El Salvador aus. In einem Radius von etwa 60 km um den Vulkan wurde das Land der Maya unbewohnbar, in weit größerem Umkreis wurden die Ernten vernichtet. Zehn- oder hunderttausende von Überlebenden strömten vermutlich nach Norden, eine Veränderung, die den Übergang von der vorklassischen zur klassischen Maya-Periode zumindest beschleunigte.

Das Wetter? Eine Katastrophe!

Für die stärksten Schwankungen im nacheiszeitlichen Klima sind Vulkanausbrüche und die schwankende Sonnenaktivität verantwortlich – beides lässt sich rekonstruieren. Wie massiv sich das Klima auf die landwirtschaftlichen Erträge auswirkt, weiß man aus Mittelalter und Neuzeit.

Bestes Beispiel ist der Tambora-Ausbruch von 1815. Er gilt als Hauptursache für das »Jahr ohne Sommer«, das 1816 von Europa über China und Japan bis in die USA zu Missernten führte. Betroffen waren vor allem marginale Gebiete wie Höhenlagen. Hier wanderten viele Menschen ab.

Ähnliches könnte sich um 400 v. Chr. im westlichen Mitteleuropa abgespielt haben. Süddeutschland und Ostfrankreich waren am Ende einer landwirtschaftlich günstigen Warmphase sehr dicht besiedelt. Eine Klimakrise zwang dann anscheinend viele der frühen Kelten auszuwandern. Zehn- wenn nicht Hunderttausende zogen nach Osten und Süden. Sie vertrieben die Etrusker aus Norditalien, plünderten Rom, siedelten auf dem Balkan und zogen sogar bis nach Kleinasien, wo man rund um Ankara noch im 4. Jh. n. Chr. keltisch sprach.

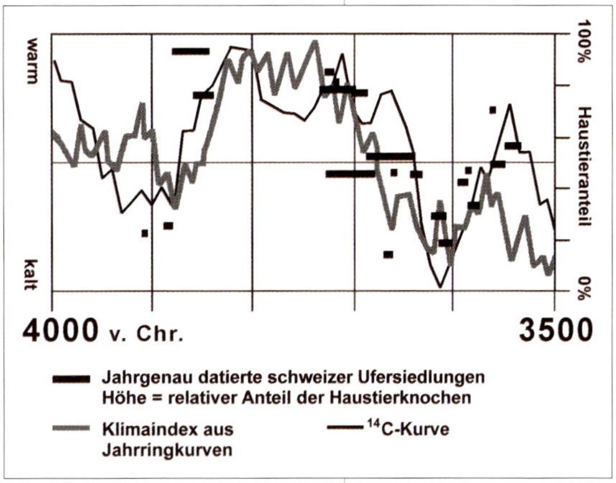

Um 3900 und vor 3600 v. Chr. war es kalt, 3800/3700 v. Chr warm. Parallel zum Klima schwanken die Wild- und Haustieranteile in Seeufersiedlungen. In Kaltzeiten wurde mehr gejagt, um die Ernteausfälle wettzumachen.

Bauern auf Hirschjagd

Nur selten gelingt es der Forschung aber, Klimafolgen so gut zu belegen wie am steinzeitlichen Zürichsee. Die Reste der Bauerndörfer am Ufer sind perfekt konserviert. Die Bauten werden dendrochronologisch aufs Jahr genau datiert. Pflanzenreste und Tierknochen sind in großer Zahl erhalten. Bei der Analyse mehrerer hunderttausend Knochen zeigte sich, dass die relativen Anteile von Haus- und Wildtieren stark schwankten. Manchmal stammten 85 % der Knochen von Haustieren, manchmal aber nur 15 %. Weshalb aber schwankten die relativen Werte so stark?

Eine zweite Analyse ergab, dass die absolute Menge der Haustiere immer mehr oder weniger konstant war. Was schwankte, war die Menge der Wildtiere, vor allem der Hirsche. Lagen in der einen Siedlung 20 Hirsch- neben 100 Rinder- und Schweineknochen, so konnten es wenige Jahrzehnte später 500 Hirsch- neben 100 Haustierknochen sein.

Den Grund für die intensive Hirschjagd brachte ein Vergleich mit der Klimageschichte zu Tage. Gejagt wurde vor allem in Kaltphasen, um die geringeren Getreideerträge zu kompensieren, denn Weizen und Gerste liefern im Alpenvorland nur in warmen Zeiten gute Erträge. Die Rückkehr zur überwiegenden Lebensart der Wildbeuter konnte natürlich nicht lange gut gehen. Um 3500 v. Chr. hatten die Neolithiker die Hirsche am Zürichsee anscheinend ausgerottet.

Und doch: Alle diese natürlichen und selbstgemachten Krisen und Katastrophen überstand die Menschheit, wurde vielleicht sogar dadurch zusätzlich angespornt, neue technische und gesellschaftliche Entwicklungen durchzusetzen.

Essen und ...

»Sag mir was Du isst, und ich sage Dir, wer Du bist«. Dass das so ist, machen sich Archäologen heute zu Nutze. Längst schauen sie nicht mehr nur unseren Vorfahren in die Kochtöpfe und graben in deren Abfall- und Vorratsgruben nach Essensresten. Heute verrät ihnen die Ernährung sogar manchmal etwas über die Herkunft der Menschen. Machen wir einen Ausflug ins 5300 Jahre alte Steinzeitdorf Arbon-Bleiche III am Südufer des Bodensees!

Mahlzeit!

Draußen ist es kalt. Eisiger Wind trägt den Duft frisch gebratener Felchen vom seeseitigen Teil des Dorfes herüber. Missmutig löffelt ein kleiner Junge Eintopf mit Schweinefleisch. Wie gerne hätte er ein Stückchen von dem leckeren Fisch oder wenigstens einmal vom Rinderbraten seiner Nachbarn gekostet. Stattdessen muss er sich mit zähem Schwein und modrigem Fisch aus dem Flachwasser begnügen. Vor Ärger bleibt dem Jungen fast das Essen im Hals stecken und er schwört sich, im nächsten Winter selbst mit raus auf den See zu fahren, um Felchen zu fangen.

Ob der steinzeitliche Junge die unterschiedlichen Ernährungsgewohnheiten in seinem Dorf so wahrgenommen hat, wissen wir natürlich nicht. Dennoch gewährt Arbon ungeahnte Einblicke in die steinzeitliche Küche. Im Winter 3370 v. Chr. wütete eine Feuersbrunst und zerstörte das Dorf. Kurz darauf überdeckte eine meterdicke Sandschicht die Ruinen – für die Schweizer Archäologen ein Glücksfall.

Winzige Elemente, die der Mensch während seines Lebens in seinen Knochen einlagert, verraten Archäologen nicht nur, was unsere Vorfahren gegessen haben, sondern manchmal auch woher sie kamen.

VERRÄTERISCHE ELEMENTE

Lebenslänglich lagern sich Strontium (Sr) und Calcium (Ca) in den Knochen der Menschen ein. Das Verhältnis von Sr zu Ca hängt von der Ernährung ab. Pflanzenfresser haben einen hohen Sr-, Fleischfresser einen hohen Ca-Anteil. Obwohl Menschen »Allesfresser« sind, gibt es Unterschiede. So könnte man zwar einen Vegetarier von einem Eskimo unterscheiden, aber bei der üblichen Mischnahrung ist es schwierig, direkt auf die Ernährungsweise zu schließen.

Strontium ist aber noch auf eine andere Weise ein verräterisches Element. Das Verhältnis von $^{87}Sr/^{86}Sr$ hängt vom Untergrund ab und ist in Pflanzen, Tieren und Menschen gleich. Während geologisch alte Gesteine viel ^{87}Sr aufweisen, steckt in jüngeren Schichten weniger, Knochen mit viel ^{87}Sr in einer geologisch jungen Umgebung stammen also von einem Einwanderer.

Zusätzliche Informationen liefert die Kohlenstoffanalyse. Manche tropischen Pflanzen mit einer C4-Photosynthese (z. B. Mais) und Meereslebewesen reichern mehr ^{13}C (ein Kohlenstoffisotop) an, als Pflanzen mit C3-Photosynthese (z. B. Weizen) und Süßwasserfische. Wer also viel ^{13}C in den Knochen stecken hat, muss Meeresgetier oder Mais verzehrt haben. Der Beginn des Ackerbaus in Mexiko kann auf diesem Weg ebenso bestimmt werden, wie die Flutung der Ostsee mit Salzwasser.

Die Stärke der drei Verfahren liegt darin, Veränderungen oder Unterschiede in der Ernährung festzustellen. Besonders wichtig ist ein Vergleich von Zahnschmelz, der nach seiner Bildung in der Kindheit unverändert bleibt, und Knochen, wo Sr, Ca und ^{13}C während des gesamten Lebens ausgetauscht werden.

In den Zahnschmelzschichten bricht der relative Ca-Gehalt mit dem Abstillen ein, da Milch viel Calcium enthält. So zeigt sich auch bei Greisen noch, ob und wie lange sie als Kinder gestillt wurden. Unterschiede zwischen den Zähnen und Knochen zeigen einen Wohnort- oder Ernährungswechsel nach der Kindheit an. Komplett andere Werte als bei Einheimischen sprechen dafür, dass die Person nicht lange in der Gegend gewesen war – ein Händler, ein getöteter Feind?

Tückisch ist allerdings, dass importierte Nahrungsmittel den Wert verfälschen können. So waren in der Mayastadt Tikal in Guatemala, das zeigen die Strontiumwerte, mindestens 10 % der Bevölkerung Zuwanderer. Aber auch bei den Übrigen war der Wert im Schnitt höher als erwartet. Der Grund dürfte Meersalz gewesen sein. Durchschnittlich 6 g Salz pro Tag genügen, um die gemessenen Werte zu erreichen. Sollten die Personen mit besonders hohen Strontiumwerten gar zur Oberschicht gehört haben, die leichter Zugang zum wertvollen Meeressalz hatte? So betrachtet, eröffnen winzige Atome ungeahnte Einsichten in prähistorische Gesellschaften.

Minutiös haben Jörg Schibler und sein Team 70.000 Tierknochen, Fischgräten und -wirbel ausgewertet. Die Analysen zeigen, dass in Arbon zwei unterschiedliche Ernährungstraditionen herrschten. Unter dem Mikroskop identifizierte die Archäobotanikerin Stefanie Jacomet Reste von Emmer, einer primitiven Weizenart – typisch für Osteuropa. Hatten Einwanderer aus dem Osten ihr Getreide mitgebracht? Tontöpfe, die für die slowakisch/westungarische Badener Kultur typisch sind, bestätigen diese Vermutung. Sie fanden sich, wie auch der Emmer, die Felchen und die Rinderknochen überwiegend in der seeseitigen Hälfte des Dorfes. Zwei Gruppen verschiedener Herkunft lebten in Arbon offenbar friedlich Tür an Tür.

Vor 150 Jahren wären derartige Untersuchungen undenkbar gewesen. Obwohl man schon früh auf die hervorragenden Erhaltungsbedingungen

Traditionen, Tabus und Geschmack prägten die kulinarischen Gewohnheiten einer Gesellschaft. Speise- und Trinksitten verraten soziale Unterschiede. Darstellungen wie dieses Gabenbringerfries auf einem hallstattzeitlichen Bronzegefäß (Situla) weisen auf die reich gedeckten Tafeln bei opulenten Festen.

aufmerksam wurde, die im feuchten Seegrund für organische Reste herrschen und Schweizer Naturwissenschaftler wie die Biologen Oswald Heer und Ludwig Rütimeyer schon in den 1860er Jahren Speisereste aus den Seeufersiedlungen untersuchten, war es ein weiter Weg bis zur systematischen Analyse. Noch 1975 musste ein Ausgräber in der Römerstadt Augusta Raurica nahe Basel heimlich Linsenreste ins Labor schmuggeln.

Traditionell werden Tierknochen, verkohlte Pflanzenreste und Breikrusten an Kochtöpfen analysiert. Häufig entdeckt man dabei einen Getreideeintopf, der mit Kräutern, Fisch oder Fleisch gewürzt war. Mit modernen

Methoden ist es sogar möglich zu unterscheiden, ob in einem Topf Kuh- oder Ziegenmilch gekocht wurde. Wie Analysen von Fettresten aus hunderten von steinzeitlichen Kochtöpfen aus England belegen, war die Milchwirtschaft schon vor 6000 Jahren weit verbreitet.

Selbst für Epochen, aus denen wir Kochbücher besitzen, wie das des Apicius für die Römer, liefern archäobiologische Untersuchungen neue Erkenntnisse. So wissen wir jetzt zum Beispiel, dass die Römer auch am Limes nicht auf ihren mediterranen Speiseplan verzichten wollten. Austern, Datteln und Feigen wurden herangekarrt. Wer es sich leisten konnte, verspeiste Schweine, Täubchen oder Gänse, die Ärmeren mussten sich mit Rindfleisch und »Puls«, dem typischen Getreidebrei, begnügen. Pfirsiche, Kirschen, Esskastanien, Melonen und Weintrauben haben die Römer im ganzen Reich verbreitet.

Die Milch macht's Milch ist eigentlich nur etwas für Säuglinge. Damit Erwachsene sie trinken können, bedurfte es erst einer Genmutation. Das, so zeigen Genanalysen, passierte anscheinend vor gut 6000 Jahren zwischen Schwarzem Meer und Ural. Die vorteilhafte Mutation breitete sich schnell aus, denn wer auch als Erwachsener Milch verträgt, hat bei der Proteinversorgung, einer der Schwachstellen der traditionellen Ernährung, enorme Vorteile. Siebgefäße, die man ab der Jungsteinzeit kennt, lassen vermuten, dass Milch als Käse haltbar gemacht wurde.

… Trinken

Die Kelten importierten den berauschenden Trank aus Etrurien und über das Rhônetal aus Südfrankreich. Archäologen fanden hunderte von Amphoren in den Siedlungen nördlich der Alpen. »Die Kelten lieben den Wein außerordentlich; sie gießen den Wein, der von Kaufleuten eingeführt wird, unvermischt hinunter und nehmen das Getränk, dem sie so ergeben sind, im Übermaß zu sich, bis sie berauscht in Schlaf versinken oder in einen Zustand des Wahnsinns geraten«, schreibt Diodorus Siculus im 1. Jh. v. Chr. Manchem Kelten war eine Amphore Wein einen Sklaven wert. Auch später ließ der gallische Durst nicht nach. In römischer Zeit wurden jährlich bis zu 15.000.000 Liter Wein von Italien nach Gallien verschifft.

Die eisenzeitlichen Genießer selbst brauten süßen, würzigen Honigwein, wie die Reste von Blütenpollen aus den großen keltischen Bronzekesseln verraten. 400 Liter fasste der Kessel, der dem »Keltenfürsten von Hochdorf« mit ins Grab gegeben wurde. Der »Krater« der keltischen Fürstin von Vix ist das größte griechische Bronzegefäß, das wir aus der Antike kennen. Er konnte mit über 1000 Litern Wein gefüllt werden.

Bier war das dritte Standbein der berüchtigten keltischen Trunksucht. In der Siedlung von Hochdorf fand sich eine regelrechte Mälzerei. Das hier in einem Arbeitsgang produzierte Gerstenmalz reichte für hunderte von

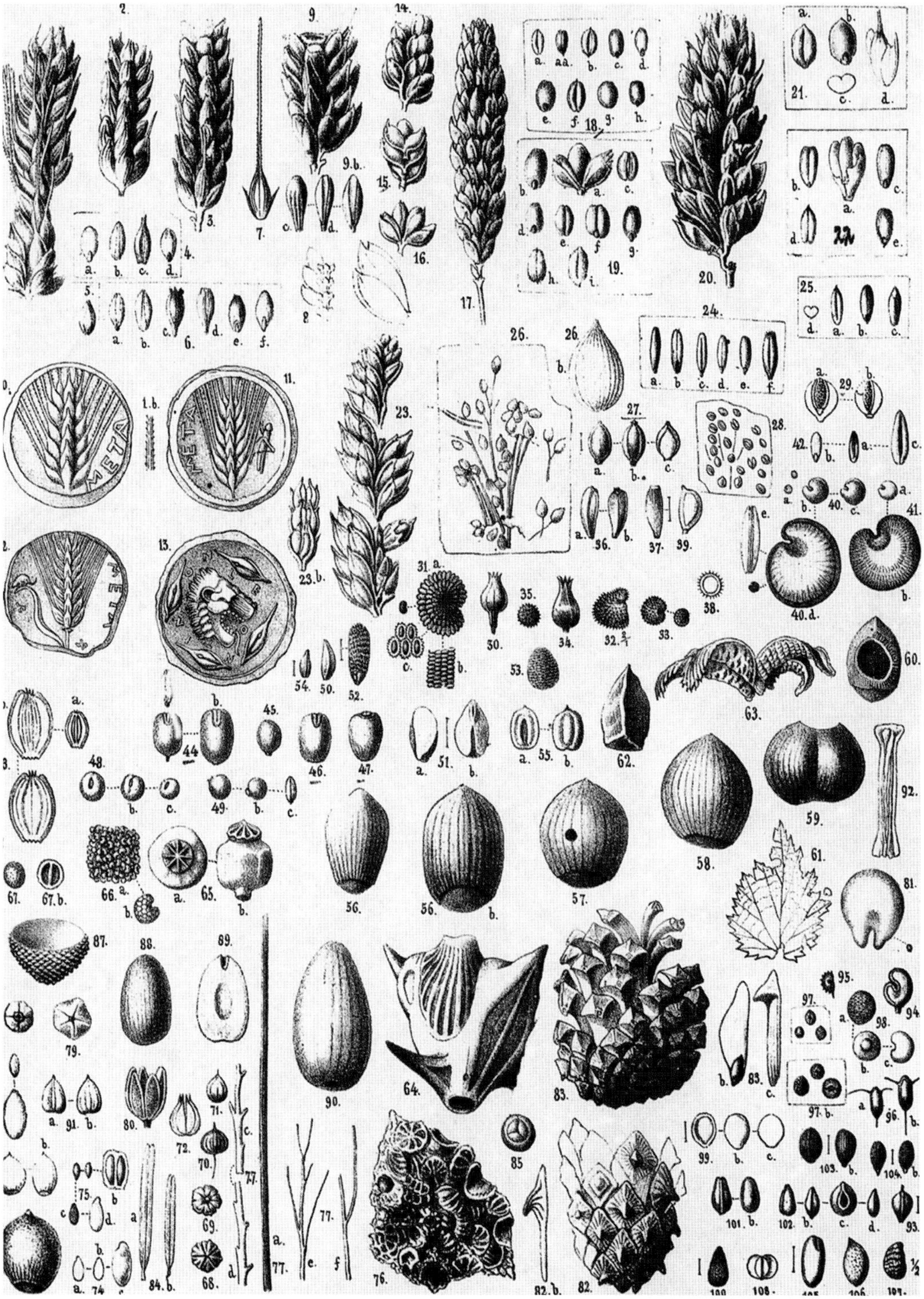
META

Litern Bier. Nun hatten aber die Kelten das Bier nicht erfunden. Alkohol lässt sich in China seit 9000 Jahren nachweisen und Gerstenmalz, dessen höherer Zuckergehalt die Alkoholmenge des Endprodukts in die Höhe treibt, ist nicht erst aus dem keltischen Mitteleuropa bekannt, sondern schon aus dem bronzezeitlichen Spanien und – wen wundert's – aus dem steinzeitlichen Schottland.

Darstellungen von »Symposien«, Festen, an denen die Oberschicht zu einem Gelage zusammenkam, gibt es im Orient bereits vor über 5000 Jahren. Griechen und Etrusker übermittelten diesen Brauch an die Kelten. Griechisches Geschirr in keltischen Siedlungen und Gräbern zeigt, dass die Herrschaften nicht nur Wein, Öl und andere exotische Köstlichkeiten importierten, sondern auch Trink- und Speisesitten aus dem Mittelmeerraum übernahmen.

Hunger!

Wie aber müssen diese opulenten Gastmähler auf diejenigen gewirkt haben, die sich einen solchen Luxus nicht leisten konnten, die Hirse und Gerstenbrei aßen, ihr Brot mit Baumrinde streckten und auf deren Speiseplan Fleisch eine Seltenheit war? Wenn schon in der vorindustriellen Gesellschaft Ernteausfälle zu Hungersnöten führten, wie noch 1816, dem »Jahr ohne Sommer«, wie prekär muss dann die Versorgungslage in prähistorischer Zeit gewesen sein, wenn die Ernte ausblieb? Hunger war eine ständige Bedrohung.

So genannte Harris-lines, die sich an Knochen bilden, wenn das Wachstum stockt, zeigen, dass manche Kinder immer wieder, vermutlich häufig gegen Ende des Winters, unter Mangelernährung litten. Auch Unregelmäßigkeiten im Zahnschmelz geben den Archäologen Hinweise auf unzureichende Nahrung.

links: Pioniere wie der Schweizer Botaniker Oswald Heer erforschten schon im 19. Jh. die Pflanzenreste der Pfahlbauten. In manchen archäologischen Teildisziplinen werden dagegen manchmal bis heute kaum botanische und zoologische Proben analysiert.

oben: Das größte bekannte griechische Bronzegefäß, ein Krater (Weinmischgefäß), stammt aus dem Grab der »Keltenfürstin von Vix« am Oberlauf der Seine. Was für Gelage konnten mit den tausend Litern Wein oder Met gefeiert werden, die er fasste!

MYTHOS MENSCHENFRESSER

Es gibt Dinge, die tun immer nur die bösen Feinde. Dazu gehört der Kannibalismus. Er ist eines der Merkmale der Unmenschlichkeit, mit denen fremde Kulturen belegt werden. Die Iren des 5. Jh. v. Chr. werden ebenso der Menschenfresserei bezichtigt wie Indianer des 16. oder afrikanische Buschkämpfer des 21. Jahrhunderts.

Schnitt- und Kratzspuren an Knochen belegen zwar, dass das Fleisch abgeschabt, nicht aber, dass es gegessen wurde. Noch heute zerhacken Tibeter ihre Toten und werfen sie Geiern zum Fraß vor. Madagassen graben ihre Toten nach Jahren wieder aus, säubern die Knochen, erzählen ihnen, was alles passiert ist und bestatten sie neu.

Verbürgt ist, dass die Yanomami in Brasilien Totenasche in Bananenbrei essen und dass in einer Region Neuguineas die Hirne Verstorbener verzehrt wurden, ein Brauch der häufig mit der Creutzfeld-Jakob-Krankheit bezahlt wurde. Hinzu kommt Notkannibalismus, von dem oft erzählt wird, der jedoch selten belegt ist. Wenn aber an einer archäologischen Fundstelle Tier- und Menschenknochen identische Hack-, Brat- und Kochspuren zeigen, werten das viele Archäologen als Hinweis darauf, dass man Menschen hier genau so behandelt hat wie Jagdbeute. Quer durch die Zeiten findet man diesen Zustand irritierend häufig: in Europa schon bei den 200.000 Jahre alten Funden von Atapuerca in Spanien, bei Neandertalerfundstellen in Kroatien, aber auch im französischen Neolithikum und bei eisenzeitlichen Kelten in England.

Noch deutlichere Hinweise entdeckten Archäologen im Südwesten der USA. In der Anasazi-Kultur gibt es zahlreiche Indizien für Kannibalismus. In Cowboy Wash, Colorado, lagen die abgeschabten, gerösteten und gekochten Knochen von sieben Menschen. An den Scherben eines Kochtopfs ließ sich außerdem Myoglobin, menschliches Muskeleiweiß, nachweisen. Hier waren tatsächlich Menschen gekocht worden – ein Schicksal, das sie mit König Barbarossa teilen. Seine Knochen wurden ungefähr zur selben Zeit auf diese Art für den Heimtransport aus dem Heiligen Land präpariert, nachdem er, kaum dort angekommen, am 10.6.1190 ertrunken war.

In Cowboy Wash vermuten Archäologen aber auch, dass im 12. Jh. Menschenfleisch tatsächlich gegessen worden war. Neben den Knochen fand sich nämlich ein Koprolith. Mit diesem vornehmen Wort umschreiben Archäologen erhaltenen Kot. Auch der Koprolith enthielt Myoglobin, stammt also von einem Kannibalen – oder doch nur, wie andere meinen, von einem Kojoten?

Dass Menschen 200.000 Jahre lang andere Menschen gegessen haben, ist also ziemlich wahrscheinlich. Die Gründe dafür sind uns aber nicht bekannt. Waren es religiöse Riten, diente es als extreme Demütigung von Feinden oder war es die schiere Not?

Die späten Anasazi verschanzten sich unter mächtigen Felsdächern, aber nicht einmal hier fanden sie Schutz vor ihren Feinden, von denen sie, so meinen viele Forscher, auch manchmal verspeist wurden.

Diese Merkmale finden sich schon an Neandertalerknochen. Das in den 1970er Jahren propagierte Paradies, die Überflussgesellschaft der Jäger und Sammler, ist ebenso ideologisch vorgeprägt wie die ältere Ansicht, es seien alles elende Hungerleider gewesen. Denn andere paläopathologische Untersuchungen sprechen für eine bessere Ernährung der Jäger und

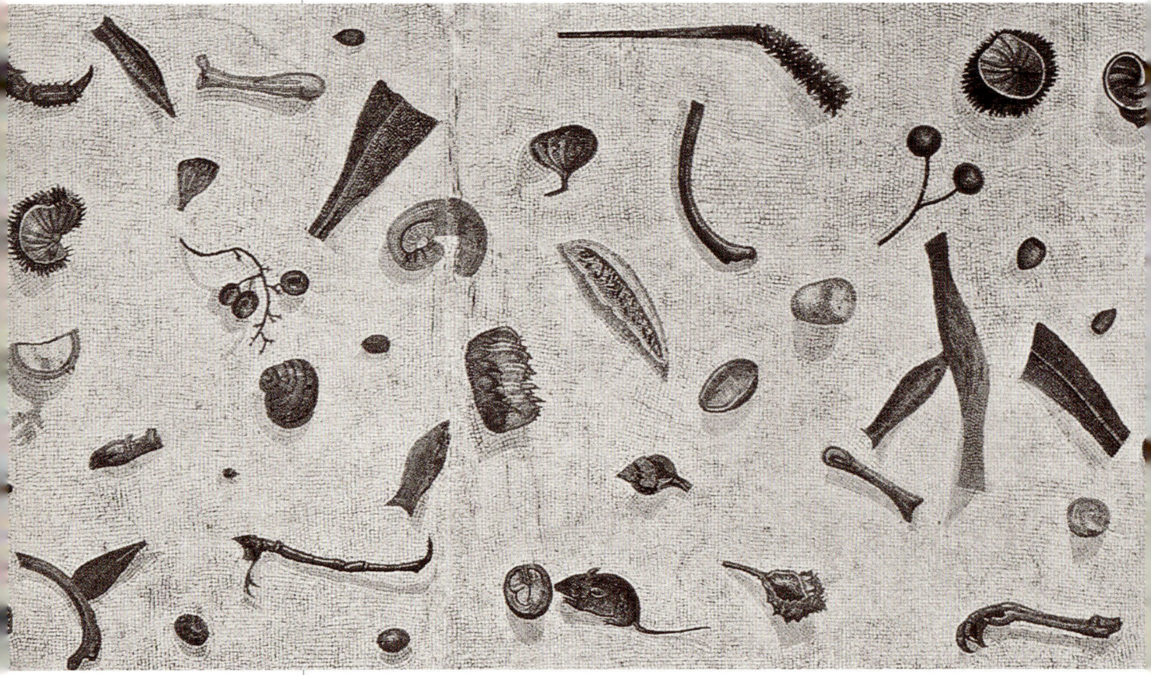

Vom Reichtum römischer Kochkunst zeugen Bilder, die eine Vielzahl an Speisen zeigen. Für die römischen Tischsitten waren Fußbodenmosaike mit Speiseabfällen typisch. Knochen, Muschelschalen oder andere Reste wurden einfach auf den Boden geworfen und von Dienern zusammengefegt – es sei denn es war Kunst.

Sammler. Beide, Bauern und Wildbeuter, haben gute und schlechte Zeiten erlebt. Ihre Speisezettel waren jedoch alles andere als eintönig.

In der steinzeitlichen Ackerbausiedlung von Abu Hureyra am oberen Euphrat haben Archäobotaniker 150 verschiedene Pflanzenreste identifiziert. Viele dieser Arten sind sicher verspeist worden – Kräuter, Knollen und Wurzeln, die heute keiner mehr isst. Kleintiere wie Vögel, Muscheln, Frösche und Schnecken boten Abwechslung. Pilze, Nüsse und Obst, Algen und Flechten wurden ebenso verspeist wie Eichhörnchen, Maulwürfe oder Igel. Nicht selten landeten in den jungsteinzeitlichen und keltischen Töpfen auch Hunde, wie Schnittspuren an ihren Knochen verraten.

Ausgrabungen in Peru zeigen, dass schon 7000 v. Chr. mit Chili gewürzt wurde. Kümmel knabberten schon die Pfahlbauern und im sumerischen

Uruk wurde vor 5000 Jahren das Essen mit Knoblauch, Zwiebeln, Zimt, Oregano, Minze und Wachholder verfeinert. Koriander aus Persien schätzten schon die bronzezeitlichen Mykener und Ramses II bezog 1200 v. Chr. aus Indonesien Zimt. Reste solcher Kostbarkeiten findet man aber nur äußerst selten.

Noch seltener sind Blätter und Salatpflanzen. Grünzeug wurde sicher in großen Mengen verspeist, schon die alten Assyrer hatten Salat auf ihrem Speiseplan. Aber echte Funde gewinnt man nur aus Magen und Darm und aus dem was am Ende davon hinten raus kam – Koprolithen nennen die Archäologen das und freuen sich ehrlich, wenn sie einen finden. Möglich ist das nur in extrem trockenen Klimaten oder aber in Pfahlbauten, wo das, was hinter dem Haus in den Morast plumpste, unter Luftabschluss erhalten blieb.

Dabei zeigt sich, dass so ziemlich alles gegessen wurde, was nicht gerade giftig ist. Der Mageninhalt von Moorleichen konnte neben fünf Getreidesorten auch zwölf Wildkraut-Samen enthalten – ein echtes Arme-Leute-Essen, nach Ansicht der Archäologen, die es nachkochten, aber »auch nicht schlimmer als englischer Porridge«. Dagegen war Ötzis »Henkersmahlzeit« ein regelrechtes Festmahl. In seinem Magen fanden sich Reste eines Menüs von Hirsch- und Steinbockbraten an Mousse von der Schlehe und als Sättigungsbeilage Einkornbrei.

Vor knapp anderthalb Millionen Jahren entwickelt, blieb der Faustkeil etwa eine Million Jahre lang das Maß aller Dinge – von Fortschritt kaum eine Spur.

Fortschritt Faustkeil – Technologie

Vor 2.500.000 Jahren ging es los: Homo rudolfensis, von der Natur eigentlich dafür vorgesehen, sich von Früchten, Blattgemüse, Knollen, Maden und Kleingetier zu ernähren, wollte ran an die wandelnden Fleischberge in der Savanne. Doch wer je versucht hat, mit seinen Zähnen durch die Haut eines Elefanten oder auch nur eines Warzenschweins hindurch an das leckere rohe Fleisch zu kommen, der ahnt, dass das nicht klappen konnte. War *Paranthropus*' Strategie nicht viel vernünftiger? Ein Mahlwerk aus riesigen Backenzähnen und mächtigen Kaumuskeln erlaubte es ihm, gewaltige Mengen an Raufutter zu vertilgen.

Fortschritt Faustkeil

Rudolfensis grübelte: Sollte das das Schicksal der Menschheit sein – als ein Weidetier auf der Savanne zu leben? Was er dann tat, machte ihn zum ersten Menschen. Er schlug mit einem Stein Splitter von einem anderen ab.

Mit den messerscharfen Abschlägen durchtrennte er mit Leichtigkeit die dickste Schwarte und mit den scharfkantigen Kernsteinen zerschlug er Knochen und Schädel, um an Leckereien wie Mark und Hirn heranzukommen.

Antilopenhörner, eigentlich erfunden, um Knollen und Wurzeln auszugraben, eigneten sich auch vorzüglich, um einer verletzten jungen Antilope den Garaus zu machen. Knochensplitter waren fast so scharfkantig wie Steinsplitter und selbst hölzerne Spitzen, die sich mit den Steinsplittern leicht schärfen ließen, reichten aus, um Großtiere zur Strecke zu bringen, die nicht ahnten, dass der kleine Steppenaffe sie jetzt auf seinem Speiseplan hatte.

Ein sicher nachgewiesener Fortschritt ist erst wieder der Faustkeil. Er wurde vor ca. 1.400.000 Jahren erfunden und blieb eine Million Jahre lang Maß aller Dinge. Angesichts dieser Innovationsgeschwindigkeit nennen Spötter den frühen Menschen auch »homo begriffsstutzig«. Tatsächlich entwickelten sich die Dinge unglaublich langsam, aber sie entwickelten sich. Schon bald kamen Windschirme oder ovale Reisighütten auf, das Feuer wurde gezähmt – Nachweise dafür sind inzwischen rund 800.000, vielleicht sogar 1.500.000 Jahre alt – und die Steingeräte wurden immer vielgestaltiger.

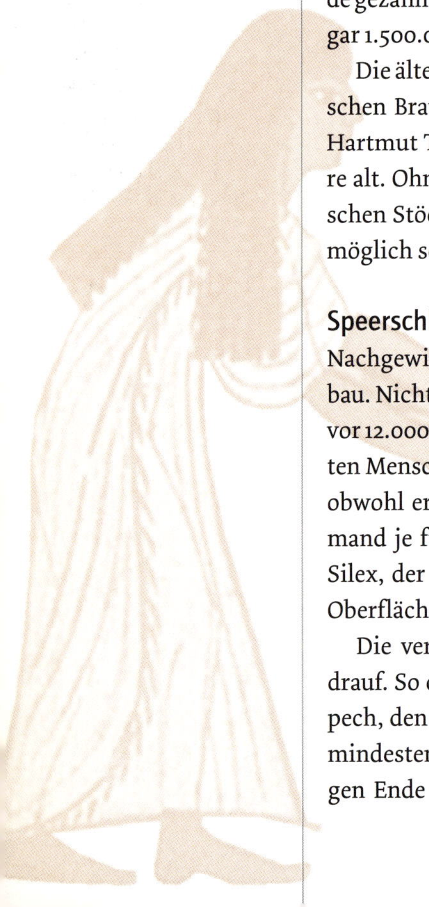

Die ältesten erhaltenen hölzernen Jagdwaffen stammen aus einem deutschen Braunkohle-Tagebau. In Schöningen, in Niedersachsen, entdeckte Hartmut Thieme neun Wurfspeere aus Fichtenholz. Sie sind 400.000 Jahre alt. Ohne Zweifel verwendeten auch schon die afrikanischen Frühmenschen Stöcke zum Graben und als Waffe, der Nachweis wird aber kaum je möglich sein.

Speerschleuder und Birkenpech

Nachgewiesen ist hingegen – dank modernster Methoden – früher Bergbau. Nicht erst in der Jungsteinzeit vor 7000 oder am Ende der Altsteinzeit vor 12.000 Jahren grub man nach Feuerstein: Schon vor 200.000 Jahren holten Menschen in Israel Silex aus mindestens zwei Meter tiefen Schächten, obwohl er an der Oberfläche reichlich herumlag. Eine Leistung, die niemand je für möglich gehalten hätte. Lohn der Mühe war »bergfrischer« Silex, der sich leichter und präziser bearbeiten lässt als Material von der Oberfläche.

Die vermeintlich so dumpfen Altsteinzeitler hatten aber noch mehr drauf. So destillierte bereits der Neandertaler aus Birkenrinde das Birkenpech, den Klebstoff der Steinzeit. Schnüre wurden gedreht und schon vor mindestens 27.000 Jahren zu Stoffen gewebt und zu Netzen geknüpft. Gegen Ende der Eiszeit wurde mit der Speerschleuder die Reichweite und

Durchschlagskraft der Jagdwaffen verbessert, wenig später Pfeil und Bogen erfunden. Damit war kein Tier mehr vor dem Menschen sicher. Bedenkenlos wurde alles erlegt, was homo sapiens vor die Speer- oder Pfeilspitze kam. So erfolgreich waren die Jäger, dass sie bald so gut wie alle der mächtigen Fleischberge ausgerottet hatten, denen homo rudolfensis einst mit knurrendem Magen hinterher gesehen hatte.

Die alten Ägypter hielten ihren Alltag in Malereien und Modellen für die Ewigkeit fest. Das beschert Forschung und Publikum heute faszinierende Einblicke. Selbst Ackerbau und Viehzucht sind wie hier im berühmten »Grab des Ti« (eines Beamten) detailliert dargestellt.

Man musste sich also nach anderen Nahrungsquellen umsehen. Zur Not hatte man schon seit 50.000 Jahren widerwillig Wildgetreidesamen gekaut, aber nur so lange keine Elefanten- oder Pferdeherde am Horizont auftauchte.

Jetzt aber, da es keine neuen Horizonte mehr gab, hinter denen man noch reichlich Großwild finden konnte, war man auf Antilopen, Hirsche und andere flüchtige »Kleintiere« angewiesen – und eben auf die Körner. Aber was war das für ein Aufwand! Für eine Handvoll Kalorien musste man die harten Körner lange kauen und sie einzeln mit Steinen weich zu klopfen, war auch nicht sehr effizient. Zum Glück waren damals schon seit 10.000 Jahren Mahlsteine in Gebrauch. So konnte man größere Mengen an Körnern zerkleinern – mit ein wenig Wasser angerührt, vielleicht ein paar Früchte und eine zerquetschte leckere Made dazu und fertig war das Gesundheitsfrühstück.

Töpfe, Schalen, Schüsseln

Kochtöpfe (und Müeslischüsseln) aus gebranntem Ton sind ein typisches Merkmal ackerbautreibender Kulturen. Erfunden haben es aber andere. In Japan und Südsibirien lebten teilsesshafte Jäger- und Fischerstämme, die als erste die Vorteile von Keramiktöpfen zu nutzen wussten – in Japan schon vor 14.000, am Baikal vor 12.500 Jahren. Es ist kaum anders als durch Diffusion, d.h. Technologieexport von Osten her zu erklären, dass an der Wolga schon Jahrhunderte vor Mesopotamien Keramik hergestellt wurde.

Im Orient stieß diese Innovation auf fruchtbaren Boden. Für die Bauernkulturen und die nachfolgenden Hochkulturen war Keramik wie geschaffen. Vor allem als Koch- und Vorratsgefäße wurde sie zu Millionen herge-

ERTRÄNKTE GESCHICHTE

Wasser ist knapp, fast überall auf dieser Welt. Zahllose Dämme werden errichtet um es zu speichern – vom Mittelmeerraum über den Orient und Indien bis nach China. Sie werden zunehmend zu einer Bedrohung für die Vorgeschichte. Zahlreiche wertvollste archäologische Stätten sind bereits durch Stauseen überflutet. Bekanntestes Beispiel ist der Assuan-Damm am Nil. Der Felsentempel Abu Simbel wurde in einer extrem aufwendigen Aktion zersägt und an anderer Stelle wieder zusammengeklebt. Ungleich mehr sensationelle Fundorte versinken aber an Euphrat und Tigris für immer in den Fluten, werden bei wechselnden Wasserständen von den Wellen zerrieben oder von Sedimentablagerungen überdeckt. Das antike Zeugma, das »Pompeji des Ostens«, mit phantastischen Mosaiken, zehntausenden von historisch wichtigen Tonsiegeln, eine Stadt am Scharnier zwischen Kleinasien, der Levante und Mesopotamien, liegt inzwischen unter Wasser. Auch Habuba Kabira, eine Urukzeitliche Planstadt (3500–3400 v. Chr.) hatte das Glück vor dem Untergang noch einigermaßen untersucht zu werden. Aber hunderten, vielleicht tausenden von Stätten in dieser für die Menschheitsgeschichte so zentralen Region sind auf Dauer verschwunden, wenn nicht zerstört. Noch weniger werden die dramatischen Entwicklungen in Indien oder China beachtet.

Einzigartig waren die bunten Mosaike von Zeugma, der Stadt am Euphrat, Knotenpunkt zwischen Levante, Mittelmeer und Mesopotamien. Heute sind sie im Wasser eines Stausees versunken.

Der gigantische Drei-Schluchten-Damm am Yangtse-Kiang wird tausende von archäologischen Fundstätten aus der jahrtausendealten chinesischen Kultur vernichten. Nur wenig wird man davon vorher untersuchen können. In Indien bedrohen die Staudämme am Narmada eine der reichsten Fundlandschaften des Subkontinents. Ausgrabungen sind hier nicht vorgesehen. Die Verhältnisse in Europa scheinen dagegen harmlos, doch werden vor allem auf der Iberischen Halbinsel zunehmend mehr Fundstellen ertränkt. In Nordportugal verhinderte zwar eine Allianz aus Bauern, Umweltschützern und Archäologen die Erhöhung einer bestehenden Staumauer, die eine der größten paläolithischen Felsbildgalerien Europas überflutet hätte. Solche Erfolge sind aber – zumal außerhalb von Europa – selten. Selbst vor den berühmtesten Namen wird nicht halt gemacht. Assur, eine der wichtigsten Stätten des Orients und Weltkulturerbe der UNESCO, wird 2007 in den Fluten des Makhul-Dammes verschwinden. Lehmziegelbauten und Keilschriftarchive der Stadt werden sich unter Wasser wieder in einfachen Schlamm verwandeln.

stellt. Spätestens in den frühen Stadtstaaten entstand mit der sich etablierenden Arbeitsteilung auch ein eigenes Töpferhandwerk, das bemaltes Geschirr wie am Fließband herstellte. Die Töpferscheibe, eine der Grundlagen für Serienproduktion, ist hier seit Anfang des 3. Jahrtausend v. Chr. im Einsatz, breitete sich aber nur allmählich nach Westen aus. In Mitteleuropa kommt sie erst im 6. Jh. v. Chr. in Gebrauch, verschwindet jedoch regional im frühen Hochmittelalter wieder. Man kehrte zur Hand aufgebauten Ware zurück. Serienproduktion lohnte sich erst wieder im 12. Jahrhundert.

Meister der Massenproduktion waren in Europa die Römer. Ihre glänzend rote *terra sigillata* war eines der Symbole römischen Lebens. Sie wurde über weite Strecken gehandelt und schon bald auch in den römischen Provinzen, z. B. im pfälzischen Bergzabern massenhaft hergestellt. Anhand der Verzierungen lassen sich viele sigillata-Gefäße auf das Jahrzehnt genau datieren, häufig einem Produktionsort und manchmal sogar eindeutig einem Töpfer zuweisen.

Rad und Wagen

Weniger eindeutig ist die Situation bei Rad und Wagen. Substanzielle Belege für Wagen, etwa in Form von detaillierten Bildern oder von Modellen, tauchen in Mesopotamien erst im 3. Jt. v. Chr. auf. Originalfunde von Rädern aus Mooren des Alpenvorlands datieren ins 3. Jt. v. Chr., teils aber auch schon ins späte 4. Jt. v. Chr. Ähnlich alt sind Tonmodelle von Wagen im

Symbol römischer Zivilisation war die rote, wie lackiert glänzende terra sigillata. Sie wurde in Formschüsseln gepresst und im ganzen Imperium verhandelt.

Karpatenbecken. Zentralasien, Südrussland und die Ukraine sollen noch früheres Material geliefert haben.

Das Primat des Orients ist also wie bei der Töpferei kaum aufrecht zu erhalten. Will man nicht annehmen, dass Rad und Wagen in den Mooren des Alpenvorlands erfunden wurden, muss man davon ausgehen, dass sich diese revolutionäre Erfindung von den Steppengebieten nach Europa und in den Orient ausgebreitet hat.

Befahrbare Bohlenwege wurden in den norddeutschen Mooren ab dem 4. Jt. v. Chr. angelegt. Im Normalfall holperten die Wagen bis in die Neuzeit über unbefestigte Wege, die sich bei jedem Regen in Morast und an Hängen in Hohlwege verwandelten. Gepflasterte Fernstraßen legten vor allem die Römer an – in einer Qualität, dass manche bis heute benutzbar sind. Obwohl schon im 4. Jt. v. Chr. Räder rollten, traute sich noch lange niemand auf den Rücken eines Pferdes. Sichere Belege für Reiter datieren kaum vor das 2. Jt. v. Chr.

Vorchristliche Seefahrt

Dagegen sind Hinweise auf mutige Seefahrer erstaunlich alt. Schon homo erectus überquerte mehrere Kilometer Salzwasser. Kein Wunder, dass auch sapiens dem nicht nachstehen wollte und schon vor 40.000 bis 60.000 Jahren nach Neuguinea paddelte, von wo aus er trockenen Fußes nach Australien gelangte. Einbäume, mit denen man Seen, Flüsse und Küstengewässer der Meere befuhr, wurden bereits vor der Jungsteinzeit aus Stämmen gehackt. Ab dem 7. Jt. v. Chr. wurden auch die küstenfernen Bereiche des Mittelmeers befahren und befischt. Das zeigt die Zusammensetzung der Fischreste in archäologischen Fundstellen.

Schiffe und Boote wurden bald das wichtigste Transportmittel. Phöniker und Griechen verdankten ihren Aufstieg dem Seehandel. Ihre Schiffe wurden teils gerudert, teils gesegelt. Für das Römische Reich war das Mittelmeer die zentrale Verkehrsfläche. Griechische und römische Wracks finden sich zu hunderten entlang der Küsten des Mittelmeers. Manche werden durch Taucharchäologen untersucht, viele aber durch Schatzsucher geplündert.

Flüsse und Seen, Meere und Ozeane waren die wichtigsten Verkehrswege der Vorzeit. Auf immer größeren und schnelleren Kriegs- und Handelsschiffen eroberten Phöniker, Griechen und Römer, Wikinger und Spanier die Meere. Schiffe waren ein wesentlicher Motor der kulturellen und wirtschaftlichen Entwicklung.

Die waghalsigsten Seeleute der frühgeschichtlichen Schifffahrt waren in Europa die Wikinger. Ihre flachen Drachenboote wurden gesegelt und gerudert. Zwei Jahre lang arbeiteten mehrere Männer an einem solchen stolzen Schiff. Die besten Eichen wurden gefällt, die Stämme aufgespalten. Jede Planke wurde mühsam von Hand behauen und gehobelt, jedes einzelne Loch von Hand gebohrt, das Schiff nach und nach zusammengesetzt.

STEINERNE KOLOSSE

Staunend steht man in Carnac vor tausenden von tonnenschweren Steinen in Reih und Glied. Wie war das den Steinzeitmenschen möglich? Und erst Stonehenge: behauene Blöcke, bis zu 50 Tonnen schwer und in 7,30 m Höhe tonnenschwere Decksteine. Das konnten die doch damals unmöglich alleine schaffen. Das müssen Außerirdische oder Riesen oder der Zauberer Merlin gewesen sein, nicht wahr? Ein Beispiel aus der Neuzeit: Der Obelisk auf dem Petersplatz in Rom ist 25 m hoch. Bei einem Gewicht von ca. 322 Tonnen wurden 1586 etwa 150 Pferde, 900 Männer, 47 Seilwinden und null Außerirdische, Riesen oder Zauberer benötigt, um ihn innerhalb von Rom zu versetzen. Andere, noch größere Obelisken wurden schon in römischer Zeit aus Ägypten auf teils eigens dafür angefertigten Schiffen herangeschafft. Einige von ihnen waren zuvor bereits innerhalb von Ägypten einmal umgestellt worden, so schwer kann es also nicht gewesen sein.
Ähnlich groß wie das Monument auf dem Petersplatz ist der umgestürzte »grand menhir brisé« in der Bretagne, der einst ca. 21 m hoch und 350 Tonnen schwer war. Vor diesen Dimensionen schrumpfen Stonehenge und die Osterinsel-Figuren schon fast auf ein alltägliches Maß. Die größte Figur auf der einsamen Pazifikinsel war 80 Tonnen schwer und wurde sechs Kilometer weit transportiert. Auch

Einsam stehen die steinernen Kolosse der Osterinsel da. Ihre Herstellung aus dem weichen Vulkangestein war aber vergleichsweise einfach und auch Gewichte und Transportwege können es nicht mit europäischen, ägyptischen oder orientalischen Megalithen oder Obelisken aufnehmen.

Lange hielt man die altamerikanischen Pyramiden für Tempel. Erst in den letzten Jahrzehnten entdeckten Archäologen auch die Gräber in ihrem Inneren. Doch nicht nur die Maya, fast alle altindianischen Kulturen der letzten 4700 Jahre zwischen Peru und den Südstaaten der USA errichteten Stufenpyramiden.

der Aufwand für ihre Herstellung aus kreideweichem Vulkangestein, das erst an der Luft aushärtet, hält einem Vergleich mit den aus härtestem Quarzit bestehenden Memnonkolossen in Ägypten (s.u.) nicht stand.

Aber ist es wirklich Menschen möglich, solche Gewichte von der Stelle zu bewegen? 1985 haben 100 unerfahrene und nicht besonders kräftige Personen in der Bretagne einen 18,5 Tonnen schweren und 7,5 m hohen Stein mit Seilen und Hebeln aufgerichtet.

Weit größere Gewichte wurden in vorgeschichtlicher und historischer Zeit bewältigt. Die Memnonkolosse, 18 m hohe sitzende Wächterfiguren am Eingang des zerstörten Totentempels von Pharao Amenophis III, wiegen jeweils rund 1000 Tonnen. Ähnlich schwer sind die drei Kalksteinquader, die das Podium eines (vielleicht erst später darauf gesetzten) römischen Tempels in Baalbek bilden. Noch größer ist der in der Nähe liegende »Stein der schwangeren Frau«. Er wiegt rund 1200 Tonnen. Die römische Zeit ist üblicherweise nicht im Visier der UFO-Gläubigen. Bei Baalbek machen sie jedoch eine Ausnahme. Ob aber auch die russische Zarin Katharina die Große auf außerirdischen Beistand angewiesen war, als sie den 1250 Tonnen schweren Sockel für das Standbild ihres Vorgängers nach Petersburg bringen ließ?

Und wenn schließlich die ganze gewaltige Arbeit vollendet war, brachten die Frauen das Segel. In ihm steckte mehr Arbeit als im Rest des Schiffes.

Die Nordmänner bestatteten sogar ihre Fürsten und Fürstinnen in Schiffen. Immer wieder entdecken Archäologen reiche Schiffsgräber wie das von Oseberg in Norwegen oder von Sutton Hoo in England. Ihren Reichtum erwarben die Wikinger als Händler, Söldner und Räuber, drei Jobs, die wohl jeder Wikinger in Personalunion beherrschte, je nachdem, welche Gelegenheit sich gerade bot.

Gold und Silber ...

Bei den Wikingern war besonders das Silber begehrt. Die Herkunft des Silbers, lässt sich – wie bei jedem Metall – anhand der geringen Anteile anderer Metalle und Isotope analytisch feststellen. Jede Region, jede Lagerstätte hat ihren eigenen »Fingerabdruck«. So zeigt sich, dass Athens Silber von Laurion stammt und dass die unterschiedlich alten Goldtauschierungen auf der Himmelsscheibe von Nebra aus verschiedenen Lagerstätten stammen – ein Fakt, an dem jeder Fälscher hätte scheitern müssen.

Gold wurde aus den Flüssen gewaschen. Dagegen mussten Silber (zusammen mit Blei) und Kupfer mühsam aus Erz gewonnen werden. Der Bergbau auf Kupfer setzte in den Alpen schon vor über 5500 Jahren ein. Zunächst wurden aber nur die leicht zu verhüttenden oxidischen Erze an der Oberfläche abgebaut. Als sie aufgebraucht waren, brach auch die lokale Kupferproduktion zusammen. Erst Jahrhunderte später lernten die Menschen, auch das kompliziert zu verarbeitende sulfidische (schwefelhaltige) Erz zu meistern.

Bronze, die golden glänzende Mischung aus Kupfer und Zinn, dominierte in der Alten Welt für viele Jahrhunderte. Nur ganz allmählich setzte sich das Eisen durch. Weniger als seine technischen Eigenschaften – einfaches Eisen taugt kaum mehr als gut verarbeitete Bronze – dürfte für seinen Siegeszug anfangs die Tatsache gewesen sein, dass es fast überall in ausreichender Menge verfügbar war. Die Verhüttung von Erz fraß so große Mengen Holz und Holzkohle, dass im Mittelalter ganze Gebirge kahl geschlagen wurden. Die Rolle des Feuers für die Menschheitsentwicklung kann schon allein deshalb nicht überschätzt werden.

Es brennt!

Das Feuer ist seit mindestens 800.000 Jahren das mächtigste Werkzeug und die mächtigste Waffe des Menschen. Es wärmt in der Nacht und hält Raubtiere fern, es brät das Fleisch, schmilzt Erz und Metall, destilliert Pech und

Parfüm und – das sehen wir heute wieder mit Erschrecken vom Amazonas bis nach Sumatra – es verwandelt Wald in Weide. Doch schon die frühen Jäger wussten, dass auf einer Steppe mehr Großwild zu erjagen ist als im dichten Wald.

Mehr als andere Kontinente wurde Australien nach der Ankunft des Menschen durch das Feuer verändert. Araukarien, die Nadelbäume der Südhalbkugel, die bis dahin das Gesicht der feuchteren Regionen des Kontinents geprägt hatten, wichen dem Eukalyptus. Araukarien sind feuerempfindlich, Eukalyptus dagegen braucht Feuer, damit seine Samen aufplatzen und keimen können.

Der Kontinent wurde durch gelegentliches Abbrennen offen gehalten, da in den ersten Jahren nach dem Brennen besonders viel Nahrung zu finden ist. Durch die kleinen und kontrollierten Brände schützte man sich auch davor, selbst einmal Opfer eines großen Buschfeuers zu werden, wie es ausbricht, wenn sich zu viel Altholz angesammelt hat. Heute wird dieses Verfahren in vielen Ländern unter dem Namen »fire management« wieder eingeführt.

Leitungswasser Jahrmillionen hatten die Menschen aus Bächen, Flüssen und Wasserlöchern getrunken. Erst mit der Sesshaftigkeit begann der Brunnenbau. Bis in die Neuzeit waren Brunnen die wichtigste Trinkwasserquelle – nicht aber bei den Römern: Sie zogen Quellwasser vor und schufen so eindrucksvolle Monumente wie die 70 km lange Wasserleitung aus der Eifel nach Köln, den Aquädukt von Segovia oder den Pont du Gard.

Auch ohne absichtlich gelegte Brände stieg die Brandfrequenz in besiedelten Gebieten überall deutlich an – es brauchte ja nur eine Windböe ein paar glühende Ästchen ins dürre Gras zu treiben. Archäologisch lassen sich die zunehmenden Brände in Mooren, am Grund von Seen und sogar im Grönlandeis nachweisen.

Wohn- und Siedlungsformen

»Es ergibt sich aber, dass was heute Hellas heißt, nicht von alters her fest besiedelt gewesen ist, sondern dass es Völkerwanderungen gab früher und die einzelnen Gruppen leicht ihre Sitze verließen unter dem Druck der jeweiligen Übermacht … und da sie die nötige Nahrung für den Tag überall gewinnen zu können meinten, so fiel es ihnen nicht schwer, auszuwandern« (Thukydides, 5. Jh. v. Chr.)

Wir wandern ....

Seit Urzeiten wird von Völkerwanderungen, Kolonisierungen und Deportationen berichtet. Dass der Mensch sesshaft in festen Häusern lebt, ist ziemlich neu. Hunderttausende von Jahren waren Wildbeuter mobil und selbst dort, wo sie schon Gebäude errichteten, waren diese selten permanent bewohnt. Auch die frühen Bauern waren weit abhängiger von der Natur, als wir uns das vorstellen können. War der Boden ausgelaugt, die Weiden abgegrast, mussten sie oft fortziehen.

Dennoch ist es schwierig für Archäologen, Spuren dieser Wanderungen zu erfassen. Selbst die Völkerwanderung des 5. Jahrhunderts zeichnet sich nur schemenhaft im archäologischen Material ab. Allerdings können Archäologen für die süddeutschen Alamannen, für die wir keine Wandersage kennen, anhand von Schmuck und Gefäßen deren Herkunft aus dem Elbgebiet rekonstruieren. Eine so weite Wanderung jedoch, wie sie für die Goten aus schriftlichen Quellen belegt ist, von Skandinavien über die Ukraine, den Balkan, Griechenland, Italien und Frankreich nach Spanien, hätte man ohne Texte nie rekonstruiert können.

Auch die zahllosen Deportationen wie die der Juden nach Babylon im Jahr 597 v. Chr., die Feldzüge Alexanders des Großen oder die Truppenverschiebungen im römischen Reich, wo Alanen aus den Steppen in Schottland oder Alamannen in Syrien dienten, sind archäologisch kaum nachweisbar. Hoffnung machen jedoch Untersuchungen der Spurenelemente und Isotope in Knochen (s. S. 70) sowie die Analyse alter DNA (aDNA). Für die jüngsten Epochen kann die Genetik unglaubwürdig klingende Wander-

Trutzige Festungen: Von den Kreuzzügen brachten mittelalterliche Ritter die Kunst mit, monumentale Festungen mit unüberwindbaren Mauern, Türmen und Zinnen zu errichten.

Versandet: Das rund 5000 Jahre alte Skara Brae, ein jungsteinzeitliches Dorf auf den Orkney-Inseln vor Schottland, war unter Sand begraben. Von Regalen bis zu den Betten hat sich die komplette Steinarchitektur und Inneneinrichtung erhalten.

sagen bestätigen. So behaupten die Lemba, ein Bantu-Volk Südafrikas, sie seien Nachkommen von Juden. Tatsächlich ist ein Teil ihrer Gene typisch für nahöstliche Völker. In einem ihrer Clans trägt sogar jeder zweite eine Genvariante, die für jüdische Priester typisch ist.

Ihr Beispiel gibt eine Ahnung davon, was die Rassenlehre taugt und mit welchen Wanderungen zu rechnen ist. Denn 99 % seiner Entwicklungszeit war der Mensch nicht sesshaft. Lange war er dabei auf die Tropen begrenzt. Um in kühleren Regionen zu überleben, benötigte er wärmendes Feuer und Schutz vor Regen, Schnee und Wind. Vor allem Kleinkinder brauchten einen warmen Platz.

Schutz und Schirm

Im ukrainischen Mezhirich bauten Jäger drei »Iglus« aus Mammutknochen und -stoßzähnen. Die spektakulärste dieser Behausungen besteht aus 95 Mammutunterkiefern. Fast 40 Stoßzähne bilden das Dachgerüst. Dutzende ähnlicher Bauten haben Archäologen inzwischen ausgegraben. Bei einem Gewicht von rund 20 Tonnen Knochen, kann man nicht unbedingt von Leichtbauweise sprechen.

In der Regel lebten die Menschen der Altsteinzeit aber im Schutz von leichten Windschirmen, Reisighütten und Lederzelten. Mit der Sesshaftigkeit der Menschen wurden ihre Wohnstätten solider, ein Prozess, der an vielen Orten schon vor dem Pflanzenanbau einsetzte.

Holz und Ruten, Schilf und Gras, Steine und Lehm waren die Baumaterialien, aus denen die Häuser bestanden – je nach Epoche und je nach dem, was die Umwelt bot.

In den Waldgebieten wurden Pfosten in den Boden eingegraben. Sie bildeten das Gerüst für das Dach, dazwischen flocht man Ruten ein und

Keine antike Stadt ist komplett ausgegraben. Meist sind es die zentralen Paläste, Tempel oder Heiligtümer, die von Archäologen freigelegt wurden. Die Größe der Unterstadt, die zu solch einer Akropolis (Oberstadt) gehört, wurde meist erst durch moderne Prospektionsmethoden nachgewiesen.

verstrich die Wände mit Lehm. Von den über 30 Meter langen bandkeramischen Häusern über keltische und germanische Gehöfte bis zu Bauernhäusern des 20. Jh. kennt man diese Lehmbauweise. Damit der Lehm nicht reißt, muss er mit kurzen Pflanzenfasern, am besten mit Heu und Kuhfladen vermischt und gut durchgetreten werden.

Dorf und Stadt

Auch in den Außenposten des Inkareichs im Amazonastiefland gab es Häuser aus Lehm. Immer wieder wurden sie renoviert oder auf dem Abbruchschutt ihrer Vorgänger errichtet. Mit jedem Bau kam neuer Lehm hinzu, so dass regelrechte Hügel entstanden, Siedlungshügel, die es den Archäologen heute erleichtern, die zerfallenen Städte und Dörfer im dichten Regenwald aufzufinden.

Im Orient, wo seit über 13.000 Jahren mit Lehm gebaut wird, nennt man diese Siedlungshügel »Tell« oder »Tepe«. Manche von ihnen messen nur einige hundert Quadratmeter, andere sind mehrere Quadratkilometer groß und über zehn Meter hoch. Jahrtausendelang wurden immer wieder die gleichen Stellen besiedelt, von denen aus Ackerland und Quellen leicht zu erreichen waren oder die an wichtigen Verkehrsrouten lagen.

War es in den Tiefländern Lehm, so war in den felsigen Regionen Stein das wichtigste Baumaterial. Schon in der mittleren Steinzeit, im Natufien, wurden von Israel bis Syrien runde Gebäude aus Stein errichtet, vor über 11.000 Jahren umgab eine Steinmauer mit Turm Jericho und in Ba'ja in Jordanien wurden Reste zweistöckiger Steinhäuser ausgegraben – 9000 Jahre alt. Die Megadörfer des späten akeramischen Neolithikums hatten eine Fläche bis zu 14 Hektar, eine Größe, die erst Jahrtausende später wieder von den frühen Städten erreicht wurde.

Unbewohnbar Kalt, feucht und finster sind sie und doch sollen hier die Urmenschen gelebt haben? Diese falsche Vorstellung des 19. Jahrhunderts, dass unsere Urahnen in Höhlen gelebt hätten, ist in der Öffentlichkeit immer noch ein gängiges Bild. In Wirklichkeit nutzten die Steinzeitler aber höchstens Höhleneingänge und Abris (überhängende Felsdächer) als Lagerplatz. Das Innere der Höhlen diente als Kult- oder Begräbnisplatz.

Im 4. Jt. v. Chr. entstehen im Süden Mesopotamiens erste Städte. Sie sind Zentren der Verwaltung, des Handels und Handwerks. Bauern aus dem Umland liefern die Nahrungsmittel. Städte werden zum Symbol wirtschaftlicher und politischer Macht. Das Gefälle zwischen arm und reich war wohl nirgends größer als hier.

In den Straßen des antiken Rom lungerten Bettler, Obdachlose und Kranke. Hirten trieben ihr Vieh auf den Markt. Mehrstöckige Mietshäuser standen neben luxuriösen Villen. Theater und Arenen, Thermen und Tavernen machten die Millionenmetropole zu einem pulsierenden Zentrum. Mit

Keine Leichtbauweise: Aus Mammutknochen und -stoßzähnen errichteten Jäger und Sammler der eiszeitlichen Kältesteppen Osteuropas massive igluähnliche Behausungen – kein Vergleich zu den fragilen Windschirmen, Reisighütten oder Zelten, in denen Wildbeuter in anderen Regionen hausten.

den Römern verbreitete sich die Stadtkultur im ganzen Reich. Viele bedeutende Städte wie Köln, Trier oder Augsburg gehen auf römische Gründungen zurück. Xanten am Rhein und Augusta Raurica bei Basel zählen zu den wenigen Ausnahmen, die nach dem Untergang des Imperiums verlassen wurden. Anhand von Ausgrabungen in diesen Städten zeichnen Archäologen heute ein buntes Bild des römischen Alltags in der Provinz.

Höhlenverstecke Ab der Bronzezeit wurden Höhlen zu Refugien in kriegerischen Zeiten und blieben das vereinzelt bis ins 20. Jh. Aus der »Grotte des Planches« bei Arbois im französischen Jura kennt man sogar zwei spätbronzezeitliche Häuser und einige Getreidespeicher, die in der finsteren Höhle erbaut und einige Zeit lang genutzt wurden.

Häuser für die Götter

Im Herzen der Städte standen, oft auf natürlichen Erhebungen und zusätzlich auf Podien, die Tempel. Ihre Ruinen sind Wahrzeichen antiker Zivilisationen. Römische Kaiser brüsteten sich mit dem Neubau von gigantischen Heiligtümern.

Für den Bau wurden kostbarste Materialien, teilweise aus vielen hundert Kilometern Entfernung importiert. Steinmetze brachten die rohen Blöcke in Form und eine Gruppe privilegierter Künstler dekorierte schließlich die Tempel mit Gold, prächtigen Gemälden und Inschriften. Wenig anders sah es im alten Ägypten, im Orient oder im präkolumbischen Amerika aus.

Einfacher hatten es da Kelten und Slawen: Ihre Heiligtümer bestanden aus Holz und Erde, wenn sie nicht sogar, wie die Alamannen »irgendwelche Bäume und Flüsse« verehrten, ein Brauch, über den sich der Historiker Agathias von Myrina im 6. Jh. n. Chr. mokierte. Schließlich stammt er aus dem Mittelmeerraum, wo steinzeitliche Konstrukteure schon vor 5600 Jah-

Einzigartiges Zeugnis der slawischen Religion ist der wiederaufgebaute Tempel von Groß-Raden. Zahlreiche Bauteile waren im feuchten Boden erhalten geblieben und erlaubten eine vollständige und detaillierte Rekonstruktion.

GIS – GEOGRPAHISCHE INFORMATIONSSYSTEME

Mit Geographischen Informationssystemen (GIS) können Archäologen Verbreitungskarten einfach herstellen sowie Siedlungsmuster der Vorgeschichte und deren Entwicklung durch die Jahrtausende modellieren. Eine praktische Hilfe bei Bauvorhaben sind »Vorhersagekarten«, die auf der Grundlage archäologischer Fundstellen in einem gut bekannten Gebiet erstellt werden können.
Voraussetzungen für eine effiziente Nutzung von GIS sind archäologisch gut erforschte Landschaften. Außerdem müssen die Fundorte präzise datiert sein, um

Daten für geographische Informationsssysteme (GIS) können aus unterschiedlichsten Quellen stammen: von digitalisierten Luftbildern bis zu archäologischen Surveys oder Grabungen. Die genaue Lage eines Fundortes wird dabei mit GPS – dem global positioning system registriert.

bestimmen zu können, welche Siedlungen gleichzeitig bewohnt waren. Zum anderen braucht es gute digitale topographische, hydrologische, geologische und klimatische Grundkarten.
Die Region um den Zürichsee erfüllt diese Forderungen. Wirtschafteten Zürichs frühe Bauern bereits an der Grenze des naturräumlichen Potentials? Welche Möglichkeiten bot ihnen die Natur und welche nutzten sie tatsächlich? Der Einsatz von GIS erlaubt es, Antworten auf solch komplexe Fragen zu finden. Das Ergebnis der GIS-Analyse, die die Archäologin Renate Ebersbach durchgeführt hat, ist verblüffend: Schon im 3. Jt. v. Chr. wurde fast jedes fruchtbare Fleckchen Erde für Äcker oder fürs Vieh genutzt. Im Winter ließ man die Rinder im Wald fressen oder fütterte sie mit Laub, im Sommer trieben Hirten ihre Herden bis in die Alpen.

ren Megalithtempel auf Malta gebaut hatten. Andernorts war man noch früher dran: Vor 11.000 Jahren wurden die bis zu fünf Meter hohen, mit Reliefs geschmückten Steinsäulen vom Göbekli Tepe hergestellt. Seit 1995 gräbt das Team von Klaus Schmidt in der Südosttürkei dieses imposante Heiligtum aus.

Selbst die Toten bekamen Häuser, angefangen bei den Dolmen und Steinkammern über die etruskischen, in den Fels gehauenen Grabkammern bis hin zu ostdeutschen und italienischen Hausurnen – sogar die Eingeäscherten wurden noch in Häuschen bestattet.

Komplexe oder besonders fragile Befunde werden manchmal in einem Block geborgen. Das reicht von der Perlenkette einer Alamannin, die eingegipst wird, bis zu Tonnen schweren Erdblöcken mit ganzen Gräbern, die mit dem Autokran gehoben und auf dem Tieflader ins Restaurierungslabor gefahren werden.

Schutz und Trutz

Die Lebenden verschanzten sich derweil hinter mächtigen Wällen vor ihren Nachbarn, um nicht selbst im Totenhaus zu enden. Das Schutzbedürfnis setzt teilweise schon bei sesshaften Jägern und Sammlern ein. Im mitteleuropäischen Jungneolithikum, nach 4400 v. Chr., errichtete man mächtige Erdwerke, siedelte auf Bergspornen oder auf Pfählen in Sumpf und Moor, eine Tradition, die bis ans Ende der Bronzezeit fortdauerte. Auf Verteidigung waren auch die slawischen Ringwälle angelegt. Sie sind noch heute von Lübeck ostwärts zahlreich im Gelände zu erkennen. Andere Anlagen wie die keltischen Oppida oder manche mittelalterliche Burg dienten eher der Repräsentation und waren kaum zur Verteidigung geeignet.

Für Archäologen haben Befestigungen zwei Vorteile: Viele sind heute noch leicht zu entdecken und die Gräben sind oft voll mit Siedlungsresten. In manchen Epochen stammt das Gros der Funde aus solchen Gräben, die Archäologen in Monate langer Kleinarbeit freilegen.

Grabungstechnik

Wie eine Siedlung ausgegraben wird, hängt von vielen Faktoren ab. Die meisten Fundstellen befinden sich auf dem trockenen Land. Mit Bagger, Schaufel, Pinsel und Kelle werden Befunde und Funde freigelegt. In trockenen Regionen wird der Aushub durchgesiebt. Ist genügend Wasser und

Arbeitskraft vorhanden, kann die Erde durch Siebe geschlämmt werden, um Pflanzenreste, Fischgräten und Vogelknochen, winzige Perlen oder gar Werkabfälle von Goldschmieden nicht zu übersehen.

In paläolithischen Höhlen schweben die Ausgräber manchmal bäuchlings auf Brettern, die an der Decke aufgehängt sind und pinseln Silexsplitter frei. Ähnlich sieht es in Feuchtbodensiedlungen aus. Hier arbeitet man von Stegen und Gestellen aus, damit empfindliche Funde wie aufgeweichtes Holz, Essensreste und Textilien nicht zerstört werden. Einfacher haben es Taucharchäologen. Sie schweben frei im Wasser, Funde und Befunde sind so kaum gefährdet. Herausragende oder besonders fragile Funde werden manchmal sogar eingegipst und in einem Block geborgen. Erst im Labor werden sie dann in monatelanger Feinarbeit freipräpariert. Galt es vor hundert Jahren noch, möglichst schnell spektakuläre Funde aus der Erde zu schaufeln, so steht heute der Fundzusammenhang, der Befund, im Zentrum des Interesses. Das verlangt minutiöse Einmessungen. Peinlich genau werden Stratigraphien und Plana (einzelne Schichten) fotografiert und gezeichnet. Nur so kann über den ästhetischen Wert eines Objekts hinaus auch seine Bedeutung erschlossen werden.

Fundmassen

In einem feuchten, dunklen Keller sitzt einsam eine eingemummelte Gestalt. Mit klammen Fingern sortiert sie Scherben, wählt die aussagekräftigsten aus und zeichnet sie im matten Schein einer Schreibtischlampe – ein Doktorand bei der Arbeit. Dem Stipendiaten geht es kaum besser: Die Füße in einer Wasserschüssel sitzt er im weißen Feinrippunterhemd in der brütend heißen Dachkammer eines Landesmuseums und müht sich damit ab, aus den tausenden von Scherben die aneinander passenden zu finden. Sicher, es gibt besser ausgestattete Arbeitsplätze, dennoch sind das keine untypischen Schicksale von Archäologen, die versuchen, der Fundmassen Herr zu werden. Schon bei kleineren Sondagen geht die Zahl der zerbrochenen Krüge, Teller, Schüsseln und Töpfe in die Hunderte und bei größeren Ausgrabungen – seien es steinzeitliche Pfahlbauten, frühdynastische Städte im Orient,

Verziert oder einfarbig, dick oder dünn, gewölbt oder gerade – Spezialisten können selbst Quadratzentimeter große Bruchstücke von Tonscherben einordnen. Ton- und Machart sowie die Verzierung verraten Archäologen die Herkunft und Zeitstellung der Gefäße.

PROSPEKTIONSMETHODEN

Merkwürdiges spielt sich im Nildelta ab. Ein Europäer schleppt schwitzend ein seltsames Gestell. Er hat keinen Blick für die staunenden Bauernkinder, sondern achtet nur darauf, möglichst gerade an den am Boden gespannten Schnüren entlang zu gehen: Helmut Becker erforscht Piramesse, die verlorene Hauptstadt Ramses II. Zwischen etwa 1300 und 1100 v. Chr. hatte die rund 30 Quadratkilometer große Stadt bestanden. Heute ist sie vom Erdboden verschwunden – und wie soll man sie in der weiten Ebene zwischen Zwiebel- und Baumwollfeldern finden?

Die Methoden der Geophysiker bescheren der Archäologie ungeahnte Möglichkeiten. Strukturen, die im Boden verborgen sind, werden sichtbar. So kann die Ausdehnung von Gräberfeldern und Siedlungen vor Grabungsbeginn geklärt und die Arbeiten besser geplant werden.

Seit wenigen Jahrzehnten können die Archäologen bei solchen Fragen auf die Hilfe der Geophysiker zählen. Sie haben das, wovon Archäologen träumen: die Fähigkeit, in die Erde hinein zu schauen. Jeder Eingriff in den Boden hinterlässt magnetisch messbare Spuren und der Computer wandelt die Datenflut in Pläne um. Grundrisse von Gebäuden, Quartieren, ganzen Städten entstehen so – nur wie alt die Strukturen sind, müssen die Archäologen erst durch Grabungen herausfinden. Die Pferdeställe des Pharao wurden so entdeckt, der goldene Fußboden seines Palastes. Bei anderen Einsätzen wurde die Befestigung der Unterstadt von Troia ebenso sichtbar gemacht wie der Plan des alten Ostia samt der lange gesuchten Basilika Konstantin des Großen.

Andere archäologische Fundstellen sind dagegen oberirdisch sichtbar. Das reicht von den Pyramiden über Siedlungshügel und Befestigungswälle bis zu kleinen Grabhügelchen. Was nicht sichtbar ist, kann durch verschiedene Arten der Prospektion entdeckt werden. Dazu zählt der Survey, altmodisch auch Feldbegehung genannt, bei dem systematisch nach Funden gesucht wird, die an der Oberfläche liegen und auf Siedlungen oder zerstörte Gräber hinweisen. Zu den Prospektionsmethoden gehört aber auch die Luftbildarchäologie. Aus großer Höhe lassen sich nämlich an Bewuchsmerkmalen oder im Streiflicht Strukturen erkennen, die vom Boden aus nicht zu sehen sind.

Bei Bedarf werden diese »nicht-intrusiven« Methoden durch Sondagen ergänzt. Dazu wird mit Schaufel oder Bagger überprüft, ob und wie gut Siedlungsreste und Gräber unter der Erde erhalten sind. Manchmal werden archäologische Fundstätten erst entdeckt, wenn in Baugrubenwänden oder Straßenböschungen alte Mauern oder Gräber zu sehen sind, in der Regel ist aber schon vorher bekannt,

ob etwas und was zu erwarten ist, so dass die Denkmalpflege vor Beginn der Baumaßnahmen tätig wird.
Um herauszufinden, wo genau Strukturen liegen nutzt man immer häufiger Methoden wie Geomagnetik und Georadar. Mit deren Plänen in der Hand lassen sich archäologische Ausgrabungen besser planen. Die merkwürdigen Gestalten mit ihren Hightech-Geräten werden also auch bei uns noch so manchem Spaziergänger Rätsel aufgeben.

Geophysikalische Prospektionen verraten, dass die Wüste um die rätselhaften Geoglyphen von Nasca und Palpa einst dicht besiedelt war. In welchem Zusammenhang die Gebäude und die 1400–2200 Jahre alten Scharrbilder allerdings stehen, werden erst Ausgrabungen ergründen können.

römische Villen oder mittelalterliche Stadtquartiere – bemisst sich ihre Menge schnell nach Tonnen.

Tonnenweise Tonscherben

Ihre Reinigung und Lagerung ist noch das geringste Problem. Doch die wissenschaftliche Auswertung und die Publikation erfordern einen Aufwand, der im täglichen Geschäft der Denkmalpflege faktisch nicht zu leisten ist. Und so stapeln sich die Funde, Karton um Karton, Raum um Raum – und warten auf Doktoranden und Stipendiaten, die sich ihrer annehmen und jahrelang über ihnen brüten. Eine einzige Fundstelle kann mehrere Magazinräume dauerhaft blockieren. Kein Wunder, dass deutsche Landesarchäologien inzwischen bevorzugt ehemalige Kasernenbauten als Lager nutzen.

Im Vergleich zur Spätantike gab es im frühen Mittelalter wenig verschiedene Tongefäße. Typisch sind diese fränkischen Knickwandkannen aus dem späten 6. und 7. Jh., die in Mannheim gefunden wurden. Schalen, Teller und sogar Flaschen wurden aus Holz gedrechselt.

Die Umzeichnung der Pläne, das Reinigen, Konservieren und Restaurieren des Materials macht viel mehr Arbeit als das Ausgraben selbst. Die Aufarbeitung dieser Massen, das Zusammenpuzzeln, Kleben und Zeichnen der Fundmassen wird dem Wissenschaftler längst nicht immer abgenommen und bedarf daher einer eigenen Spezies von Forschern, im Fachjargon liebevoll »Materialhirsche« genannt. Wer vier Tonnen Material zu bewältigen hat, erntet in diesen Kreisen schon Respekt. Weniger schön ist es allerdings, wenn solche Fundmengen in düsteren Kellerräumen aufgearbeitet werden müssen. Da mutiert der »Materialhirsch« zum Maulwurf und freut sich über jeden Sonnenstrahl, den er in der Mittagspause erhaschen kann.

... detailliert untersucht

Aber nicht nur quantitativ nehmen die Untersuchungen immer mehr zu, auch die Art der Analysen wird immer detaillierter. Mit Mikroskopen, Skalpellen und High-Tech-Geräten rücken die Spezialisten den Funden im Labor zu Leibe. Metalle und Knochen werden auf winzige Atome hin durchsucht (s. S. 70) und selbst die Zusammensetzung der Tonarten der Keramik lässt die Archäologen erkennen, ob einheimische Töpfer wertvolle Importe mit einheimischem Ton imitierten oder ob tatsächlich solche fragilen Stücke stürmische Seefahrten und holprige Landwege über hunderte von Kilometern unbeschadet überstanden haben. Meist ist das Ergebnis eher enttäuschend. So erwiesen sich viele der vermeintlich mykenischen Gefäße in Kleinasien und im Nahen Osten als lokale Imitationen. Allerdings sind diese so perfekt, dass sie mit bloßem Auge oft nicht von der heiß begehrten griechischen Ware unterschieden werden können.

Während der Ausgrabung lassen sich so feine Unterschiede natürlich nicht festmachen. Manchmal hilft dort sogar nur die Bissprobe, um verdreckte Scherben von Steinen zu unterscheiden. So mancher Archäologe hat deshalb schon auf Granit gebissen.

Die Liebe zum Fundmaterial kann zuweilen skurrile Formen annehmen. So antwortete ein Archäologe auf die Frage, weshalb er denn jede einzelne seiner Scherben auf übervollen Tafeln abbilde: »Aber ich liebe sie doch alle ...«; und auch der Alptraum einer Archäologin ist verbürgt: Während sie Weihnachtsplätzchen aß, erschrak sie plötzlich, denn sie verzehrte keine Plätzchen sondern Tonscherben. Ihre Sorge galt freilich nicht, wie der Laie vermuten würde, ihrem Gebiss, sondern der Scherbenstatistik, die sie zu verfälschen drohte – ein Beispiel, das zeigt, wie sehr manche verinnerlicht haben, dass Scherben das tägliche Brot des Archäologen sind.

Typologie der Tonwaren

Tonscherben sind in der Tat das häufigste Mittel zur Datierung und Deutung vor- und frühgeschichtlicher Fundstellen. Sie haben für die Archäologie zahlreiche Vorteile:

1. Sie sind fast unzerstörbar. Besonders wenn sie in Gruben oder Pfostenlöchern eingelagert sind, überstehen sie Jahrtausende.
2. Sie sind aus leicht formbarem Material hergestellt. Der noch weiche Ton kann vor dem Brand in fast beliebige Gefäßformen gebracht werden und mit unterschiedlichsten Techniken und Mustern verziert werden und sowohl Formen als auch Verzierungen sind typisch für bestimmte Zeiten und Regionen.

Genau so wie wir heute das völlig altmodische Service unserer Großmutter vom ziemlich altmodischen unserer Mutter und unserem topmodernen unterscheiden können, so hat sich auch früher der Zeitgeschmack pausenlos und in der Regel auch kontinuierlich geändert.

Den Archäologen ist mit der Keramik fast weltweit ein relativ zuverlässiges und einfaches Datierungsinstrument an die Hand gegeben. Zu den verschiedenen Töpfen und Tellern gesellen sich dann noch Schmuckformen, Kleidungsstücke, Werkzeuge, Siedlungs- und Bestattungsformen. Diese unterschiedlichen Assemblagen bezeichnen Archäologen als »Kultur« oder »Fazies«.

Was sich allerdings hinter diesen Ansammlungen von Material verbirgt, ist eine andere Frage. Vor einer simplen Gleichsetzung von Ethnien und archäologischen »Kulturen« sind die Archäologen mittlerweile weit entfernt. Primär bleiben es Ton, Steine, Scherben, die sich systematisch zusammen finden. Ob dies nun einen Clan oder eher eine spezialisierte Gruppe von Handwerkern oder gar eine religiöse Gemeinschaft widerspiegelt, muss in jedem einzelnen Fall genau hinterfragt werden.

Meister der Massen

Digitale Verarbeitungstechniken bedeuten für die Archäologie eine Revolution. Nicht mehr 100 oder 200 Funde können miteinander verglichen werden, sondern tausende. Gleich gierigen Monstern werden die PCs mit einer Flut von Daten gefüttert. Softwareprogramme wurden extra geschrieben, um zum Beispiel die Abfolge von Keramikstilen zu analysieren oder die Kombination von Funden aus verschiedenen Gräbern in eine Abfolge zu bringen.

Diese Seriationen und Kombinationsstatistiken wurden früher per Hand gemacht: Da wurden Merkmalslisten ausgeschnitten, verglichen, verschoben, geklebt und wieder auseinander gerissen, bis eine typologische Entwicklung zu erkennen war oder sich bestimmte Gruppen von Gräbern erkennen ließen. Ein gewaltiger Aufwand, dazu noch impressionistisch und subjektiv, wie Verfechter der digitalen Versionen kritisieren.

Heutzutage gibt man Merkmale ein, nach denen der Computer, die Objekte dann »seriiert«. Doch schon hier liegt die Crux. Welche Merkmale sind die entscheidenden, welche sind relevant, welche redundant? Der Computer verleitet dazu, so viele Merkmale wie möglich aufzunehmen, dennoch führt eine gut durchdachte Auswahl oft zu aussagekräftigeren Ergebnissen. Vor der Eingabe in den Rechner müssen die Charakteristika der Funde ausgewählt werden. Denn der Computer behandelt jede Variable gleich. Und selbst wenn er wunderbare Gruppen errechnet hat, bleibt es die Aufgabe des Forschers, diese zu interpretieren. Es ist Illusion zu hoffen, dass die Objektgruppen, die der Computer ausgibt, homogen seien. In der Regel sind sie das nicht. Es kann vorkommen, dass z. B. eine Tasse aus Gruppe A, einem kleinen Krug der Gruppe B ähnlicher ist, als einem anderen Gefäß aus ihrer eigenen Gruppe. Wo also zieht man die Grenze? Jede Entscheidung bleibt am Ende subjektiv.

Dennoch lässt sich mit den neuen Programmen Erstaunliches herausfinden. Es können nicht nur unterschiedliche Stilgruppen von einander getrennt werden. Analysiert man z. B. die Beigaben eines Gräberfeldes, können die einzelnen Cluster – so der Fachbegriff für merkmalsähnliche Gruppen – nach Faktoren untersucht werden. Was steckt hinter diesen Ähnlichkeitsmustern? Hatte es soziale Gründe wie Alter oder Geschlecht, dass bestimmte Töpfe nur in manchen Gräbern vorkommen oder sind es rein zeitliche Faktoren, die zu einer unterschiedlichen Verteilung, verschiedener Grabbeigaben führen? Die statistische Analyse von tausenden von Funden eröffnet eine ganz neue Basis, auf der Archäologen ihre Interpretationen aufbauen können.

Kein bisschen Frieden: Die Vorzeit war alles andere als friedlich. Selbst eindeutige Belege für Mord und Totschlag wie dieser Schädel aus Dänemark, in dem noch die todbringende Pfeilspitze steckte, werden aber von vielen als Unfälle oder als »kultisch« interpretiert.

Homo homini lupus – Streit, Kampf, Krieg

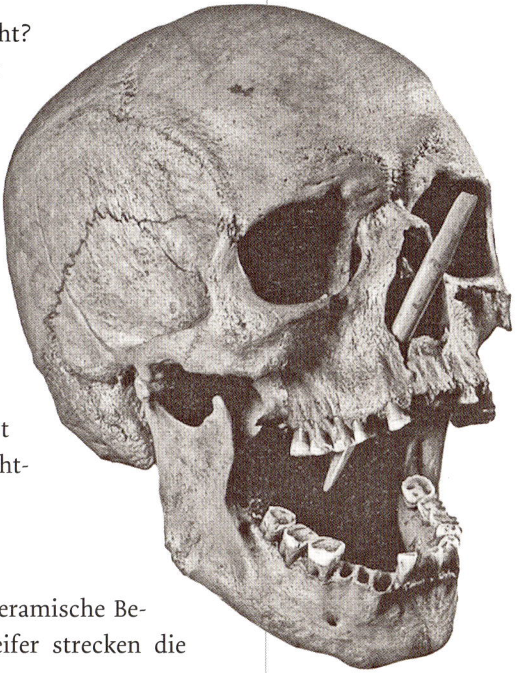

Er war ein friedlicher Hirte, vom Schnee überrascht? Ein weiser Schamane, der in der Abgeschiedenheit seine Hilfsgeister anrief? Von wegen! »Ötzi« war ein Flüchtling, ein Überlebender aus einem Handgemenge. Das Blut von fünf Menschen klebte an seiner Kleidung. Als seine Feinde ihn nicht mehr einholen konnten, schossen sie dem Flüchtenden noch einen Pfeil hinterher, der ihn aus großer Entfernung traf. Die Silexpfeilspitze blieb in seinem Rücken stecken, wo sie moderne Mediziner zehn Jahre nach Beginn ihrer Untersuchungen entdeckten. Doch Ötzi ist weder das erste noch das einzige Opfer vorgeschichtlicher Kriege.

Erschlagen, erstochen ...

Schletz in Österreich um 4950 v. Chr.: Die bandkeramische Befestigung wird erobert und zerstört. Die Angreifer strecken die

Bewohner mit Beilen nieder. Spuren von bis zu fünf Hieben identifizierten Anthropologen an einzelnen Skeletten. Die 50 (von hochgerechnet 200) Toten, die Ausgräber im Befestigungsgraben entdeckten, waren nicht begraben, sondern von Hunden oder Wölfen angefressen worden, bevor der Graben allmählich zugeschwemmt wurde. Schon die »edlen Wilden« des Mesolithikums waren alles andere als friedlich. In der Ofnethöhle im Nördlinger Ries sind 34 Schädel bestattet, darunter sechs von Männern, die mit Steinbeilen erschlagen worden waren – ein Massaker unter Wildbeutern oder ein Konflikt mit ersten einwandernden Bauern?

In der anderen Hemisphäre das selbe Bild: Reste von verbrannten Palisaden zeugen im Hochland von Mexiko davon, dass die Siedlungen seit über 3000 Jahren befestigt und Überfälle unter benachbarten Dörfern an der Tagesordnung waren.

Harting bei Regensburg: Die erschlagenen Bewohner der römischen Villa werden im 3. Jh. von plündernden Germanen in den Brunnen geworfen. Sie sollten sein Wasser für immer vergiften.

Copán Anfang des 9. Jh.: Verzweifelt errichten die Maya kümmerliche Verteidigungsmauern quer über die alten Tempel und Altäre. Vergeblich – in ständigen Kriegen reiben sich die Maya-Städte so lange gegenseitig auf, bis ihre Kultur endgültig untergeht.

Diese kurze Aufzählung gibt eine Ahnung davon, dass die Vorzeit längst nicht so friedlich war, wie das so mancher erwartet, erhofft oder erträumt hat.

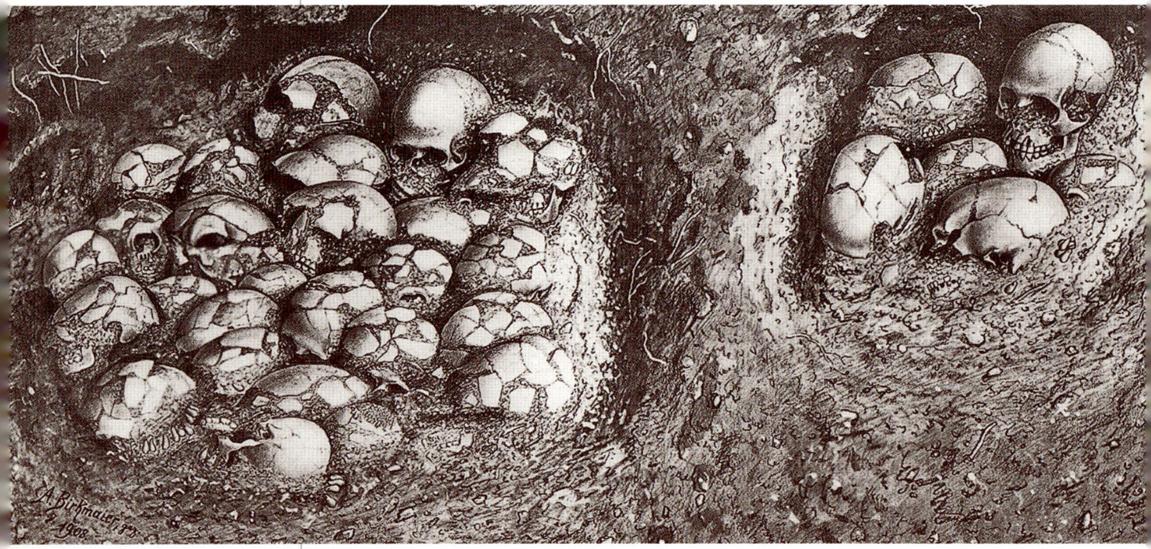

Rätselhafte Schädelnester: In der Ofnethöhle am Rand des Nördlinger Ries entdeckten Archäologen insgesamt 34 Männer-, Frauen und Kinderschädel, die in zwei Gruppen dicht an dicht gepackt nebeneinander lagen. Sechs der Männer waren mit Steinbeilen erschlagen worden.

Friedliche Vorzeit?

Woher aber stammt die übermächtige Idee, die Vorzeit sei friedlich gewesen, die Archäologen lange dazu brachte, Befunde, die eindeutig auf Krieg hindeuteten, bestenfalls als »kultisch« zu bezeichnen?

Archäologie ist Interpretation. Das ist an diesem Thema besonders deutlich zu merken. Ohne schriftliche Überlieferung interpretiert jeder das in den archäologischen Befund hinein, was in sein Weltbild passt – und da gibt es seit jeher zwei Grundströmungen: Für die Pessimisten ist der Mensch von Natur aus schlecht und die frühen Zeiten finster. Für die Optimisten, und das ist die große Mehrheit, ist er gut und die Urzeit golden. Rousseaus Idee vom »edlen Wilden« aus der Mitte des 18. Jh. prägte – in evolutionistischer Manier auf die Urzeit projiziert – auch die meisten Archäologen.

Ein bisschen Frieden ... Der erste Friedensvertrag der Menschheit, von dem heute eine Kopie im UNO-Gebäude in New York hängt, wurde zwischen Ramses II und Hattušili III geschlossen und im November 1259 v. Chr. unterzeichnet. Der Vertrag legte die Grenze ungefähr an der heutigen türkisch-syrischen Grenze fest. Er war Nichtangriffs- und zugleich Bündnispakt gegen äußere Feinde. Ägypten bescherte er eine lange Friedenszeit, rettete das Hethiterreich aber nicht vor dem Untergang.

Den Gegenpol bildet der englische Philosoph Thomas Hobbes (1588–1679). Für ihn sind die Menschen zwar an sich frei und gleich, um sich aber Nahrung und anderes zu beschaffen, müssen sie ständig streiten. Der Naturzustand ist für ihn der Krieg aller gegen alle, später dann Gruppe gegen Gruppe. Sein skeptischer Ansatz gewinnt unter Archäologen allmählich mehr Anhänger. Anlass dafür sind zahllose archäologische Befunde wie die oben aufgezählten.

Der ältteste Friedensvertrag der Welt: Der Text auf der Tontafel galt wohl als Vorlage für den Friedensvertrag auf Silbertafeln, die der hethitische Großkönig Hattušili III an Ramses II schicken ließ.

Krieg ist nicht gleich Krieg

Im 19. und 20. Jahrhundert zielten Kriege vor allem auf die Eroberung von Land und Leuten ab. Diese Art von Krieg wurde auch für die Vorgeschichte besonders intensiv erforscht: Imperien wie Akkad und Assur, Makedonien und Rom bis hin zu China und dem Inkareich datieren allesamt in frühgeschichtliche bis historische Zeiten, da sich Eroberungszüge und Kriege ohne Schriftquellen praktisch nicht nachweisen lassen.

So wäre es unmöglich, etwa den Konflikt zwischen den altorientalischen Stadtstaaten Umma und Lagash archäologisch nachzuweisen, den diese vor rund 4500 Jahren um das Wasser austrugen, das beide zur Bewässerung ihrer Felder benötigten. Selbst der König von Kish wurde als Mittler eingeschaltet um den Konflikt zu lösen – leider erfolglos.

Neben dem Krieg zwischen Staaten gibt es aber noch andere Varianten, die gerade für Stammesgesellschaften typisch sind. Dazu gehören Raub von mobilen Gütern und Vieh, aber auch Frauenraub wie der römische Raub der Sabinerinnen, dazu gehören Rache für Morde und angebliche Hexerei, dazu gehört das Streben nach Macht und persönlichem Prestige.

Die Waffenreliefs auf dem Tropaeum Traiani aus dem Jahr 109 n. Chr. sind so plastisch, dass man sich vorstellen kann, wie Griechen und Kelten früher die echten Waffen der besiegten Feinde ausgestellt hatten. Die Siege römischer Herrscher wurden auf Triumphbögen öffentlich präsentiert.

In letztere Kategorie können auch die zahllosen Kriege der Maya eingeordnet werden. Sie waren nicht auf die Unterwerfung anderer Stadtstaaten und die Schaffung eines Großreiches ausgerichtet, sondern dienten vor allem dazu, Gefangene zu machen, bevorzugt Adelige anderer Städte, um sie dann den Göttern zu opfern.

Zeugen des Krieges

So wichtig waren die Kriegserfolge, dass sie häufig sogar in Stein gemeißelt wurden. Die Triumphbögen der Römer sind Beispiele dafür, aber auch die Steinreliefs im Orient und in Altamerika. In Triumphzügen wurden die Gefangenen zu Hause vorgeführt, ihre Waffen in eigenen Tempeln ausgehängt. Das Tropaion, ein Siegesdenkmal auf dem Schlachtfeld, das die Kriegstrophäen ausstellte, war nicht nur den Griechen sondern auch Römern und Kelten heilig.

Manche Kelten bewahrten die Köpfe ihrer getöteten Feinde auf oder präsentierten sie öffentlich. In den Steinstelen von Roquepertuse in Südfrankreich steckten bei der Ausgrabung noch Totenschädel in den eigens dafür ausgemeißelten Löchern. Aber auch in Nordfrankreich und in Süddeutschland lebten Kopfjäger, wie die kopflosen Skelette von Ribemont-sur-Ancre in Nordfrankreich und die ehemals angenagelten Schädelkalotten aus der Saône, Frankreich, und von Reutlingen zeigen.

Andere Kelten zerstörten die Waffen der besiegten Feinde und versenkten sie im Wasser. Zeuge dieser Praxis ist am Neuenburger See in der Schweiz die Fundstelle von La Tène, namengebender Fundplatz für die jüngere vorrömische Eisenzeit. Weit häufiger sind Waffenopfer in germanischen Mooren wie im schleswig-holsteinischen Thorsberg mit seinem berühmten prächtigen Mantel oder das dänische Illerup mit Unmengen an Waffen.

Das Schlachtfeld selbst können Archäologen aber nur in seltenen Fällen identifizieren. Sogar an Orten wie Troia, um das der berühmteste Krieg des Altertums tobte, ist archäologisch bisher kaum mehr gefunden worden als einige Schleudersteine, Pfeilspitzen und eine Hand voll unbestatteter Toter. Der Ort der Varusschlacht wurde zwar schon 1885 von Theodor Mommsen, Althistoriker und Träger des Literaturnobelpreises, bei Kalkriese lokalisiert. Doch erst über 100 Jahre später akzeptierte die Forschung seine Ansicht dank archäologischer Untersuchungen. Entdeckt wurden römische Schleudergeschosse aus Blei, eine Parademaske (s. S. 7) und vor allem mehrere Gruben gefüllt mit Knochen von Männern, die zwischen 25 und 45 Jahre alt waren. Manche der Skelette trugen Spuren von Schwerthieben. Die vernichtende Niederlage im Teutoburger Wald wurde zum Trauma für den expandierenden römischen Militärstaat.

Die »Standarte von Ur«, eine beidseitig verzierte Tafel, fand Leonard Woolley in einem der »Königsgräber«. Auf der »Kriegsseite« (siehe unten) ieht man den siegreichen Stadtfürsten von Ur an der Spitze seines Heeres, auf der »Friedensseite« ein festliches Bankett.

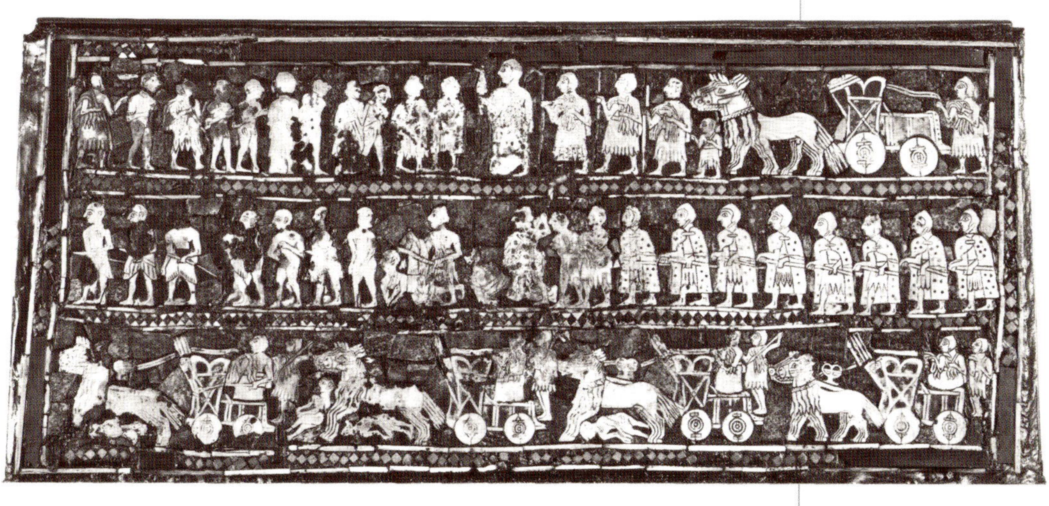

Der Vater aller Dinge

Bei einem erfolgreicheren römischen Angriff starb 211 v. Chr. Archimedes. Zwei Jahre lang hatte sein Erfindungsreichtum immer neue Verteidigungsmaschinen ersonnen und dadurch verhindert, dass die Römer das griechische Syrakus in Sizilien eroberten. Schließlich gelang es den Römern dennoch und Archimedes wurde von einem namenlosen plündernden Legionär massakriert. So gesehen ist der Krieg, der Streit, der Kampf ums Überleben, die Konkurrenz wohl wirklich der Vater aller Dinge: der Waffen, mit denen Widersacher aus ergiebigen Jagdrevieren vertrieben werden, der Häuser, Palisaden und Burgen, in denen man sich schützt, der technischen und militärischen Neuerungen oder – in glücklicheren Zeiten – der Kunstwerke, mit deren Hilfe man die Nachbarn übertrumpfen will.

Mehr noch als der Vater ist der Krieg aber der Tod aller Dinge und unzähliger Menschen. So sollen 216 v. Chr. in der Schlacht von Cannae in Apulien 70.000 römische Legionäre ihr Leben im Kampf gegen Hannibals Truppen verloren haben. Dennoch wurde Karthago 70 Jahre später endgültig besiegt und vollständig zerstört – aber entgegen aller Propaganda nur wenige Jahrzehnte später wieder aufgebaut. Die Weltgeschichte ist übervoll von Geschichten dieser Art, sie wurde früher sogar fast nur als eine Aneinanderreihung von Krieg und Frieden, Bündnis und Verrat dargestellt – und tatsächlich waren Friedenszeiten wohl die Ausnahme.

Die Ursprünge des Krieges, des Kampfes, des Streits liegen schon bei unseren tierischen Vorfahren. Die Komplexität, die die Kämpfe und Kriege annahmen, ist aber eine spezifisch menschliche Errungenschaft, die immer weiter ausgebaut wurde. Die Selbstdarstellung des Mannes als Krieger etabliert sich in der Bronzezeit. Seit damals werden Helden wie Achill glorifiziert. Sie treten uns mit goldglänzenden Beinschienen und »silbergenagelten« Schwertern entgegen, erste Vertreter einer Elite, die dies von Geburt an ist, eines eigenen Standes, einer Schicht, die gewöhnlich als Adel oder Ritter bezeichnet wird.

Macht und Herrschaft

»Von dem Augenblick an stand ich an Autorität über Allen«
(Augustus, Res gestae 34,3)

Adelige Herren

Sein Gesicht ist jugendlich, zwei Strähnen kreuzen sich auf seiner Stirn. Die Hand hat er erhoben, als halte er eine Ansprache vor seinen Soldaten.

Doch er ist barfuß. Spätestens jetzt ist Eingeweihten klar, dass es sich bei der Beschreibung um die Statue des Augustus von Primaporta handelt, des mächtigsten Mannes Roms. Trotzdem pflegt er sein Image als *primus inter pares*, als Erster unter Gleichen. Die wahren Verhältnisse abzubilden, hätte sicher einen Aufschrei der Menge provoziert. Denn die Ideale der Republik waren noch nicht vergessen. Nur seine bloßen Füße, eine Darstellungsweise für Götter, verraten, dass der erste Kaiser Roms alles andere als bescheiden war.

Warum Roms Republik scheiterte und Augustus zum Alleinherrscher wurde, könnte die Archäologie allein nie rekonstruieren. Eine Ereignisgeschichte zu schreiben, ist der historischen Forschung vorbehalten. Die Perspektive der Archäologie ist auf die »longue durée«, die langen Prozesse, ausgerichtet. Sie kann aufzeigen, wie sich Machtstrukturen entwickelten: von den egalitär organisierten Wildbeutern bis zu den zentral organisierten Großreichen, als deren erstes das Akkadreich in Mesopotamien im 3. Jt. v. Chr. gilt. Doch bis dahin war es ein weiter Weg. Wie eine Gesellschaft organisiert war, machen Archäologen vor allem an Siedlungen und Gräbern fest.

Imagewechsel: Bescheidenheit sollte das neue »Outfit« des ehrgeizigen Octavian signalisieren und seine Rechnung ging auf: Der Senat ließ sich täuschen und Octavian wurde zu Augustus, dem ersten römischen Kaiser.

Informelle Macht

Ethnologische Forschungen zeigen, dass es bei mobilen Wildbeutern nur informelle Macht gibt. Sie beruht auf persönlichen Fähigkeiten. Konflikte werden dadurch gelöst, dass einer der Beteiligten die Gruppe verlässt. Typische Beispiele sind Eskimos, afrikanische und australische Wildbeuter des 20. Jh. Wie weit dieses Modell auf urgeschichtliche mobile Jäger und Sammler übertragbar ist, muss geprüft werden.

Das fängt bei einer Analyse der Gerätschaften an. Kann man anhand des Materials oder der Technologie auf Spezialisten schließen? Weiter geht es mit peniblen Grab- und Siedlungsanalysen: Sind alle Bestattungen gleich? Gibt es Bauten, die sich von den anderen in Größe und Ausstattung unterscheiden? Mikromorphologische Untersuchungen, bei denen winzige, in den Boden getretene Überreste im Labor analysiert werden, erlauben, Aktivitätszonen zu bestimmen. Aber auch mit einer genauen Dokumentation der Fundverteilung können besondere Plätze identifiziert werden, die z. B. der Produktion von Schmuck dienten. Eine solche Aktivitätszonen-

VON MÄCHTIGEN MÄNNERN

»Agency« heißt das Modewort der theoretischen Archäologie im 3. Jahrtausend. Dahinter verbirgt sich aber weder eine revolutionäre Theorie noch eine einheitliche Methode. Vielmehr geht es darum herauszufinden, welche Motivationen dem Handeln prähistorischer Menschen zugrunde lagen.

Manche Archäologen, vor allem Prozessualisten, halten das Streben nach Macht und Prestige für den Menschen angeboren. Es sei der Motor allen Handelns. Menschen handeln – so das gedankliche Erbe der Aufklärung – rational und sind in ihren Entscheidungen frei. Dieses Bild bröckelte aber spätestens mit Karl Marx' Idee, Gesellschaft, Arbeit und Technologie prägten nicht nur den Menschen, sondern dieser festige durch sein Handeln die bestehenden Strukturen.

Von den heute oft zitierten Philosophen und Soziologen wie Anthony Giddens und Pierre Bourdieu wurden Marx' Ideen aufgegriffen. Giddens' »duality of structure« besagt nichts anderes, als dass einerseits Handeln durch die bestehenden Zustände geprägt wird, andererseits diese aber auch bestätigt. Menschen könnten ihr Handeln weder frei bestimmen, noch könnten sie alle Folgen ihres Handelns vorhersehen. Denn diese hängen nicht nur von ihnen selbst ab, sondern von einer Lawine unterschiedlichster Reaktionen sowohl ihrer Mitmenschen als auch der Umwelt. Diese »bounded rationality«, die begrenzte Vernunft, ist eines der Schlagworte der 1990er Jahre.

links: Eine mächtige Frau? Die Gesichtszüge der »Dame von Elche« aus Spanien sind erstaunlich individuell gestaltet. Der Einfluss antiker griechischer Bildhauer auf die frühe iberische Kunst ist unübersehbar, dennoch ist umstritten, wen diese einzigartige Büste darstellt und wann sie genau angefertigt wurde.

oben: Eine mächtige Frau! Kleopatra, die letzte Königin Ägyptens, ließ sich im Hathor-Tempel von Dendera mit ihrem Sohn Caesarion, der als einziger leiblicher Sohn Caesars gilt, darstellen.

Warum nun aber in früheren Zeiten Individuen oder Gruppen so und nicht anders handelten, lässt sich in vielen Fällen nur festmachen, wenn schriftliche Quellen vorliegen. Diese berichten jedoch meist von mächtigen Herrschern und ihren Heldentaten.

In Forschung und Gesellschaft haben Männer mittleren Alters das Sagen. Ist es also Zufall, wenn uns viele der Beispiele für Agency von Männern diesen Alters erzählen, die den Lauf der Dinge beeinflussten? Die Kritik, dass Agency vor allem moderne Handlungstheorien und aktuelle gesellschaftliche Zustände auf die Vorgeschichte übertrage, ist vielleicht nicht ganz unberechtigt. Dennoch hat die Agencyforschung gerade in der Archäologie mit ihrer Langzeitperspektive und dem intensiven Blick auf die materielle Kultur in Zukunft sicherlich noch ein enormes Potential.

analyse ist nicht nur für Jägerlager aufschlussreich, sondern auch für dauerhaft besiedelte Orte, wie sie für komplex organisierte Gesellschaften typisch sind.

Stämme

Der Übergang zu den Stammesgesellschaften, heute segmentäre Gesellschaften genannt, vollzieht sich mit dem Beginn von Ackerbau und Viehzucht, kann jedoch schon bei sesshaften Jägern und Sammlern stattfinden. Bauern leben jetzt in verstreuten Gehöften oder Dörfern, Viehzüchter und Nomaden sind mobil. Verwandtschaft verbindet die einzelnen Einheiten besonders bei religiösen Zeremonien oder Kriegszügen. Innerhalb der Stämme dominieren einzelne Personen oder Gruppen, die sich durch Alter, Geschlecht oder persönliche Fähigkeiten auszeichnen. Keines der Dörfer kann aber über das Schicksal der anderen entscheiden. Typische Beispiele für segmentäre Gesellschaften sind die frühen Bauernkulturen und nomadische Stämme.

Wie lassen sich solche segmentären Strukturen in der Archäologie erkennen? Liegen z. B. in den über 6000 Jahre alten Gräbern von Varna mit all ihrem Goldschmuck und den Prestigesymbolen nur temporäre Anführer, die außerhalb ihres Dorfes nichts zu sagen hatten? Oder haben wir es mit ersten vererbbaren Hierarchien zu tun? Ein bisschen Gold macht noch keinen Häuptling. Siedlungsstrukturen, überregionale Besiedlungsmuster, Symbole der Macht – all das sind Komponenten, die überprüft werden müssen, bevor man eine Gesellschaft als segmentär anspricht.

Häuptlingstümer

Verwandtschaft spielt auch in Häuptlingstümern eine große Rolle. Verwandtschaftliche Nähe zum Häuptling definiert den

Überraschend entdeckten Archäologen 1996 am Rande des Grabhügels vom Glauberg in Südhessen eine fast zwei Meter hohe Statue. Bruchstücke dreier weiterer solcher Statuen wurden in der Nähe gefunden. Die Statue ist die bislang detailreichste Darstellung eines keltischen Herrschers des 5. Jh. v. Chr.

persönlichen Status. Der Häuptling hat religiöse Funktionen inne. Er festigt seine Macht auch dadurch, dass er Nahrungsüberschüsse oder Produkte aus spezialisiertem Handwerk umverteilen kann. In diesen Gesellschaften nehmen Krieger häufig eine herausgehobene Stellung ein. Bei archäologischen Ausgrabungen erkennt man Funktions-, Reichtums- und Größenunterschiede zwischen den Siedlungen. Gibt es reich ausgestattete Kindergräber, gilt das als ein Indiz für vererbbaren Status. Aber auch permanente Machtzentren sind Kennzeichen der Häuptlingstümer.

Die Unterschiede zwischen segmentären Gesellschaften und Häuptlingstümern sind archäologisch jedoch schwer zu fassen. So soll Stonehenge das rituelle Zentrum eines Häuptlingstums gewesen sein, die Megalithgräber und zahlreichen Woodhenges bzw. Kreisgrabenanlagen der Jungsteinzeit sollen dagegen von segmentären Gesellschaften errichtet worden sein.

Häufig gelten Gemeinschaftsleistungen wie Bewässerungssysteme oder Befestigungen als Indizien für zentral organisierte Gesellschaften. Wie will man aber die Summe von zahlreichen Einzelleistungen von einer zentral geplanten Aktion im archäologischen Material unterscheiden? Seit Jahren streiten sich die Gelehrten, ob z. B. keltische Fürstenhügel Gemeinschaftsaktionen waren oder ob die Vorstellung der »Fürsten«, die Grabhügel als Zeichen ihrer Macht in Auftrag geben, haltbar ist.

Offensichtlich brauchten sowohl Häuptlingstümer als auch Stämme rituelle Zentren – und das, wie Jericho, Jerf el Ahmar oder Göbekli Tepe zeigen, seit über 10.000 Jahren. Sinn dieser Monumente war es, den Zusammenhalt der Gesellschaft zu gewährleisten. Die zentrifugalen Kräfte,

Die eindrückliche Kultanlage von Stonehenge wurde in mehreren Bauphasen zwischen 3300 und 1800 v. Chr. errichtet, eine Leistung, die nach Überzeugung vieler Archäologen nur unter der Regie eines Häuptlings möglich war. Teilweise wurden Steine aus 400 Kilometern Entfernung herbeigeschafft.

die bei Wildbeutern durch Abwandern kanalisiert werden konnten, mussten jetzt durch andere Mechanismen abgefangen werden.

In jedem Fall muss im Einzelnen untersucht werden, welche Form sozialer Organisation hinter solchen Monumenten steht. Je komplexer eine Gesellschaft organisiert ist, um so großräumiger müssen dabei die Analysen sein.

Ein Streit unter Raubgräbern alarmierte die Polizei. Was Archäologen dann Ende der 1980er Jahre freilegten, ist die reichste Grabanlage der Moche-Kultur (200 v. Chr. – 600 n. Chr.) im Nordwesten Perus. Schattenseite: Dem »Fürsten von Sipán« mussten acht Untergebene, Konkubinen und Krieger ins Jenseits folgen.

Staaten

Die weitgehende Abhängigkeit von Verwandtschaftsbeziehungen wird mit der Staatsentstehung etwas aufgeweicht. Insbesondere in Armee, Verwaltung und Priesterschaft sind jetzt Karrieren möglich. Diese drei Institutionen stützen die Herrscher, können sie aber auch stürzen. Das einfache Volk liefert Tribut- und Steuerzahlungen oder leistet Frondienste. Städte entstehen, häufig mit einem Machtzentrum, in dem Paläste und Tempel liegen und mit Handwerker-, Händler- und Wohnvierteln, in denen Archäologen Spuren des Alltags finden. Doch just an dieser Stelle klaffen Lücken. Oft sind nur die monumentalen Machtzentren ausgegraben. Die Häuser und Hütten der einfachen Bevölkerung werden von Archäologen meist sträflich vernachlässigt, obgleich sich erst dadurch eine Siedlungshierarchie wirklich festmachen ließe.

Großflächige Surveys wie der Mahas-Survery bei Kerma im Sudan oder das Teotihuacan-Mapping-Programm, Luftbildprospektion und geophysikalische Untersuchungen wie in Piramesse, der Residenzstadt Ramses II, lassen auf die Ausdehnung und regionale Bedeutung einer Siedlung schließen. Es bedarf jedoch jahrzehntelanger Forschung, um das Siedlungsgefüge mit regionalen und überregionalen Zentren erfassen zu können.

Dass ganze Orte ausgegraben werden wie das Handwerkerdorf Deir el Medina im Tal der Könige ist die große Ausnahme. Der staubige Ort am Rande der Wüste bietet einen lebendigen Einblick in den Alltag in einer ägyptischen Arbeitersiedlung. Mehrfach bekommen die Arbeiter ihren

AMATEURE UND AKADEMIKER

Archäologie ist eine der wenigen Wissenschaften, bei der Wanderer über Jahrhundertfunde wie Ötzi stolpern können, bei der pflügende Bauern oder Kiesgrubenarbeiter auf Sensationen stoßen. Die Auswertung und Interpretation müssen dann zwar Fachleute übernehmen, aber alleine die Tatsache, dass jeder archäologische Funde entdecken kann, unterscheidet das Fach von den meisten anderen akademischen Disziplinen. In Akademikerkreisen sind die Amateure dennoch nur mäßig gern gesehen. Einerseits freut man sich natürlich über die Funde, die sie anschleppen und mit denen sich schon mancher Archäologe unter Seinesgleichen profiliert hat, andererseits sind viele Amateure sehr »pflegeintensiv« und es ist die eine oder andere verschrobene Gestalt dabei. Die findet sich aber auch unter den Profi-Archäologen. Hier gibt es handfeste Praktiker neben filigranen Theoretikern, bleiche Bücherwürmer neben bunten Vögeln, schneidige Karrieristen neben weltfremden Träumern. Nur wenige Fächer weisen eine derart bunte Mischung auf.

Stolz präsentiert die »Löwenwirtin« in Schürze und Hausschuhen zwei spätrömische Silberplatten. Sie wurden im Winter 1961 bei Baggerarbeiten entdeckt und zählen heute zu den Prunkstücken des Kaiseraugster Silberschatzes.

Das Sagen haben aber wie überall diejenigen, die das Geld verteilen. Das sind im Wesentlichen sechs Gruppen, die ihrerseits allesamt von den durch die Politik definierten Etats abhängen: Denkmalämter, Universitäten, Museen, private Stiftungen, staatliche Fonds wie die Deutsche Forschungsgemeinschaft (DFG) und zentrale Forschungsinstitute, in der deutschen Archäologie vor allem das Deutsche Archäologische Institut (DAI). Dabei ergeben sich natürlich Überschneidungen. Denkmalpfleger können gleichzeitig Universitätsprofessoren sein, Professoren sitzen in den Stiftungskommissionen, die über die Geldvergabe entscheiden oder sind Mitglieder zentraler Forschungsinstitute.

Wie in jedem Fach gibt es Freundschaften und Seilschaften, aber auch erbitterte Feindschaften. Eine Besonderheit der Archäologie ist dagegen auf nationaler Ebene die Abhängigkeit von den Bundesländern bzw. den Kantonen in der Schweiz. Sie führt zu einem Auf und Ab der Etats, so dass mal die eine, dann wieder die andere Region intensiv untersucht oder vernachlässigt wird – für die Forschung nicht eben förderlich. Auch auf internationaler Ebene sind es politische Umwälzungen, die etwa die ausländischen Forschungen im Iran weitgehend zum Erliegen brachten, dafür Ausgrabungen in archäologisch so interessanten Regionen wie dem Kaukasus oder Zentralasien erst möglich machten.

Lohn nicht, sie streiken, versuchen, über die Mauer zu entkommen. Im nahe gelegenen Tempel erpressen sie Getreide. Es ist der erste Streik der Geschichte, der uns überliefert ist. Eine dauerhafte Besserung hat er für die Arbeiter nicht gebracht. Schuften für den Pharao konnte zwar mit unglaublichen Karrierechancen verbunden sein, es konnte aber auch schwerste Knochenarbeit lebenslänglich bedeuten.

Aufstieg und Niedergang

Wo immer Herrscher überregionale Reiche schaffen, stehen Eroberung und Unterdrückung am Anfang, sei das beim Akkadreich, das vom Persischen Golf bis ans Mittelmeer reichte, bei Assyrern oder Babyloniern, bei Makedoniern oder Römern. Verwaltung, Kriegsmaschinerie und Inszenierungen der Macht verschlangen Millionen.

Oft scheiterten Imperien daran, die zentrifugalen Kräfte zu bündeln. Vermehrt werden auch interne Unruhen angeführt, um den vermeintlichen »Seevölkersturm«, den Zusammenbruch der spätbronzezeitlichen Großreiche um 1200 v. Chr. zu erklären. Hattuša, die Hauptstadt der Hethiter wird besenrein, kampflos verlassen, die mykenischen Paläste zerfallen, Troia wird zerstört.

Zwar gibt es weiterhin lokale Herrscher, aber ihre Siedlungen stehen im Schatten der prunkvollen spätbronzezeitlichen Zentren. Die Erinnerung an die Zeit, als sich Ägyptens Pharao und die Herrscher der Assyrer, Hethiter und Griechen als Großkönige im orientalischen Kräftespiel maßen, verblasst. Allein die Griechen finden 400 Jahre später in Homer einen Dichter, der ihre glänzende Vergangenheit wieder lebendig werden lässt. Doch die Macht des alten Adels erlebt nur eine kurze Renaissance.

Unscheinbare beschriftete Scherben, die Archäologen in Athen gefunden haben, zeugen von einer neuen Machtkomponente: dem Volk. Ein Bestandteil der attischen Demokratie des 5. Jh. v. Chr. war das Scherbengericht. Jedes Jahr durften die Athener einen Bürger in die Verbannung schicken. Ihr Votum schrieben sie auf ein *ostrakon*, eine Scherbe. So schützten die Athener ihre Demokratie vor Männern, die zu viel Macht an sich reißen wollten.

Für einige Jahrhunderte führt auch Rom demokratische Elemente in seiner Verfassung ein. Doch die Republik wird bald mit Füßen getreten. Adlige Feldherren wie Oktavian, Adoptivsohn Caesars und späterer Augustus, erkämpfen sich mit dem Schwert die Alleinherrschaft. Ihre Macht stellen sie mit prächtigen Palästen und Tempeln, aber auch mit exotischen Kostbarkeiten zur Schau.

Bernstein, Zinn und Nelken – Handel

»Nach den niedrigsten Schätzungen entziehen Indien, die Seidenhändler und die Halbinsel Arabien unserem Staat alle Jahre 100 Millionen Sesterzen: Soviel kosten uns der Luxus und die Frauen!« (Plinius, 1. Jh. v. Chr.)

Macht und Reichtum wollen demonstriert sein. Archäologen beschert dieses Imponiergehabe nicht nur Prunkbauten, sondern auch jene begehrten Importprodukte, die dem damaligen Besitzer ähnlich viel Prestige brachten wie heute dem Archäologen, der sie ausgräbt.

Nachtblauer Lapislazuli, der schon im 3. Jt. v. Chr. von Afghanistan nach Ägypten importiert wurde, Amphoren, in denen Römer und Griechen Öl und Wein in den Norden exportierten, Karneolperlen, die die Wikinger aus dem Orient mitbrachten, Pfeffer, Zimt und Nelken – all diese exotischen Luxusgüter zeichneten sich durch ihre Seltenheit aus, meist durch den langen Weg, den sie hinter sich hatten.

Reiner Luxus

Unsummen wurden für den Erwerb der importierten Kostbarkeiten ausgegeben. In den Osten floss, nach Klagen des römischen Schriftstellers Plinius, der Reichtum der Militärmacht – und wofür? Für nichts als Parfum und Seide. Ähnlich könnte mancher Steinzeitmann gejammert haben. Bereits vor 10.000 Jahren schmückten sich kalifornische Steinzeitler mit Mu-

In Amphoren, zweihenkligen Transportgefäßen aus gebranntem Ton, wurde nicht nur Wein, Öl und Fischsauce verhandelt. Sie dienten auch als »Container« für zerbrechliche Feinkeramik. Die verschiedenen Amphorenformen erlauben es den Archäologen, Handelsströme nachzuzeichnen.

scheln aus dem 300 km entfernten Meer und im jungsteinzeitlichen Mitteleuropa war die Spondylusmuschel aus dem Schwarzen Meer ein kostbares Accessoire. Sie findet sich in reich ausgestatteten Gräbern der Bandkeramik. Doch allem Gejammer zum Trotz: Welche Steinzeitdame wäre nicht durch eine luxuriöse Muschel zu betören gewesen? Abgesehen davon wurden auch für Werkzeuge, eine Domäne die als männlich gilt, fleißig Rohstoffe über weite Strecken importiert. Obsidian aus der Türkei war ein begehrtes Rohmaterial für steinzeitliche Werkzeuge im Nahen Osten. Rohlinge vom Tell Brak und Tell Buqras in Syrien zeigen, dass Silexknollen verhandelt und erst vor Ort die wertvollen Klingen daraus geschlagen wurden.

Schon sehr früh wurden sogar Fertigwaren für den Handel produziert. Im 9000 Jahre alten Dorf von Ba'ja, in den zerklüfteten Bergen nahe Petra in Jordanien, stellten steinzeitliche Juweliere Armreifen aus Sandstein her, die 200 km weit verhandelt wurden.

Wie allerdings der Handel genau ablief, ist weitgehend unerforscht. Die meisten Archäologen vermuten für Prestigegüter – in Mitteleuropa bis in die keltische Zeit – einen Down-the-line-Handel, wie er von Ethnologen in Afrika untersucht wurde. Das heißt, die Objekte wurden von Station zu Station weitergereicht, ohne dass es professionelle Fernhändler gab, wie sie rund ums Mittelmeer seit über 3000 Jahren aktiv sind.

Exotische Luxusgüter und Rohstoffe gelangten häufig auch als diplomatische Geschenke in andere Hände. Ohne schriftliche Quellen ist aber nicht immer zu unterscheiden, ob Waren durch Handel oder Raubzüge, als Tribut oder als Kriegsbeute in teilweise tausende von Kilometern entfernte Paläste und Gräber gelangten. Für Archäologen waren diese Objekte früher vor allem Datierungshilfen, heute dienen sie eher dazu, Entwicklung und Veränderung überregionaler Handelsnetze zu rekonstruieren.

Weit gespannte Handelsnetze

Schon im 4. Jt. v. Chr. gründeten Sumerer Handelsstationen am mittleren Euphrat wie Habūba Kabīra und Jebel Arūda. Ihre Kontakte reichten von Südmesopotamien bis ins metallreiche Anatolien, in den Iran und nach Afghanistan. Im Laufe des 3. Jt. v. Chr. gewann das sagenumwobene Dilmun, am Persischen Golf auf dem Weg nach Indien gelegen, an Bedeutung. Assyrische Kaufleute ließen sich im 2. Jt. v. Chr. in zahlreichen anatolischen Städten in eigenen Quartieren nieder, um dort Handel zu treiben. Bezeichnender Weise hießen diese Kolonien Kārum – »Hafen«. Ausgrabungen im zentralanatolischen Kārum Kaniš zeugen vom Reichtum der fremden Händler.

Auch die frühen Niederlassungen der Phöniker von Kreta über Karthago bis nach Spanien waren nur Handelsstützpunkte. Meist lagen sie auf kleinen, vorgelagerten Inseln, bevorzugt in der Nähe von Flussmündungen oder Erzlagerstätten. Auf der Suche nach Silber und Zinn sollen die Phöniker bereits um 1100 v. Chr. an der Atlantikküste Cádiz in Südspanien gegründet haben und – glaubt man Plinius – Lixus in Marokko sogar schon 80 Jahre früher. Die ältesten archäologischen Belege stammen aber erst aus dem 9. Jh. v. Chr.

Die Phöniker waren nicht nur, wie ihr Name auf Griechisch sagt, »Purpurfärber«, sondern auch Elfenbeinschnitzer und Silberschmiede, deren Produkte hunderte von Kilometern weit gehandelt wurden.

Die Phöniker gelten als die erste Händlernation. Ihre Städte wie Byblos, Tyros oder Sidon werden gern mit den mittelalterlichen Handelsmetropolen Venedig oder Genua verglichen. Dank ihrer Handelsmacht waren die levantinischen Stadtstaaten lange relativ unabhängig von Großmächten wie Ägypten, Assyrien oder dem Hethiterreich. Erst 701 v. Chr. erobert der assyrische Herrscher Sanherib alle Städte der Levante, außer Tyros. Mit dem wachsenden Einfluss der Griechen und schließlich in den punischen Kriegen gegen die Römer büßten die Phöniker und Karthager die heiß umkämpfte Vormachtstellung im Mittelmeerhandel ein.

Nahe am Wasser gebaut

Meere und Flüsse waren bis ins 19. Jh. die wichtigsten Transportwege, obwohl auf dem Wasser zahlreiche Gefahren lauerten: Stürme, Klippen, Untiefen und Piraten. Handelsstädte wie das bronzezeitliche Habūba Kabīra am Euphrat oder Troia an den Dardanellen, Byzanz am Bosporus oder das mittelalterliche Birka in Schweden lagen an wichtigen Flüssen, an Meerengen oder an geschützten Meeresbuchten. Selbst nach dem Ausbau des Straßennetzes durch die Römer waren Wasserwege die meist genutzten Verkehrsverbindungen.

Eindrückliches Beispiel ist das weit gespannte Handelsnetz der Wikinger. Es lässt sich entlang der Flüsse Weichsel und Wolga, Dnjester, Dnjepr und Don bis ans Schwarze Meer nach Byzanz, Bagdad und Buchara verfolgen. Das Silber der Nordmänner stammte im 9. und 10. Jh. größtenteils aus dem Hindukusch.

PARFUM UND EBENHOLZ

Der Aufwand für Handelsunternehmen war in der Frühzeit gewaltig, das Risiko kaum kalkulierbar. Nicht selten gingen Mann und Maus mit der gesamten Ladung unter. Gesunkene Schiffe waren für die Händler eine Katastrophe, für die Archäologie sind es besondere Glücksfälle. 1983 gelang Tauchern des Institute of Nautical Archaeology in Texas und des Museums von Bodrum ein solch sensationeller Fund. Vor der türkischen Südküste bei Ulu Burun entdeckten sie auf dem steil abfallenden Meeresgrund in rund 50 m Tiefe ein über 3300 Jahre altes Handelsschiff. An Bord waren über 350 Kupferbarren, jeder 27 kg schwer, eine Tonne Zinn, 170 meist kobaltblaue Glasbarren und Zedernholz aus der Levante, ägyptische Ebenholzstämme, kanaanitische Amphoren, gefüllt mit Harz der Terebinthe, einer orientalischen Pistazienart. Das Harz, das in der Antike als wertvoller Grundstoff für Parfums und Medizin galt, duftete noch, als man die Amphoren nach Jahrtausenden öffnete. Darüber hinaus entdeckten die Archäologen Koriander, der ebenfalls zur Parfumherstellung, aber auch als Weinwürze diente, Granatapfelblüten, Saflor zum Färben von Stoffen, Feigen, eine Amphore voll Oliven, Stein- und Elfenbeinschnitzereien, Straußeneier, Bernstein, Schreibtafeln aus Buchsbaum mit Elfenbeinscharnieren sowie zahlreiche Schmuckstücke, darunter ein Skarabäus der ägyptischen Königin Nefertari.

Das Schiffswrack von Ulu Burun vor der türkischen Südküste lieferte eine Musterkollektion bronzezeitlicher Handelswaren. Auf dem Meeresgrund lagen 3300 Jahre nach dem Untergang des Schiffes Kupferbarren und zahllose andere Handelswaren ausgebreitet.

Von Taschkent, so der Tübinger Numismatiker Lutz Ilisch, kamen die Münzen südlich am Ural entlang über die Region des Kaspischen Meeres bis zur Wolga, über die sie in den Ostseeraum gelangten. Die Wikinger verkauften Sklaven, Pelze, Wachs und Honig. In der Wikingerstadt Haithabu nahe Schleswig kostete eine Sklavin 200 Gramm Silber, ein Kettenhemd immerhin das Vierfache. Nordeuropa war durch den Handel so eng mit dem Orient verbunden, dass man in Birka und Haithabu Pluderhosen, Kaftans und orientalische Gürtel trug. Der Ostseeraum war im 10. Jh. tatsächlich auf dem Weg in den islamischen Wirtschaftsraum.

Bei den Wikingern und bei den Slawen nordöstlich der Elbe wurde daher auch die Gewichtsgeldwirtschaft eingeführt. Was zählte war alleine das Gewicht des Silbers. Orientalische Münzen und Schmuck wurden zerstückelt und als Hacksilber gehortet. Erst als dem zentralasiatischen Silber im 11. Jh. immer mehr Kupfer beigemengt wurde, lösten europäische Münzen an der Ostsee das Gewichtssystem ab.

Das liebe Geld

Jahrtausendelang hatte der Mensch Waren getauscht. Äquivalente für Geld wie Kaurischnecken und andere wertvolle Gegenstände tauchen ab der Jungsteinzeit auf. Metallbarren, Ringe oder Hacksilber ermöglichten dann eine Objektivierung der Werteinheiten. Die ersten Münzen wurden im 7. Jh. v. Chr. in Lydien, im westlichen Kleinasien, unter dem legendär reichen König Krösus geschlagen. Fast zeitgleich tauchen im Magadha-Reich in Indien vergleichbare Geldstücke auf.

Auch die griechischen Städte an der türkischen Westküste prägten bald eigene Münzen. Griechische Prägungen wurden zum Vorbild für die spätkeltische Währung und was dem modernen Europa bis heute nicht gelungen ist, war in der Römerzeit eine Selbstverständlichkeit: Im ganzen Imperium konnte man mit dem selben Geld bezahlen.

Für Archäologen sind Münzen ein wichtiges Datierungsmittel, sie zeigen aber auch Handelsverbindungen und Machtbereiche an. Moderne Metallanalysen erlauben sogar Rückschlüsse auf die Erzlagerstätten und nicht selten kommen Numismatiker mit chemischen und physikalischen Untersuchungen antiken Falschmünzern auf die Spur – wenngleich um Jahrhunderte zu spät.

So alt der Handel ist, so viel wurde gefälscht, gefeilscht, getrickst und betrogen. Gegenseitige Abhängigkeiten festigten aber auch die Beziehungen der Handelspartner. Eine der umwälzendsten Folgen, die der Tausch von Waren und die Lohnarbeit mit sich brachten, ist die Schrift. Aus

Warenlisten entwickelten sich in Mesopotamien die ersten Keilschrifttäfelchen. Doch damit schlagen wir ein neues Kapitel im Tagebuch der Menschheit auf.

ABC und Hieroglyphen – Schriften

Als Heinrich Schliemann in den 1870er Jahren Troia und Mykene ausgrub, wurde er hart kritisiert. Nicht nur weil er den Neid der Fachwelt wachrief, sondern auch weil er Homer allzu wörtlich nahm. Dabei war es selbst in der noch jungen archäologischen Wissenschaft üblich, antike Autoren zu benutzen, um Wissenslücken im archäologischen Material zu schließen.

Solch unkritische Textgläubigkeit wurde im 20. Jahrhundert abgelehnt, der antiken Literatur ein historischer Kern abgesprochen. Wie sich allmählich herausstellt, hat man dabei das Kind mit dem Bade ausgeschüttet. Die antiken Autoren liefern – quellenkritisch gelesen – zahlreiche Informationen. Schriftquellen stellen bis in die Neuzeit jedoch größtenteils die Sicht der Mächtigen auf die Untertanen oder die der Hochkulturen auf ihre Nachbarn dar. Die einseitige Perspektive macht einen Vergleich philologischer und archäologischer Resultate aber um so spannender und eine Zusammenarbeit notwendig.

Wie fruchtbar eine solche Synthese sein kann, verdeutlicht das Troia-Projekt. Erst jetzt ist der Hügel Hisarlik dank Manfred Korfmanns Ausgrabungen und einer Neubeurteilung von Keilschrifttafeln aus Hattuša als das hethitische Wilusa und damit sicher als Homers Troia identifiziert. Die Handelsstadt an den Dardanellen war ein Vasallenstaat des altanatolischen Großreichs der Hethiter.

Klischee, Propaganda und Fiktion

Antike Texte sind stets aus einer bestimmten Perspektive geschrieben. Sie transportieren Klischees, sind Propaganda. Oft liefert nur die Archäologie ein Korrektiv. Ausgrabungen in Nippur entlarvten die Geschichte vom »Fluch über Akkad« als Propaganda.

Naramsin, Herrscher der Akkader, wird auf altbabylonischen Tontafeln (18.–16. Jh. v. Chr.) bezichtigt, um 2300 v. Chr. den Enlil-Tempel in Nippur zerstört zu haben. Der verärgerte Gott schickte die Gutäer, »die nicht zu den Völkern gerechnet werden, … die zwar die Gestalt von Menschen besitzen, deren Wörter aber von der Beschaffenheit der Stimme eines Hundes sind«. »Dafür«, so schließt die Tontafel-Story »[dass] Akkad vernichtet worden ist, sei Inanna Preis!«

Der Stein von Rosette, im Juli 1799 auf dem Ägyptenfeldzug Napoleons entdeckt, lieferte den Schlüssel zur Entzifferung der Hieroglyphen. Die dreisprachige Inschrift erlaubte es Jean-François Champollion 1823 den ägyptischen Code zu knacken.

Ihre Verfasser, vermutlich Priester, schlugen so um 2100 v. Chr. zwei Fliegen mit einer Klappe: Sie ermahnten das Volk, den Göttern und dabei deren Priestern treu zu dienen und schürten die Furcht vor den Gutäern, um ihr Reich im Widerstand zu einen. Wie aber Ausgrabungen am Enlil-Tempel in Nippur zeigen, hat Naramsin ihn gar nicht zerstört. Im Gegenteil! Er hat ihn sogar renovieren lassen. Ein sicherer Beleg dafür sind Ziegel mit seinem Namen, die Archäologen bei Ausgrabungen entdeckten.

Feindbilder

Auch das, was Griechen und Römer über Phönizier und Karthager schreiben, ist überwiegend Propaganda. Schon in der Odyssee sind die levantinischen Händler Blender und Halunken. Hannibals Kriegselefanten und die Kinderopfer, die Diodor den Karthagern zuschreibt, zementierten das Schreckensbild. Hintergrund für die Schauermärchen war der Kampf um die Vormachtstellung im Mittelmeerraum. Ähnlich erging es später Vandalen und Wikingern. Das populäre Bild beider Völker speist sich noch immer aus Berichten ihrer Feinde. Erst allmählich korrigieren archäologische Forschungen diese Zerrbilder.

Schlimmer als zeitgenössische Propaganda wiegt aber, dass Texte auf Holz, Papyrus, Pergament oder Papier größtenteils zerstört sind. Wie viele Papyri gingen beim Brand Karthagos verloren? Wie viel Wissen wurde zu Rauch, als die rund 500.000 Schriftrollen der Bibliothek von Alexandria im Jahre 272 Opfer der Flammen wurden?

Und nur zu oft entschieden Eroberer, was erhalten bleibt. Was wüssten wir alles, wenn spanische Konquistadoren die Texte der Mayas und Azteken nicht verbrannt hätten? Die vier erhaltenen Maya-Bücher, sorgfältig in Jaguarleder eingebunden, lassen ahnen, welche Schätze und welches Wissen der Missionierung zum Opfer fielen. Schriften, einst Erinnerungshilfen, wurden so zum Grab des Wissens. Bei vielen Völkern war es aber ohnehin verboten, geheimes Wissen niederzuschreiben. Das berühmteste Beispiel sind die Kelten. Das Wissen der Druiden wurde nur mündlich tradiert und ist heute verloren.

Vom Token zur Tontafel

Schrift war anfangs nichts anderes als eine Erinnerungshilfe. In Jerf el-Ahmar am mittleren Euphrat zieren Schlangen, Geier, Pfeile und Kreise eine Seite der 11.000 Jahre alten Zeichensteine, Striche oder Zählmarken die andere. Sollten schon die ersten Bauern über ihre Ernte oder die dargebrachten Opfer »Buch geführt« haben? Im 8. Jt. v. Chr. tauchen vom Irak

In Mesopotamien lässt sich die Entwicklung der Schrift detailliert nachvollziehen. Anfangs dienten geometrische Zählsteinchen, Tokens, als Registriersystem. Später wurden mehrere dieser Symbole in Tonhüllen gesteckt und außen Zeichen für den Inhalt eingedrückt. Bald merkte man, dass es genügte, die Symbole auf eine Tafel zu stempeln. Die Keilschrift war erfunden.

bis in die Levante »Tokens« auf. Bis in die 1970er Jahre fanden sie kaum Beachtung. Erst die Archäologin Elisabeth Schmandt-Besserat machte sich daran, die unscheinbaren Gebilde zu sammeln und auszuwerten und interpretierte sie als Zählmarken. In den boomenden Stadtstaaten des 4. Jt. v. Chr. reichte dieses einfache System nicht mehr. Ab Mitte des Jahrtausends finden sich kleine Tonplatten, auf die Formen und Zahlzeichen eingedrückt wurden. Ab da war alles nur noch Perfektionierung hin zu den Keilschrifttafeln.

Für die ägyptischen Hieroglyphen vermutete man dagegen lange einen sakralen Ursprung, doch mit der Freilegung des prädynastischen (4. Jt. v. Chr.) Friedhofes von Abydos wurden die vermeintlich heiligen Zeichen entweiht. Denn auch mit ihnen wurde nur der Wareneingang notiert.

Orakel

Umstritten ist dagegen der Ursprung der chinesischen Schrift. Manche Forscher glauben, dass Symbole auf Tongefäßen und Schildkrötenpanzern des 7.-5. Jt. v. Chr. Vorläufer der chinesischen Schrift seien. Allgemein anerkannt sind aber erst Shang-zeitliche Schriftzeichen (16.–11. Jh. v. Chr.). Sie dienten dazu, Orakelfragen an die Ahnengeister auf Tierknochen und Schildkrötenpanzer zu schreiben.

Tatsächlich scheint die Entstehung von Schrift so sehr mit einer komplexer werdenden Gesellschaft verknüpft zu sein, dass in der Archäologie Schrift lange als wichtiges Kriterium früher Hochkulturen galt. Einige Beobachtungen mahnen aber zur Vorsicht. Einerseits ist Schrift außerhalb der Hochkulturen nachgewiesen. Dazu zählen die germanischen Runen ebenso wie die rätischen Inschriften im Alpenraum. Andererseits bewältigten die Inka mit ihrem »quipu«-System, Bänder mit verschiedenfarbigen Knotenschnüren, eine komplexe Administration. Auch bei den Großstadtbewohnern von Teotihuacan haben die Archäologen bislang nur spärliche Hinweise dafür entdeckt, dass im 3. bis 6. Jh. n. Chr. Schrift benutzt wurde, obwohl die Maya gleichzeitig ein phonetisches Schriftsystem verwendeten und schon Olmeken und Zapoteken im 7. Jh. v. Chr. erste Schriftzeichen entwickelt hatten.

Die sumerische Keilschrift gilt als die älteste Schrift der Welt. Jüngst bekam sie jedoch Konkurrenz aus Ägypten, wo auf dem Königsfriedhof in Abydos über 5300 Jahre alte Bildzeichen auftauchten. Allerdings sind die Tontäfelchen aus Uruk (IVa) nach den ^{14}C-Daten noch immer rund 100 Jahre älter.

Siegeszug der Alphabete

Da die frühen Schriften größtenteils aus Logogrammen bestanden – ein Zeichen oder eine Zeichenkombination steht für einen Begriff – war die Schrift sowohl bei den Sumerern und Ägyptern als auch bei den Maya anfangs nur wenigen vorbehalten. Für das frühe Sumerisch schätzen Altphilologen die Zahl der Zeichen auf 1200.

Die älteste bekannte Alphabetschrift entdeckten Archäologen 1999 im Wadi el Hol in Oberägypten, wo vermutlich semitische Söldner sie benutzt hatten. Nur wenig jünger sind Belege der proto-kanaanitischen Schrift, die Flinders Petrie 1905 in den Türkisminen von Serabit-el-Khadim in der Sinai-Wüste entdeckte.

Für die kosmopolitischen Phöniker war das Alphabet ideal. Mit weniger als 30 Zeichen konnten alle Sprachen wiedergegeben werden. Von den

Phönikern übernahmen Aramäer und Griechen das Alphabet. Letztere ergänzten es mit Vokalen und verbreiteten es nach Europa. Rund ein Dutzend verschiedene vorrömische Schriften kennt der Süden des Kontinents. Sowohl das lateinische als auch das kyrillische Alphabet haben sich aus dem griechischen entwickelt. Das Arabische, das aus dem Aramäischen entstand, verbreitete sich mit dem Islam von Westafrika bis Ostindien. Als letztes tauchen im 2. Jh. n. Chr. im germanischen Raum Runen auf. Ob sie auf dem lateinischen und/oder etruskischen Alphabet beruhen, bleibt ein Rätsel.

Mit der Vereinfachung der Schrift verlor diese ihren Bildcharakter. Bilder sind jetzt nicht mehr Schrift, sondern Illustration. Doch gerade heute in der globalisierten Welt werden Piktogramme wieder wichtiger und es gilt mehr denn je: Ein Bild sagt mehr als tausend Worte.

Farbige Antike – Kunst

»Meaning is for those who are ready for it, ... The rest get pretty pictures«
(Les Bursill)

Die Kunst prähistorischer Völker ist Teil ihres Alltags. Kunstwerke sind ihre Schrift, Ausdruck ihrer Corporate Identity, sie sind fixierte Erinnerungen, Propaganda, Urkunden, territoriale Marker und Kommunikationsmedium zugleich. Sie sind Dokumente des Wissens, der Ängste und Wünsche und des Glaubens.

Mächtige Bilder

Wie überwältigt muss das etwa zehnjährige Kind gewesen sein, dessen Fußspuren man in der Grotte Chauvet gefunden hat, als es vor rund 31.000 Jahren die Rhinozerosse im flackernden Feuerschein an den Felswänden sah? Wie fühlte sich wohl ein Jude, der in Rom auf dem Titusbogen den Triumphzug der Römer nach der Plünderung des Jerusalemer Tempels erblickte, wie ein Reisender, der gut 1000 Jahre früher auf der anderen Seite der Erde in die schmerzverzerrten Gesichter der abgeschlagenen Köpfe blickte, die auf den Reliefstelen von Cerro Sechin in Peru dargestellt sind?

So viel Zeit und Raum diese Menschen voneinander trennt – eines ist ihnen gemeinsam: Die Bilder lösten in ihren Köpfen Geschichten aus. Heutigen Archäologen sind viele dieser Geschichten verschlossen. Die Forscher müssen aus ihrem modernen Wissen heraus interpretieren und das ist schwierig, denn auch für prähistorische Kunstwerke gilt: Ihr Sinn ist nur im Kontext verständlich. Je weiter entfernt die Bilder sind – zeitlich oder kulturell –, um so diffiziler ist es, ihren Code zu knacken. Selbst Koryphäen der Klassischen Archäologie sind sich über die Bedeutung früher griechischer Vasenbilder uneins, obwohl ihnen ein Berg an literarischen Zeugnissen zur Verfügung steht.

Dennoch gehören Bilder, gehört Kunst zu den wertvollsten Quellen der Archäologie. Bildnisse liefern Wissen über vergangene Kulturen auf drei Ebenen: auf der technologischen, der ikonographischen und der interpretativen.

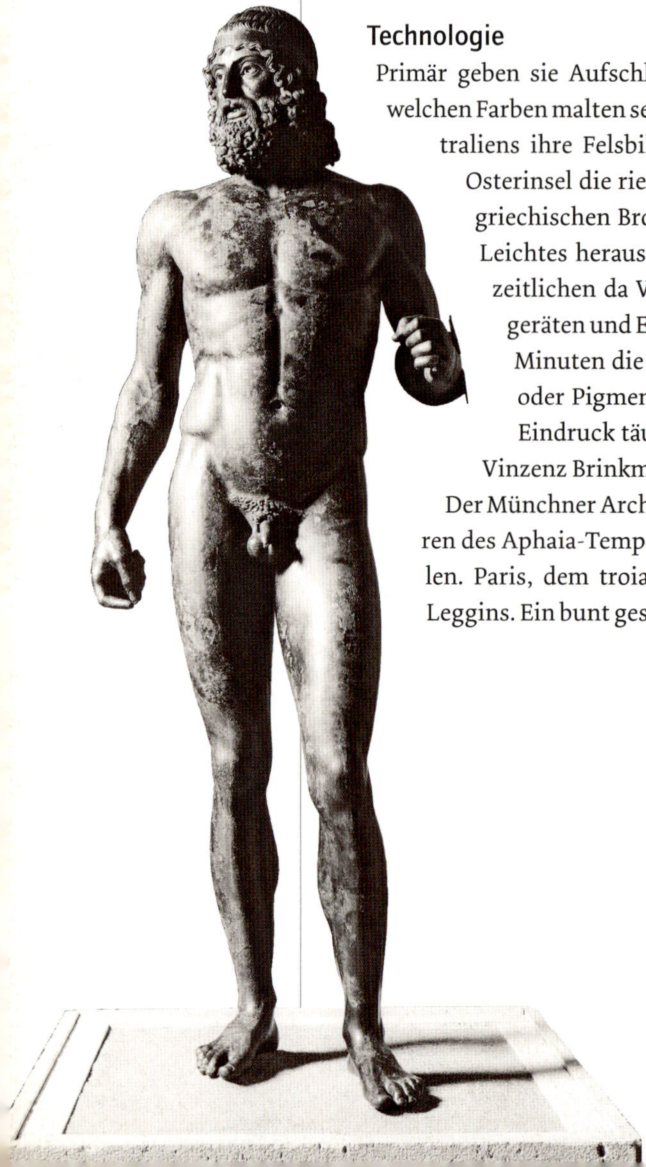

Technologie

Primär geben sie Aufschluss über technologische Fähigkeiten. Mit welchen Farben malten seit über 25.000 Jahren die Ureinwohner Australiens ihre Felsbilder? Wie bearbeiteten die Menschen der Osterinsel die riesigen Steinskulpturen und wie wurden die griechischen Bronzefiguren von Riace gegossen? Es ist ein Leichtes herauszufinden, mit welchen Materialien die urzeitlichen da Vincis operierten. Mit Röntgenfluoreszenzgeräten und Elektronenmikroskopen kann innerhalb von Minuten die Zusammensetzung von Statuen, Schmuck oder Pigmenten analysiert werden. Wie sehr der erste Eindruck täuschen kann, zeigen die Entdeckungen von Vinzenz Brinkmann.

Der Münchner Archäologe lässt die 2500 Jahre alten Giebelfiguren des Aphaia-Tempels von Aegina in poppigen Farben erstrahlen. Paris, dem troianischen Helden, verpasst er harlekineske Leggins. Ein bunt geschuppter Umhang ziert Athena. So sehr die

Die beiden bronzenen Kriegerstatuen, die 1972 aus dem Meer vor Riace in Süditalien gefischt wurden, gehören zu den spektakulärsten Funden antiker griechischer Kunst der letzten Jahrzehnte. Mangels Fundzusammenhang ist aber weder klar, woher sie stammen, noch wie alt sie sind und wen sie darstellen.

MAYA-KAKAOTASSEN UND MINOISCHE WARENLISTEN

Sir Eric Thompson, führender Mayaforscher der Nachkriegszeit, verklärte »seine« Maya ähnlich wie einst Sir Arthur Evans »seine« Minoer. Wollte Evans letztere von den »vulgären« Griechen abgrenzen, so stellte Thompson die »tugendhaften« Maya den »blutrünstigen« Azteken gegenüber. Beide Forscher hatten so viel Einfluss, dass ihre Idealvorstellung erst nach ihrem Tod zurechtgerückt wurde.

1952 entzauberte Michael Ventris' Entzifferung der Linear B-Tafeln den Mythos von den edlen Minoern. Die Texte waren profane Warenlisten in griechischer Sprache. Im gleichen Jahr schlug Juri Knorosow eine phonetische Lesung der Maya-Schrift vor. Thompson machte sich jedoch über die Deutung lustig und führte einen privaten »Kalten Krieg« gegen den Russen. Die Glyphen blieben bis zu seinem Tod unentziffert.

Erst als der Mayaspezialist Michael Coe 1971 in New York eine Ausstellung organisierte, fiel ihm eine Folge von Glyphen auf, die auf bestimmten Tongefäßen immer wiederkehrte. Er vermutete mythische Texte. Die Entzifferung der Zeichen widerlegte diese Annahme. An einigen der vermeintlich rituellen Gefäße klebten Kakaoreste. Nichts anderes besagt die Aufschrift: »Trinkgefäß von«, es folgt ein Name und dann »Kakao«.

Doch während dieses Beispiel eher amüsant ist, belegen viele Texte, dass die Maya in puncto Brutalität und blutigen Opfern den Azteken in nichts nachstanden. Die Dechiffrierung der Maya-Glyphen, aber auch archäologische Entdeckungen wie die Wandgemälde von Bonampak oder der verzierte Sarkophag des Mayaherrschers Pakal brachten unerwartet die dunkle Seite der »friedlichen Sterngucker« ans Licht.

Andere frühe Schriften bewahren ihr Geheimnis dagegen bis heute. Unentziffert sind z. B. die kretische Linear-A-Schrift, die Indus-Schrift der Harappa-Kultur und die Rongorongo-Schrift der Osterinsel. Und obwohl wir die Buchstaben des etruskischen Alphabets lesen können, sind längere Texte nicht eindeutig zu übersetzen. Völlig rätselhaft ist schließlich der minoische »Diskos von Phaistos«. So viele Personen sich seit der Entdeckung 1908 mit der 3700 Jahre alten Tonscheibe beschäftigt haben, so viele Interpretationen haben die 242 gestempelten Zeichen erfahren: vom Kalender über eine Expeditions- oder Kultbeschreibung bis zum Spielbrett. Forscher tappen im Dunkeln, welche Sprache die 45 verschiedenen Piktogramme wiedergegeben: Luwisch, Griechisch und sogar Slawisch wurden – nicht ohne nationalistischen Unterton – vorgeschlagen. Selbst als Bilingue mit frühem Griechisch auf der einen und Minoisch auf der anderen Seite wurde er schon interpretiert.

Der »Diskos von Phaistos« gehört zu den rätselhaftesten Schriftzeugnissen der Antike. Seit fast 100 Jahren bereitet das Schriftdokument aus Kreta den Gelehrten Kopfzerbrechen.

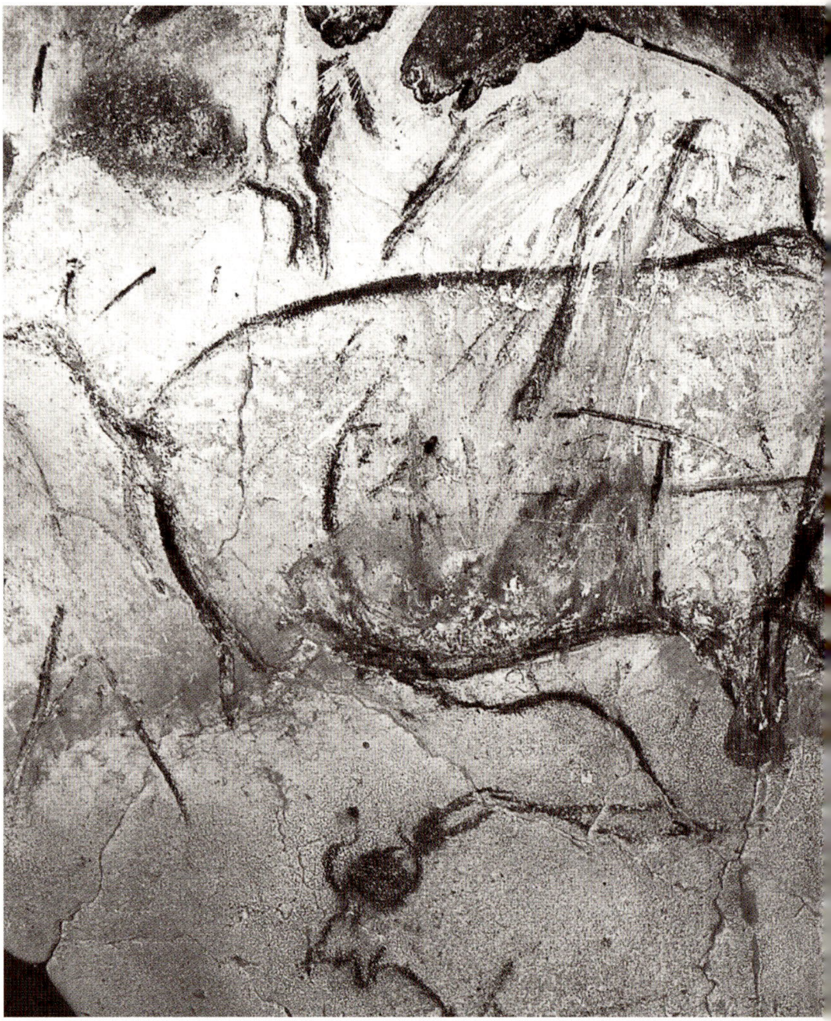

Die 1994 entdeckte Grotte Chauvet zeichnet sich sowohl durch ihr Alter von rund 31.000 Jahren als auch durch die dargestellten Löwen und Rhinozerosse aus, beides Tierarten, die in schon länger bekannten Höhlen wie Lascaux (17.000 Jahre) oder Altamira (14.000 Jahre) nicht dargestellt sind.

grelle Farbigkeit der »Götter in Weiß« das klassisch geschulte Auge schockiert, so hieb- und stichfest sind Brinkmanns Argumente. Im kalten Streiflicht und unter der UV-Lampe erscheinen orientalische Muster, Voluten und aufgemalte Panzerschuppen. Die antiken Künstler waren nicht nur Meister der Falten, die die Archäologen so gern zählen, sondern auch Meister der Farben.

Ebenso bunt waren aztekische Tempel, die Krieger der chinesischen Terrakotta-Armee, und mittelalterliche Kathedralen. Auch Ramses' große Säulenhalle in Karnak erstrahlte einst in leuchtenden Farben. In der frühen

18. Dynastie verzierten Künstler sogar die Wände in Avaris, Unterägypten, mit minoischen Fresken. Wandmalereien sind Zeugen dieser vergangenen Pracht. Einen Eindruck geben auch die zwei Meter hohe Fresken im altbabylonischen Palast von Mari in Syrien. Sie erinnern an textile Wandbehänge. Wurden Wände schon vor Jahrtausenden mit bunten Teppichen geschmückt? Trotz der minutiösen Dokumentation bei modernen Ausgrabungen, darf man nicht vergessen, wie viele Kunstwerke für immer verloren sind. Das zeigen Reste aztekischen Federschmucks oder die gefrorenen Gräber aus dem Altai.

Obwohl schon im 17. Jh. bekannt war, dass griechische Kunstwerke bemalt waren, wagte kaum jemand, am klassischen Bild der edlen Griechen in weiß zu rütteln. Erst UV- und Streiflichtuntersuchungen sowie Pigmentanalysen brachten in den 1990er Jahren die poppige Farbigkeit antiker Steinmetzarbeiten ans Licht.

In Pazyrik lag, seit 2500 Jahren tief gefroren, eine Musterkollektion dessen, was sich Archäologen normalerweise entzieht. Dazu gehört der älteste geknüpfte Teppich der Welt, Figuren und bunte Decken aus Filz. Höhepunkt ist der Tote, dessen Arme, Schultern und Beine bunt tätowiert waren. Nicht einmal hier haben sich aber Tänze und Gesänge erhalten. Welche Melodien ließen eiszeitliche Musiker auf ihren Flöten aus Schwanenknochen und Elfenbein erklingen und welche Rhythmen wurden auf der reich verzierten Leier aus den Königsgräbern von Ur angeschlagen?

Ikonographie

Auf der zweiten Ebene – der ikonographischen – geben Kunstwerke Auskunft darüber, wie Menschen sich kleideten, was sie aßen, wie sie sich betteten. Erotische Fresken aus dem Bordell von Pompeji illustrieren sogar, wie die antiken Damen die »Helden« vor gut 2000 Jahren verführten.

Bilder aber verraten noch mehr. In ägyptischen Grabanlagen aus der 26. Dynastie (664–525 v. Chr.) werden Männer im kurzen Lendenschurz dargestellt, der damals seit über 600 Jahren außer Mode war und Frauen werden im strengen Trägergewand gezeigt – modisch eine Katastrophe! Zum Glück gibt es ausländische Darstellungen, die die Ägypter im modernen Fransengewand zeigen. Kleideten sich also nur bestimmte Personen nach alter Tradition oder stellte man im Grab etwas dar, was längst nicht mehr en vogue war? An diesem Beispiel wird deutlich, dass man nicht alles, was auf Bildern dargestellt ist, bedenkenlos auf die damalige Lebenswelt übertragen darf.

... was soll es bedeuten?

Die dritte Ebene schließlich ist die Deutung der Bilder. Den Symbol- und Sinngehalt alter Darstellungen zu entschlüsseln, ist eines der heikelsten Unterfangen der Archäologie. Um dem Verständnis alter Kulturen näher zu kommen, benutzen einige Forscher Modelle aus der Ethnologie. So interpretierte André Leroi-Gourhan in Anlehnung an die strukturalistischen Forschungen des Ethnologen Claude Lévi-Strauss die paläolithischen Höhlenmalereien als Kompositionen aus dem Gegensatzpaar männlich-weiblich.

Auf dem 3800 Jahre alten Investitur-Gemälde aus dem Palast von Mari (Syrien) ließ der König darstellen, wie ihm die Götter die Insignien der Macht überreichen. So demonstrierte er die göttliche Legitimation seiner Herrschaft.

Einer der Hauptvertreter der Postprozessualen Archäologie, Ian Hodder, versuchte später, diesen Ansatz – obgleich für die Höhlenmalereien längst widerlegt – auf die figürlichen Darstellungen in Çatal Hüyük in der Türkei zu übertragen. Als männlich galten dem britischen Archäologieprofessor die mit Lehm übermodellierten Stierschädel, die die Jungsteinzeitler auf Bänken oder an den Wänden angebracht hatten. Das weibliche Prinzip sah er repräsentiert in der großen Figur mit gespreizten Beinen und erhobenen Armen: die gebärende Urmutter? So wissenschaftlich diese kontextbezogene Analyse sein mag, sie deutet die Kunstwerke nicht aus der Kenntnis der damaligen Vorstellungswelt.

Der detailreiche Realismus der Wandmalereien von Pompeji zauberte blühende Gärten auf die Wände, bevölkerte sie mit Vögeln und Göttern. Aber auch ganz alltägliche Szenen wurden auf den Fresken dargestellt.

Richtet man den Blick rund 500 km weiter gen Osten auf das steinzeitliche Heiligtum Göbekli Tepe, stürzt Hodders Interpretation in sich zusammen. Die vermeintliche Urmutter, der in Çatal Hüyük der Kopf fehlt, ist hier auf den Stelen komplett dargestellt. Sie entpuppt sich als gefährliches Tier, das die Zähne fletscht – nicht wirklich mütterlich (s. S. 136).

Felsbilder – Höhlenbilder

Wo immer Menschen lebten, haben sie Bilder auf Felsen und in Höhlen hinterlassen: Von der Inneren Mongolei bis zur tropischen Inselwelt Polynesiens, von Südafrika bis ans Nordkap. Schätzungen zufolge geht die Zahl der Felsbilder in die Millionen. Allein in Schweden sollen es eine Viertelmillion sein.

Anfang des 20. Jahrhunderts brachte Abbé Henri Breuil – der »Papst der französischen Urgeschichtsforschung« – die Höhlenmalereien mit Jagdzauber in Verbindung. Andere vermuten, dass die Gemälde für Initiationsriten angefertigt wurden. Vielleicht erklärt dies, warum viele der Malereien an unzugänglichen Stellen, sei es in Höhlen, unter steilen Felsabhängen oder im Gebirge liegen. Punktmuster, die man in der Grotte Chauvet genauer analysierte, entpuppten sich als Abdrücke von Kinderhänden.

Der französische Paläolithiker Jean Clottes und sein südafrikanischer Kollege William Lewis haben in den 1990er Jahren die alte Vermutung wieder aufgegriffen, dass die Malereien in Zusammenhang mit Schamanismus stehen. Ihrer viel diskutierten Meinung nach stellen die Punkte, Hände und Wesen, die halb Mensch, halb Tier sind, verschiedene Phasen der Trance dar. Ob auch die zwei eiszeitlichen Löwenmenschen aus Elfenbein, die Tübinger Archäologen in den Höhlen der Schwäbischen Alb entdeckt haben, Schamanen darstellen? Viel zu wenig wissen wir bislang über die Vorstellungswelt der Altsteinzeit und sicher wird es nie eine Theorie geben, die alles erklären kann.

Vor 38.000 Jahren tauchen Kunsterzeugnisse in Europa so plötzlich auf, dass man sie immer mit dem modernen Menschen in Verbindung gebracht hat. Doch je intensiver geforscht wird, um so mehr Überschneidungsbereiche zwischen Neandertaler und modernem Menschen werden entdeckt. Durchbohrte Muscheln, farbige Ocker- und Manganstücke aus Siedlungsplätzen der Neandertaler in Südfrankreich belegen, dass auch der einst als tumber Tor desavouierte Urmensch künstlerische Fähigkeiten entwickelte. In der südafrikanischen Blombos-Höhle entdeckten Archäologen Schmuck aus durchbohrten Schnecken sowie Ockerstücke mit geometrischen Ritzungen – 75.000 Jahre alt und vom frühen homo sapiens hergestellt. Ähnliches hat aber schon homo erectus zustande gebracht.

Keine Kunst?

In Bilzingsleben, Thüringen, waren 350.000 Jahre alte Elefantenknochen mit geometrischen Mustern verziert. Immer häufiger werden an Erectus-Fundplätzen auch Mineralfarben entdeckt, Ocker- und Manganstücke, zwischen 125.000 und 300.000 Jahre alt, so in Südafrika, Indien, Frankreich und Tschechien. Eine in den Fels geritzte Schlangenlinie und eine runde Vertiefung wurden bei Bhimbetka in Indien gefunden. Ihr Alter wird auf mindestens 300.000 Jahre geschätzt.

»Krone der Schöpfung« sind zwei plumpe menschengestaltige Steine aus Israel und Marokko, beide mindestens 200.000 Jahre alt und von Erectus' Hand nachbearbeitet, um die Menschengestalt hervorzuheben.

Das führt zu der Frage, was Kunst ist. Gilt schon die technisch nicht notwendige Symmetrie eines altpaläolithischen Faustkeils als Äußerung ästhetischen Empfindens? Manche Forscher sehen die Entstehung der Kunst heute als eine logische Entwicklungsstufe der kognitiven Fähigkeiten. An eine

Das eiszeitliche Löwenfigürchen aus der Höhle Hohlenstein-Stadel bei Ulm ist eine von zahlreichen Elfenbeinskulpturen, die von Südfrankreich bis Sibirien gefunden wurden. Die meisten messen nur wenige Zentimeter und zeugen von der hohen Kunstfertigkeit ihrer steinzeitlichen Schöpfer.

DIE GEDANKEN SIND FREI

Die größte Herausforderung der Archäologie ist es, Gedanken und Motivationen prähistorischer Menschen zu verstehen – eine Aufgabe, die bis in die 1980er Jahre vernachlässigt oder durch vorgefertigte Schablonen wie den Evolutionismus geprägt wurde. Erst die Postprozessualisten rückten diese Fragen in den Vordergrund und wollten sich in die Menschen vergangener Kulturen zurückversetzen, um deren Handeln und vor allem deren Gedanken zu lesen – wer je versucht hat, die Gedanken lebender Menschen zu lesen, der ahnt, wie anspruchsvoll diese Aufgabe im Hinblick auf längst verstorbene sein muss.

Die Hauptkritik der Postprozessualisten galt dem Funktionalismus und dem Positivismus der »Prozessualen« oder »New Archaeology«. Menschen, so ihr Argument, reagierten nicht nur, sondern agierten. Ihr Handeln sei nicht nur Ergebnis externer Zwänge, vielmehr generiere ihr Handeln und Denken erst eine soziale Realität. Gegenstände und insbesondere Symbole würden eingesetzt, um diese Struktur zu festigen. Andererseits seien Handeln und Denken vom sozialen und politischen Umfeld beeinflusst. Folglich könnten

oben: Reliefs aus der Steinzeitmetropole Çatal Hüyük interpretierte man lange als gebärende Göttinnen – allerdings war deren Kopf immer zerstört. Eine Darstellung im über 2000 Jahre älteren Heiligtum vom Göbekli Tepe (s. oben) zeigt ein ähnliches Wesen mit Kopf – ein zähnefletschendes Reptil.

rechts: Die »Göttin auf dem Leopardenthron« aus Çatal Hüyük ist die beeindruckendste der »dicken Damen«, die für die eiszeitlichen Jäger Eurasiens und frühe Bauern des Orients typisch sind.

archäologische Funde nur in ihrem Kontext gedeutet werden. Aus dieser Kritik heraus entwickelten sich diverse Ansätze: von der interpretativen und kognitiven über die poststrukturalistische bis hin zur kontextuellen Archäologie.

Letzterer ist es ein besonderes Anliegen, Kulturen ganzheitlich zu sehen. Vertreter der kognitiven Archäologie beschäftigen sich hingegen mit den mentalen Kapazitäten früher Menschen. Aus Faustkeilen, Stadtplänen, Bestattungen und Kunstwerken leiten sie die Entwicklung der Kognition ab.

Universal gültige Gesetze, wie sie die New Archaeology propagierte, lehnen die Postprozessualisten ab. Zudem könne die Vergangenheit nie unabhängig von der Gegenwart gesehen werden, wie die Hauptvertreter Michael Shanks und Ian Hodder unterstreichen. Es scheint, als wollten Postprozessualisten in den letzten 25 Jahren alle philosophischen und sozialen Theorien der letzten hundert Jahre kondensieren und auf einen Schlag in die Archäologie übertragen: Heidegger wird ebenso ins Feld geführt wie Lacan, Derrida, Giddens und Bourdieu – eine Sinnsuche, die zu einer Flut theoretischer Ansätze geführt hat.

Verdienst der Postprozessualisten ist es, das Augenmerk auf das Individuum und auf ein Verstehen des (prä-)historischen Kontextes gelenkt zu haben. Ein Dilemma konnten aber auch sie nicht lösen. In allen Fällen erwiesen sich die Denkweisen, die in die Vergangenheit hinein interpretiert wurden, als Abbilder rezenten Denkens. Die Hauptforderung der Postprozessualisten, die Einzigartigkeit vergangener Kulturen zu verstehen, bleibt somit uneingelöst. Die Gedanken bleiben frei.

»Paläolithische Revolution« glauben sie nicht. Sie sind überzeugt, dass eine kontinuierliche Entwicklung von einfachen graphischen Zeichen zur figürlichen Kunst des Jungpaläolithikums stattgefunden hat.

Wie dem auch sei: Die Faszination der Eiszeitkunst ist ungebrochen, auch wenn wir nicht wissen, was sie für die Menschen damals bedeutete. Dieses Schicksal teilt sie mit buddhistischen Wandmalereien oder mittelalterlichen Heiligendarstellungen, die heute nur noch Spezialisten verstehen und die ohne schriftliche oder mündliche Überlieferung garantiert fehlgedeutet würden – etwa der Heiligenschein als goldener Kopfschmuck. Wie fern sind uns da erst das alte Amerika und die steinzeitliche Kunst?

Gräber, Götter und Bekehrte – Religion

»Als sich meine Augen ans Dunkel gewöhnten, traten ganz langsam Einzelheiten aus dem Nebel: Seltsame Tiere, Statuen und Gold – Gold wohin man blickte.«
Howard Carter, bei der Öffnung der Grabkammer Tutanchamuns, 1922

Strahlendes Gold

Für Howard Carter geht ein Traum in Erfüllung. Fünf Jahre hat er erfolglos im Tal der Könige gegraben, da stoßen seine Arbeiter Anfang November 1922 auf eine Treppenstufe. Drei Wochen später öffnet Carter das Grab Tutanchamuns. Er ist überwältigt. Die Beigaben in der Vorkammer geben einen Vorgeschmack auf das, was die Welt mit Spannung erwartet: Streitwagen, verzierte Truhen und Betten, der Thronsessel und Musikinstrumente. In der Schatzkammer drängen sich 30 Statuen, 18 Schiffsmodelle und vergoldete Kanopen – Gefäße für die königlichen Eingeweide. Wie eine Matrjoschka-Puppe ist Tutanchamuns Mumie in vier vergoldete Holzschreine, einen Quarzitsarkophag und drei Särge in Mumienform gepackt – der innerste aus purem Gold. Über Nacht wird ein Mythos geboren: »Tut«, wie die Presse den jungen Pharao kurzerhand nennt, ist bis heute der größte Medienstar der Archäologie.

Dabei vergisst man, dass im September desselben Jahres Leonard Woolley aufgebrochen war, um das biblische »Ur in Chaldäa« auszugraben. Die 4500 Jahre alten Schätze, die er in den frühdynastischen Königsgräbern fand, versetzten die Welt ebenso in Staunen wie die des Pharaos. Höhepunkt war das Grab der Puabi. Blätter und Blüten ihrer filigranen Goldhaube, ihr Umhang aus Edelsteinen, aber auch die Beigaben aus den anderen Gräbern wie die Leier mit dem goldenen Stierkopf, das Spielbrett und die »Standarte von Ur« wurden zu Symbolen der sumerischen Zivilisation.

Schattenseiten der Macht

Hier kommen aber auch die Schattenseiten der Macht ans Licht. 200 Untergebene mussten den Mächtigen von Ur in den Tod folgen. Die Ausgräber entdeckten sogar die Becher, aus denen die Opfer den letzten giftigen Schluck genommen haben sollen. Die Festgelage, als deren Gastgeber sich orientalische Potentaten der frühdynastischen Zeit gern darstellen ließen, bekommen einen bitteren Beigeschmack.

Die Aufzählung herausragender Gräber ließe sich beliebig verlängern: Da wäre das Grab des Gründers der Maya-Dynastie von Copán, das Archäologen im Urwald von Honduras entdeckten; der acht Meter hohe Hügel, unter dem gegen 1942 v. Chr. der frühbronzezeitliche »Fürst von Leubingen« in Thüringen mit seinem Goldschmuck bestattet wurde oder das Grab des Mannes, der vor 23.000 Jahren in Sungir, 200 Kilometer nordöstlich von Moskau beerdigt wurde. Er trug ein Gewand mit tausenden von Elfenbeinperlen. Allein die Beschreibung keltischer Grabhügel in Deutschland, etwa der Bestattungen vom Glauberg oder des Magdalenenbergs bei Villingen, würde Seiten füllen.

Damit bliebe kaum Platz für noch weit imposantere Grablegen wie die von Qin Shi Huangdi, des ersten Kaisers von China mit seiner Terrakotta-

2690–2670 v. Chr. wurde Pharao Djosers Stufenpyramide errichtet und im Lauf von 70 Jahren entwickelte sich die klassische Form. Mit den Pyramiden von Cheops, Chefren und Menkaure in Gizeh (ca. 2600–2510 v. Chr.) ist aber bereits der Höhepunkt der Pyramidenbaukunst erreicht.

armee, an der einst 700.000 Arbeiter geschuftet haben sollen. Auch der Inschriftentempel von Palenque, unter dem Alberto Ruz 1952 den 15 Tonnen schweren monolithischen Sarkophag des Mayaherrschers Pakal entdeckte sowie die über 4600 Jahre alte Stufenpyramide samt Tempelanlage des Pharao Djoser oder die Engelsburg in Rom als Mausoleum für Kaiser Hadrian und seine Nachfolger müssten unerwähnt bleiben.

Die Leier von Ur mit ihrem Stierkopf aus Gold und Lapislazuli ist ein herausragendes Objekt des Alten Orients. Allzu leicht vergisst man darüber die Vielzahl der Höflinge, die den Herrschern ins Grab folgen mussten – ein mörderischer Brauch, der aber auch im frühdynastischen Ägypten, in China und Peru gepflegt wurde.

Prunkbestattungen entführen aber nicht nur in die Welt von tausend und einem Goldschatz, sondern verraten viel über die damaligen Gesellschaften. Sie spiegeln das Verhältnis der Nachwelt zu den Herrschern und zeigen, wie sie noch nach dem Tod wahrgenommen werden wollten – oder wie die Nachwelt sie sah. Gräber sind immer Ergebnis einer Mischung aus sozialen, ideologischen, rituellen, emotionalen und praktischen Faktoren.

Monumente der Macht

Die riesigen Grabmonumente waren Landmarken, deren Bau die Mächtigen meist schon zu Lebzeiten in Auftrag gaben. Häufig wurden sie von Herrschern initiiert, die ein Reich etabliert hatten, und ein dauerhaftes Zeichen ihrer Macht setzen wollten. Auch Dolmen und andere megalithische Monumente wie Stonehenge können als solche Territorialmarker und identitätsstiftende Zentren interpretiert werden.

War etwa das Grabmal um so imposanter je fragiler das Fundament irdischer Macht war? Spiegelt die Bestattung ein Ideal statt der Realität? Auf solch eine simple Formel lässt sich die Deutung pompöser Grabstätten sicher nicht reduzieren. Die massivsten und aufwändigsten Gräber aller Zeiten, die ägyptischen Pyramiden, wurden gewiss nicht in einem instabilen Reich errichtet. Dennoch vermuten manche Archäologen, dass der Hügel über einem Grab Ausdruck eines instabilen Hierarchiegefüges sein könnte. Wem die irdische Macht fehlte, wollte diese wenigstens nach dem Tod demonstrieren.

Zeitliche Tiefe

Mit diesen Spekulationen zeigt sich, in welche Dimensionen sich Wissenschaftler seit der »postprozessualen Revolution« (s. S. 136/37) wieder vorwagen. Jahrzehnte begnügte man sich damit, Friedhöfe auf ihren chronologischen Aussagewert hin zu befragen.

Gegen Ende des 19. Jh. wurden erste horizontalstratigraphische Beobachtungen gemacht und nach dem Zweiten Weltkrieg galt diese Methode als chronologisches Wundermittel. Gräberfelder wurden auf die räumliche Abfolge ihrer Belegung hin untersucht, um damit eine relative Chronologie zu erstellen. Spätbronzezeitliche Urnenfelder wurden auf diese Art ebenso ausgewertet wie merowingerzeitliche Reihengräber. Hatte man in einzelnen Gräbern datierende Importe oder Münzen entdeckt, ließen sich die übrigen Gräber ungefähr zeitlich einordnen – unter einer Bedingung: Die Belegung des Gräberfeldes musste systematisch erfolgt sein.

Gräber sind eine der wichtigsten Stützen der Chronologie. Anders als Siedlungsschichten gelten sie als geschlossene Funde, da in einem Grab alle Objekte gleichzeitig deponiert wurden und meist gleich alt sind. Befunde aus dem antiken Griechenland mahnen jedoch zur Vorsicht. In Lefkandi auf Euböa wurde im 10. Jh. v. Chr. der Leichenbrand eines Mannes in einer zypriotischen Bronzeurne beigesetzt, die bereits 200 Jahre alt war. Und Lefkandi ist kein Einzelfall. Dank naturwissenschaftlicher Datierungsmethoden wie ^{14}C und Dendrochronologie bringen solche Erbstücke die Archäologen heute aber nicht mehr ins Schleudern.

Gräber als Personalakten

Knochen und Zähne sind für Anthropologen eine Personalakte, in der sie Geschlecht, Alter, Größe, Krankheiten, manchmal sogar Verwandtschaft und Todesursache ablesen können. Bis die christliche Kirche die Beigabensitte verbot, bekamen die Toten alles Mögliche mit ins Jenseits: Das konnten persönliche Objekte sein wie durchbohrte Tierzähne in jungsteinzeitlichen Kollektivgräbern, Chirurgenbesteck im Grab eines römischen Arztes oder Gürtelgehänge heidnischer Alamanninnen. Es konnten aber auch über 80 Gefäße sein wie im Grab einer Römerin aus Wehringen oder dutzende Goldobjekte wie in den neolithischen Gräbern von Varna. Manchmal wurden die Beigaben erst nach dem Tod angefertigt, meist weisen sie aber Gebrauchsspuren auf. Schmuck und Kleidung verraten Modestile. Speisebeigaben und Geschirr lassen auf Ess- und Trinkgewohnheiten schließen.

Gräber sind Kronzeugen vergangener Kulturen. Friedhöfe, wie sie in Mitteleuropa seit der Jungsteinzeit angelegt werden, erlauben es, Gesellschaftsmodelle zu entwickeln. Was bedeutet es, wenn ein vierjähriges Mädchen reicher bestattet wird als die meisten umliegenden Erwachsenen? So geschehen auf einem bandkeramischen Gräberfeld von Ensisheim im Elsass. Gab es schon vor 7000 Jahren vererbbare Hierarchien? Oft hängen die Beigaben von Alter und Geschlecht ab. So haben Frauen häufig Schmuck und Hausrat mit im Grab, Männer eher Waffen und Werkzeug.

Gelegentlich werden auch Männer mit weiblichen und Frauen mit männlichen Attributen bestattet. Altbabylonische Keilschrifttafeln liefern eine Erklärung: Die Toten mussten den Göttern der Unterwelt Geschenke mitbringen. Da es Göttinnen und Götter gab, benötigte der Tote Gaben für beide. Es kann aber auch sein – darauf hat die Genderforschung hingewiesen –, dass das biologische Geschlecht nicht mit dem sozialen Geschlecht (engl. gender) übereinstimmt. Nur anthropologische Untersuchungen können deshalb entscheiden, ob eine »archäologische Geschlechtsbestimmung« anhand der Beigaben richtig ist.

In manchen Zeiten zeigen die Bestattungen ein deutliches Hierarchiegefüge. Sehr reiche stehen neben sehr armen Gräbern. In anderen Phasen werden dagegen die Toten so bestattet, dass kaum Unterschiede der Besitzverhältnisse zu erkennen sind. Das betrifft die Jungsteinzeit mit ihren Kollektivgräbern, aber auch das Glockenbecher-Phänomen und die schnurkeramische Kultur, die im 3. Jt. v. Chr. weitgehend normierte Bestattungen durchsetzen. Ähnlich verhält es sich in der spätbronzezeitlichen Urnenfelderkultur. Besonders gilt diese Gleichheit nach dem Tode aber für die christlichen Gräber. Mit dem Verbot der Beigaben geht eine der wichtigsten Quellen für Archäologen verloren, die bis dahin verblüffende Einblicke in die Vorzeit gewährt haben.

Silber verzierte Gürtelbeschläge waren bei den Alamannen nicht nur Merkmal der Männerkleidung, sondern auch äußerst begehrt. So entdeckten Archäologen auf dem Friedhof von Lauchheim im Grab eines Mannes einen Gürtelbeschlag, den er aus einem älteren Grab geraubt hatte.

Je größer die Gräberfelder, um so vielfältiger sind die Informationen. Die größte alamannische Nekropole liegt bei Lauchheim. 1308 Gräber haben Ingo Stork und sein Team freigelegt. Sie erlauben es, die Geschichte eines Dorfes aus der Zeit der Christianisierung nachzuzeichnen. Im heidnischen

7. Jh. positionierte man ausgewählte Tote an exponierten Stellen im Reihengräberfeld. Gegen Ende des Jahrhunderts bestatten dann aber manche Bauern ihre Toten in den Gehöften. Sicher zum Ärger der neuen fränkischen Herren, die eine Grablege bei den christlichen Gotteshäusern forderten. Warum prangten ausgerechnet auf den Toten, die bei ihren Höfen bestattet wurden, Goldblattkreuze nach langobardischem Vorbild? Der religiöse Zwist bleibt rätselhaft.

... und schufen die Götter nach ihrem Bilde

Anders als in unserer säkularen Welt war Religion früher Teil des Alltags. Häufig ist der Götterhimmel ein Spiegel irdischer Ordnung, manchmal so-

Wie kein anderes Objekt ist der Parthenon der Athener Akropolis Symbol für die griechische Klassik; er ist aber auch Mahnmal für Plünderung und Zerstörung des antiken Erbes sowie für desaströse frühe Ausgrabungen und Restaurierungen. Anfang des 19. Jh. ließ Lord Elgin etliche Giebelfiguren nach London verschiffen.

STERBEN FÜR DIE GÖTTER

Die allmächtigen Götter verlangen nach Blut damit die Ordnung auf der Welt wieder hergestellt, damit Unglück von der Stadt, dem Clan, der Familie abgewendet wird – und was gibt es wertvolleres als Menschenblut. Am extremsten haben das die Maya und später die Azteken ausgedeutet. Sie glaubten, dass nur die Blutopfer ihrer Oberschicht – sie stachen sich Dornen in sämtliche vorstehenden Körperteile von der Zunge abwärts – und regelmäßige Menschenopfer den Kreislauf des Lebens am Laufen halten könnten. Symbol dieses Kreislaufs war die sich häutende Schlange. Zu den aztekischen Göttern des Lebens gehörte Xipe Totec. Er ist mit der abgezogenen Haut eines Menschenopfers bekleidet. Vermutlich wurden die Steinskulpturen dieses Gottes bei Feierlichkeiten wirklich mit frischen Menschenhäuten behängt.

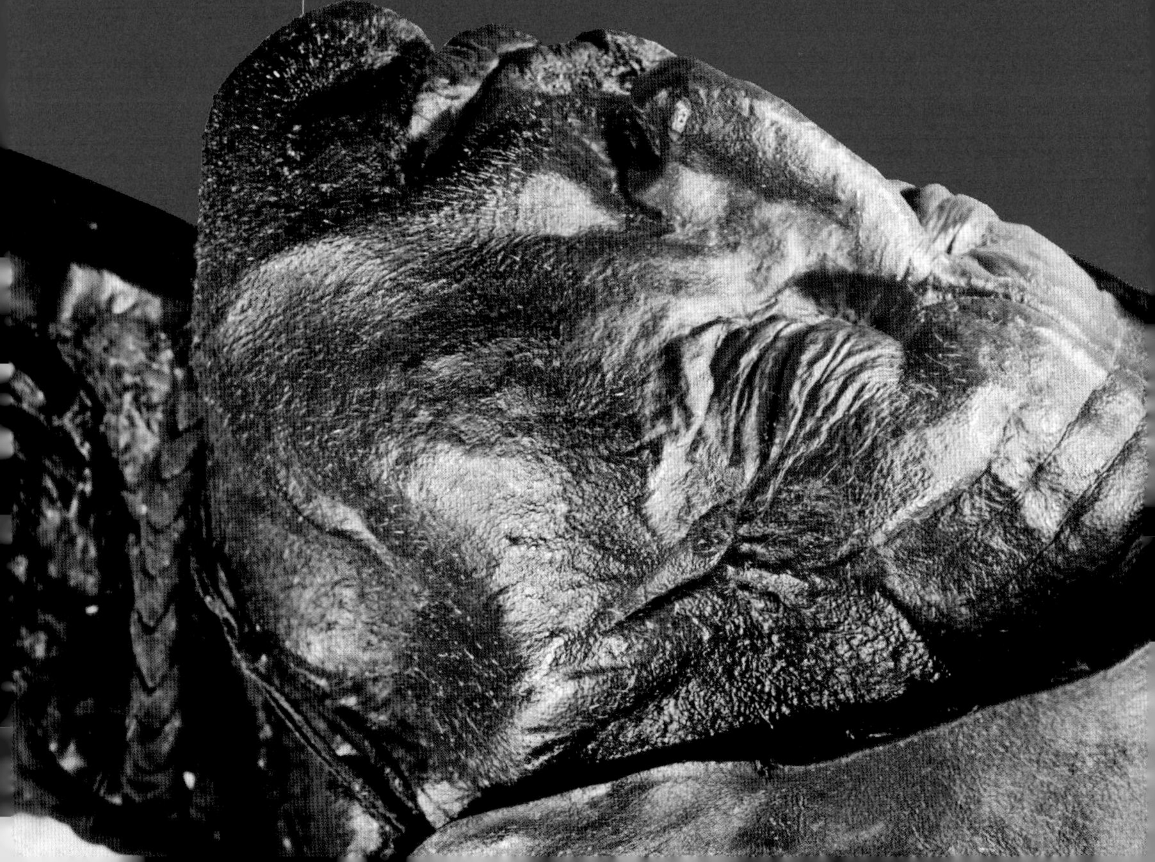

Noch bis weit ins 1. Jt. v. Chr. waren auch rund ums Mittelmeer Menschenopfer üblich. Die Bibel berichtet davon und den Phönikern warfen alle ihre Nachbarn vor, Kinder zu opfern. Das mag Verleumdung sein, doch einige archäologische Befunde lassen sich tatsächlich so deuten. Selbst auf griechischen Vasen ist detailliert dargestellt wie Polyxena, Tochter des troianischen Königs Priamos, auf dem Grab des Achill geopfert wird. In Rom wurden Menschenopfer erst 96 v. Chr. verboten. Die Griechen, die man zu bestimmten Anlässen im Tiber ertränkt hatte, wurden jetzt durch Figuren ersetzt. Griechen und Römer berichten von zahlreichen Menschen- und Tieropfern bei Kelten und Germanen. Bevorzugt nahmen die »Barbaren« dafür Sklaven, Kriminelle und Kriegsgefangene. Menschen für die Opferzeremonien zu erbeuten, war in Mittelamerika einer der wichtigsten Gründe für Kriegszüge. In der Alten Welt ersetzte man Menschen- allmählich durch Tieropfer. Das berühmteste Beispiel ist der Widder, den Abraham an Stelle seines Sohnes Isaak opfern durfte. So ist auch das heute zur Racheformel verkommene »Auge um Auge, Zahn um Zahn« ursprünglich eine erlösende Opferformel: Ein Tierauge für ein Menschenauge, ein Tierzahn für einen Menschenzahn.

links: Nur mit einer Lederkappe bekleidet lag der Tote im Moor, die Stirn in Falten, die Augen geschlossen. Moorleichen wie der eisenzeitliche Tollund-Mann aus Dänemark sind hervorragend konserviert, da sich im säurehaltigen Moor Haut und Haare perfekt erhalten. Viele von ihnen sind keines natürlichen Todes gestorben.

oben: Xipe Totec, aztekischer Gott des Lebens, verlangte nach Menschenopfern, mit deren Häuten er bekleidet wurde. Die sich häutende Schlange, die den Azteken auch als Symbol des Lebens galt, ist da doch sympathischer.

gar Abbild menschlicher Schwächen. Was heute nur noch für die Queen gilt, war damals üblich: Herrscher waren zugleich Oberhaupt der Kirche oder erklärten sich selbst zu Göttern. In Mesopotamien feierte der König die Heilige Hochzeit mit der Göttin Ischtar, zelebrierte den Fruchtbarkeitskult und unterstrich damit seine göttliche Abkunft. In Rom schufen sich die Herrscher einen eigenen Kult, den Kaiserkult.

Die Götter störte das kaum. Einer mehr oder weniger, darauf kam es nicht an. Überhaupt war man sehr kulant mit ihrer Anzahl. Meist duldeten die Eroberer, dass die unterjochen Völker ihre Götter weiter verehrten. Nicht umsonst hießen die Hethiter »Volk der tausend Götter« und im römischen Reich gewann bald so mancher Provinzgott- oder -kult im ganzen Imperium Anhänger.

Griechen und Römer glaubten an Götter in Menschengestalt, die sich auch sonst recht »menschlich« verhielten, allen voran Weltenlenker und Weiberheld Zeus bei den Griechen. Bei beiden gab es neben den Hauptgöttern Zeus/Jupiter, Hera/Juno und Athena/Minerva für alles und jeden eine Göttin oder einen Gott. Eine der Stärken des römischen Imperiums war seine religiöse Toleranz. Sie endete jedoch, als das Christentum Staatsreligion wurde. Wie andere monotheistische Religionen hatte es einen Alleinvertretungsanspruch. Schon der Verfechter der ersten monotheistischen Religion, Pharao Echnaton, verbot – erfolglos – alle anderen Kulte außer den der Sonne.

Aber nicht erst Christen und Moslems instrumentalisierten ihren Gott. Bereits im Alten Orient mordete man im Namen der Götter und nichts anderes als die verletzten Eitelkeiten zweier griechischer Göttinnen, Hera und Athene, lieferten eine Begründung für den Troianischen Krieg. Doch während der troianische Schönling Paris – so der Mythos – von Athena schnurstracks vom Schlachtfeld ins Gemach seiner Geliebten expediert wird, sah die Realität weniger angenehm aus. Manch ein religiöser Kämpfer wartete vergeblich auf seine Göttin und seine Geliebte auf ihn.

Opferkult

Für die Gunst der Götter wurden nicht nur wertvollste Schätze geopfert, sondern auch das Leben von Mensch und Tier. Von der finanziellen Ausbeutung im Namen der Götter und der weltlichen Macht der Priester soll hier erst gar nicht die Rede sein, auch nicht von finanzschwachen Kaisern, die ihre Feldzüge mit Opfergaben finanzierten oder vom Delphi-Syndikat und dessen Priestern, die die Stammeleien der Pythia interpretierten und so »Weltpolitik« machten.

Warum die Kelten manche Menschen von hinten erschlugen und in einer Kiste vergruben, werden wir wohl nie erfahren. War es ein Opferritus, die Exekution von Straftätern oder die Angst vor gefährlichen Toten, die wiederkehren könnten?

In den antiken Heiligtümern opferten wohlhabende Familien unermessliche Schätze, um ihren Reichtum zu demonstrieren. Doch ihre Gaben verblassen gegen die vor- und frühgeschichtlichen Opferfunde, die Archäologen aus Flüssen, Quellen, Seen und Mooren fischen. Waffen und Schmuck wurden von der Bronzezeit bis ins frühe Mittelalter im Wasser versenkt (s. S. 144). Im antiken Olympia wurden am Altar des Zeus täglich Tieropfer dargebracht. Asche, Knochengrus, Fett- und Blutreste türmten

TUTANCHAMUNS FLUCH UND ÖTZIS RACHE

Kurz nach der Öffnung des Grabes von Tutanchamun starb Lord Carnavon, Geldgeber der Ausgrabungen, an den Folgen eines Insektenstiches. Die Meldungen überschlugen sich: Der Fluch des Pharao! Die Rache des Tut! Jeder Tod eines weiteren Grabungsteilnehmers galt ab da als Bestätigung des Fluchs und seit 1991 Ötzi entdeckt wurde, wartete die Gemeinde der Fluch-Gläubigen geradezu auf Tote. Und es gab sie.

1992 starb der Gerichtsmediziner Rainer Henn, der an der Bergung beteiligt war, 1993 der Bergführer Kurt Fritz, der die Mumie abtransportiert hatte. 2004 folgten Rainer Hölzl, der die Ötzi-Bergung gefilmt hatte und der Mumien-Entdecker Helmut Simon. 2005 waren es die Innsbrucker Professoren Konrad Spindler und Friedrich Tiefenbrunner. Legte der Fluch zwischen 1993 und 2004 eine Pause ein?

Ähnlich schwach wirkten die Verwünschungen Tutanchamuns: Die unmittelbar an der Öffnung beteiligten 22 Ausländer überlebten den »Fluch« im Schnitt um 23 Jahre. Sie starben mit durchschnittlich 73 Jahren, was damals mehr war, als die meisten ihrer Jahrgänge und ihrer sozialen Stellung erreichten.

Auch bei Ötzi sieht es kaum anders aus: Wenn in den 14 Jahren nach seiner Entdeckung sechs daran Beteiligte sterben, teils bei Unfällen, teils an Krebs, teils an Operationsfolgen, dann ist das zwar in jedem Einzelfall tragisch, es ist aber leider normal. Überspitzt formuliert: Alle, die Goethe einmal die Hand gegeben haben, sind tot. Gibt es also einen Fluch Goethes?

Dennoch bleibt ein Unbehagen. Ein solcher Umgang mit Toten widerspricht unserer Tradition. Während die Kelten die Köpfe ihrer Feinde stolz Besuchern präsentierten, in anderen Kulturen die Toten regelmäßig ausgegraben und neu bestattet werden oder sie geräuchert unter dem Dach hängen, gilt bei Christen, Moslems und Juden die Störung der Totenruhe als einer der größten Frevel. Das Unbehagen daran sucht sich in solchen Legenden über Flüche ein Ventil.

Und tatsächlich: Wenn man im grell ausgeleuchteten Eck des Museumssaals auf Fußbodenhöhe ein zusammengekauertes Skelett sieht, überlegt man sich auch als Archäologe, ob das eine Art ist, mit seinen Ahnen umzugehen, selbst wenn das Publikum gewiss das Recht hat zu wissen, wie eine fast 5000 Jahre alte »Hockerbestattung der Schnurkeramik« aussieht.

Denn die Inschrift auf Shakespeares Grabstein ist doch etwas beunruhigend: »Gesegnet sei der Mensch, der diesen Stein verschont, verflucht sei der, der meine Knochen holt«, beruhigend dagegen die Aussage eines Pfarrers nach Ausgrabungen in seiner Kirche:»Nehmen sie die Knochen ruhig mit. Bei der Auferstehung kommt sowieso alles wieder zusammen, ganz gleich ob aus dem Bauch eines Haifischs oder den Magazinen des Denkmalamts.«

Wirkungslos prallte der Fluch des Pharao an diesen englischen Gentlemen ab – falls es ihn je gegeben hat. Howard Carter und seine Mitarbeiter wurden im Schnitt sogar etwas älter als ihnen die Statistik zugebilligt hätte.

sich mehrere Meter hoch. Aus den Alpen kennt man ähnliche Ascheberge von vorgeschichtlichen Brandopferplätzen. Einer der landschaftlich spektakulärsten liegt auf dem Schlern in Südtirol auf 2500 Metern Höhe.

Apoll und Aphrodite

Ohne schriftliche Quellen wären Apoll und Aphrodite namenlos und wir wüssten die Symbole der Götter kaum zu interpretieren. Zwar könnten wir Rituale nachzeichnen und Tempel rekonstruieren. Aber die genauen Inhalte des Glaubens blieben uns verschlossen.

Was bedeuteten die altsteinzeitlichen Frauenfigürchen aus Gagat? Symbolisierten sie das Gleiche wie die »Fruchtbarkeitsgöttinnen« des Neolithikums oder entsprachen sie gar der griechischen Göttin Demeter? So weit will kein Archäologe gehen. Einig ist man sich aber darin, Frauenfiguren als Symbole der Fruchtbarkeit und nicht als solche von Macht und Herrschaft zu interpretieren. Ganz rätselhaft sind schließlich fast lebensgroße neolithische Figuren aus einer Grube von Ain Ghazal in Jordanien. Waren es Götter oder Ahnen?

Die Gebete und Gesänge der prähistorischen Gläubigen sind verhallt. Deshalb wissen wir nicht, ob sie den Verstorbenen oder mythischen Wesen galten. Glaubten die Menschen an ein Leben im Jenseits oder an die Reinkarnation? Mit der Sesshaftigkeit wird für Archäologen im Vorderen Orient ein Ahnenkult greifbar. Die Toten wurden unter den Fußböden der Häuser bestattet. Die Schädel ausgewählter Verstorbener trennten die Steinzeitler vom restlichen Skelett und überzogen sie mit Lehm und Gips. In die Augenhöhlen setzten sie Muscheln ein. Wandgemälde aus der steinzeitlichen Siedlung von Çatal Hüyük liefern weitere Indizien zum frühen Totenkult: Kopflose Skelette werden von riesigen Vögeln bedroht. Hatte man nur die Schädel der Toten aufbewahrt und die Körper den Geiern zum Fraß vorgeworfen? Das zumindest taten 7000 Jahre später die Moche von Sipán in Nordperu. Die Leichen derjenigen Frauen, die sie nach dem Tod ihres Herrschers geopfert hatten, legten sie auf dem Tempel aus, damit die heiligen Geier sie vor der Bestattung entfleischten.

Je mehr die Archäologie in allen Ländern dieser Erde die Vergangenheit erforscht, um so deutlicher wird, dass es eine Vielzahl an religiösen Vorstellungen gab. Religion kann sich, genau wie andere Informationen oder Kenntnisse rasch verbreiten. Und wenn man symbolgeladene Glockenbecher aus dem 3. Jt. v. Chr. von Spanien bis Polen findet oder Zeugnisse des ägyptischen Isiskultes am Oberrhein, merkt man, wie klein die Welt auch schon vor Jahrtausenden war.

Fernkontakte

Phönizier in Mexiko, Wikinger in Minnesota, Ägypter in Australien. Die populäre Vorzeit ist voll von solchen Geschichten. Doch bei näherer Überprüfung stellen viele sich als Phantasie, als Fälschungen oder Wackelkandidaten (wie der Runenstein aus Kensington in Minnesota) oder als moderne Importe heraus (phönikische Funde in Mexiko).

Dabei ist die Realität, sind die belegbaren Fernkontakte spannend genug. Im wissenschaftlichen Halbdunkel liegen japanische Einflüsse auf amerikanische Nordwestküsten-Indianer. Dass sie technisch möglich waren, zeigt das Schicksal der Hojun-maru, eines mit Reis beladenen Schiffes, das, nach einem Sturm manövrierunfähig, im Oktober 1833 vor Japan abgetrieben wurde und im Frühjahr 1834, nach über 8000 Kilometern im US-Bundesstaat Washington strandete. Die drei Überlebenden wurden von Indianern versklavt, später aber von Europäern befreit und nach England gebracht – ein Land, das schon vor über 3000 Jahren Fernkontakte pflegte.

Die Buddha-Statuette des 5. oder 6. Jh. aus Helgö nahe Stockholm zeigt, dass die Welt selbst im finstersten Mittelalter kleiner war, als lange vermutet. Der Ostseeraum pflegte intensive Verbindungen in Richtung Schwarzes und Kaspisches Meer. Wikinger und Slawen waren im 10. Jh. auf dem Weg in die islamische Wirtschaftsgemeinschaft.

Auf den abgelegenen Hebriden mumifizierten damals die Bronzezeitler ihre Toten, vielleicht inspiriert vom Land am Nil. Gleichzeitig thronten in Dänemark Herren auf Klapphockern und taten es damit den alten Ägyptern gleich. Kontakte zwischen Ägypten und Nordwesteuropa sind aber nur indirekt nachweisbar. Dagegen lassen sich Handelsbeziehungen vom Niltal weit nach Osten eindeutig belegen. Bevor der afghanische Lapislazuli in Tutanchamuns Maske eingelegt wurde, hatte er rund 4000 km zurückgelegt und der Pfeffer, der schon Ramses' Speisen würzte, kam fast vom anderen Ende der Welt.

Vom Rand der bekannten Welt kam auch die Delegation, die 44. n. Chr. am Hof von Kaiser Claudius in Rom eintraf. Es waren buddhistische Mönche aus Sri Lanka, die über 10.000 km zurückgelegt hatten, um direkte Handelsbeziehungen zu etablieren. Und tatsächlich segelten schon bald über 100 Schiffe jährlich von der römischen Provinz Ägypten nach Sri Lanka und nach Südindien, wo im antiken Muziris in Kerala sogar ein Tempel für den römischen Kaiserkult errichtet wurde – ein sicherer Beleg dafür, dass hier dauerhaft Römer lebten. Selbst auf den Malediven hat man römische Münzen gefunden. Nicht nur Seide, Düfte und Gewürze importierte Rom, sogar indische Elefanten für den Zirkus sollen auf dem Subkontinent mit römischen Goldmünzen bezahlt worden sein.

Einer der wichtigsten Umschlagplätze war das Königreich Ruhuna in Sri Lanka. Importe aus China (Seide) und Indonesien (Pfeffer) wurden nach Rom exportiert, römische und chinesische Kaufleute trafen hier zusammen. Dennoch ist es erstaunlich, dass einer der größten Münzschätze der Antike ausgerechnet in dieser Region gefunden wurde: 1980 wurden im südlichen Sri Lanka nahe Tissamaharama 70.000 römische Münzen aus der Zeit um 400 n. Chr. entdeckt.

Buddha bei den Wikingern

Selbst im vermeintlich finsteren Mittelalter rissen die Kontakte nicht ab. Im Juli 1954 stießen Archäologen in der Wikingersiedlung Helgö, eine Insel im schwedischen Mälarsee, auf eine 8,4 cm hohe Buddha-Statuette aus Nordindien. Beleg für einen frühen Aussteiger? Wohl eher ein besonders exotischer Talisman, der entweder über den Indischen Ozean und das Mittelmeer oder via Kaspisches Meer und Wolga nach Mittelschweden gelang-

Die reichen Elfenbeinschnitzereien, die ostsibirische Völker ihren Toten mit ins Grab gaben, sind heute auf dem Kunstmarkt heiß begehrt.

te. Die Nordmänner segelten aber nicht nur gen Osten, auch ihre Amerikafahrten sind inzwischen durch Siedlungsgrundrisse nachgewiesen, die bei Ausgrabungen in L'Anse aux Meadows an der kanadischen Küste zu Tage kamen.

Der Fernhandel blühte auch in diesen Zeiten. Schnitzereien aus Walrosselfenbein in deutschen Kirchen zeugen davon. Auf dem Indischen Ozean hatten arabische Händler die Römer beerbt. Bei ihrer Suche nach Elfenbein, Gold und Sklaven bauten sie Kontakte ins Innere Afrikas auf, Handelsrouten, auf denen viel später die europäischen »Entdecker« unterwegs waren.

Der wichtigste Zwischenhändler für Südafrika war das Reich von Zimbabwe. Über Herkunft und Alter seiner mächtigen Mauern wurde schon viel spekuliert. Das Resultat der archäologischen Ausgrabungen war ernüchternd eindeutig: Weder König Salomo noch die Königin von Saba hatte Zimbabwe errichtet. Es waren einheimische Shona-Könige, die hier im 14. Jahrhundert residierten. Beleg dafür war chinesisches Porzellan aus dem 13./14. Jh. n. Chr, das unter den Mauerfundamenten ausgegraben wurde.

Die Meere waren in allen vorgeschichtlichen Epochen die wichtigsten Verkehrswege für Fernkontakte, doch auch zu Lande spielten die Entfernungen kaum eine Rolle. Vor allem die Eurasischen Steppen zwischen Ungarn und Korea waren eine »Rennbahn« für diejenigen, die zu reiten verstanden. Seit Jahrtausenden werden die verschiedenen »Seidenstraßen« begangen.

20.000 Meilen auf dem Meer 596 v. Chr. gab Pharao Necho phönikischen Seeleuten den Auftrag, Afrika zu umrunden. Sie segelten im Roten Meer los und kamen nach drei Jahren via Gibraltar zurück. Was Herodot für eine Lüge hielt, gilt heute als Beleg dafür, dass sie tatsächlich den Kontinent umrundet hatten: Im Süden Afrikas hatten sie die Sonne im Norden gesehen.

Archäologie am Ende der Welt

Viele Regionen liegen heute weit abseits der großen Verkehrswege. Wo aber ist das Ende der Welt? Ist es die Tschuktschen-Halbinsel in Nordostsibirien, ist es da, wo der Sahel in die wasserlose Sahara übergeht oder sind es die Nebelwälder an den Osthängen der Anden? Überall dort sind Archäologen unterwegs, überall finden sie Reste vergangener Kulturen – und überall waren die Plünderer und Raubgräber schon vor ihnen da.

Archäologie in diesen Regionen ist oft wirklich der »Vorstoß ins Unbekannte«, das Abenteuer, zu dem die Archäologie oft stilisiert wird. Es sind Gebiete, hunderte oder tausende von Quadratkilometern groß, deren Vorgeschichte vollkommen im Dunkeln liegt. In Ausnahmefällen existieren ältere Fundberichte, häufig von Forschern, die hier noch in der Kolonialzeit tätig waren. Meist müssen die Archäologen aber ganz von vorne anfangen, so im Norden des Togo, im Tiefland Boliviens und auch im Königreich Mustang, einer abgeschlossenen nepalesischen Region nördlich des Himalaya-Hauptkamms. Schritt für Schritt tasten sie sich in die Vergangenheit vor, vergleichen Schichten und Scherben und erstellen ein typo-chronologisches Gerüst.

Nur selten helfen ihnen dabei uralte Traditionen, die noch in der Gegenwart gepflegt werden. So frischen die Aborigines in Australien manche der Felsbilder im Zuge von Riten wieder auf. Bei der Deutung dieser oder ähn-

Der Gundestrup-Kessel aus einem Moor im urgermanischen Dänemark weist zahlreiche keltische Motive auf, etwa die Carnyx genannten Kriegstrompeten oder den Halsring des Hirschgottes. Weder Kelten noch Germanen haben den Silberkessel aber gefertigt. Archäologen vermuten den Herstellungsort in Thrakien (Bulgarien).

licher Bilder kann also das gelingen, was Lewis Binford den »direct historical approach« nannte: die Deutung einer archäologisch erforschten Vergangenheit mit Hilfe der direkten Nachfolger dieser Kulturen.

Diese Methode wird auch im Südwesten der USA erfolgreich angewandt. Hier sind die Pueblo-Indianer – auch in ihrem Selbstbild – Nachkommen der »Anasazi«, die ihre Pueblos vor rund 800 Jahren verließen. Kein Wunder also, dass sich die Pueblo-Indianer dagegen wehren, ihre Ahnen seien Kannibalen gewesen (s. S. 76/77).

Lebende Vorzeit? – Anthropologie – Ethnologie – Urgeschichte

»Die Bevölkerungen Frankreichs, Deutschlands und anderer nördlicher Länder sind – vor der Entdeckung des Eisens – den Wilden von heute ganz ähnlich«.

Einen solchen Vergleich würde heute niemand mehr wagen. 1723, als Antoine de Jussieu ihn formulierte, war seine Argumentation jedoch innovativ. Immer häufiger gelangten damals ethnographische Beschreibungen nach Europa, eine willkommene Erkenntnisquelle für die Antiquare. Jussieu bemühte Beispiele aus Kanada und der Karibik, um zu beweisen,

WER WAR ZUERST DA?

Amerikas Erstbesiedlung schien eindeutig geklärt. Bis vor 11.500 (alle Daten unkalibriert) Jahren, so die anerkannte These, hinderte ein mächtiger Eisschild die sibirischen Mammutjäger daran, via Alaska, das über eine Landbrücke mit Sibirien verbunden war, nach Süden vorzudringen. Erst nach dem Ende der Eiszeit wanderten Großwildjäger durch den eisfreien Korridor zwischen Rocky Mountains und Hudson Bay gen Süden.
Hier fanden sie paradiesische Bedingungen vor, vermehrten sich rasend schnell und bevölkerten wenige Jahrhunderte später den ganzen Doppelkontinent bis hinab nach Feuerland. Dabei rotteten sie alle einheimischen Großtiere aus. Die typischen Feuerstein-Spitzen ihrer Jagdwaffen – die »Clovis-Spitzen« – entdeckten Archäologen an vielen Jagd- und Schlachtplätzen. Daher ist die These einer Einwanderung durch den eisfreien Korridor als Clovis-Modell bekannt.
Dieses Modell ist unbestritten. Manche Glaziologen datieren allerdings die Öffnung des Eiskorridors erst auf 9500 BP und einige Archäologen sind überzeugt, dass es eine Prä-Clovis Präsenz des Menschen gibt. Anlass sind mehrere Fundstellen, die entweder unter Clovis-Schichten – häufig zweifelhaft – ältere Steinwerkzeuge geliefert haben oder die nach ^{14}C-Messungen etwa 1000 Jahre älter als »Clovis« sind. Dazu gehört die Fundstelle Monte Verde in Chile, deren Datierung mittlerweile angezweifelt wird – seltsamerweise erst seit die Reste der Fundstelle abgebaggert sind, eine Nachprüfung also unmöglich ist.
Weitere Indizien erhärten jedoch den Verdacht einer früheren Einwanderung. Mehrere Schädel, darunter der viel diskutierte »Kennewick Man« aus dem Bundesstaat Washington oder »Luzia« aus Brasilien weisen »unindianische« Merkmale auf. »Kennewick Man« rekonstruierten Anthropologen anfangs als kaukasoid, sprich weiß, Luzia als wulstlippig, sprich schwarz. Dennoch darf man weder eine vorindianische Einwanderung aus Europa noch eine aus Afrika annehmen, obwohl weiße und schwarze Rassisten genau das lautstark vertreten, denn beide Schädel zeigen vor allem Ähnlichkeiten mit Südostasiaten und mit Ainu, den Ureinwohnern Nordjapans.
Von hier aus mögen zwischen 14.600 und 13.000 vor heute, als überwiegend warmzeitliche Verhältnisse herrschten, wagemutige Widbeuter entlang den bereits eisfreien nordpazifischen Inseln nach Amerika gerudert sein.
Ergänzend zum Clovis-Modell ist also denkbar, dass etwa 3000 Jahre vor »Clovis« ostasiatische Küstenbewohner nach Amerika einwanderten, dann aber ab 11.500 BP von einer Flut sibirischer Großwildjäger weitgehend absorbiert wurden. Falls der Eiskorridor sich aber tatsächlich erst 9500 BP öffnete, wäre die Küstenroute auch für die Clovis-Leute der einzige Weg gewesen. Die Diskussion bleibt spannend.

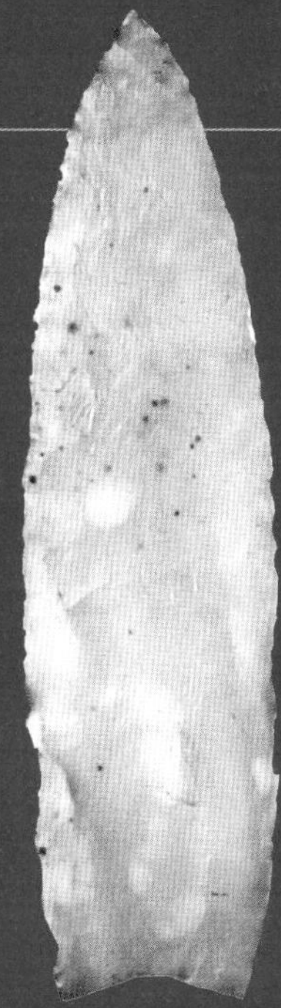

Garantiert tödlich: An einer Lanzen- oder Speerspitze befestigt, durchdrangen die Clovis-Spitzen der steinzeitlichen Ureinwohner Amerikas Haut und Knochen. Alle amerikanischen Großtiere wurden mit diesen Waffen ausgerottet.

dass die vermeintlichen Donnerkeile in Wirklichkeit prähistorische Steinbeile waren.

Im 19. Jh. galten Ethnologie, Anthropologie und Urgeschichte als Einheit. Ergebnisse der Völkerkunde wurden ebenso bedenkenlos wie unsystematisch auf die Urgeschichte übertragen, die »Primitivität« der »unterlegenen Rassen« durch die Gleichsetzung mit Frühmenschen untermauert und ungeniert als Legitimation der Kolonisation missbraucht.

Drei Stufen

Das einflussreichste ethnologische Modell für die Archäologie war das dreiphasige Entwicklungsschema von Lewis Henry Morgan. Alle Gesellschaften, so schrieb er 1877 in seinem Hauptwerk »Ancient Society«, müssten drei Stufen durchlaufen: zuerst die der Wildheit mit Jagd und Sammeln wilder Pflanzen; als zweites die Barbarei mit Keramik, Ackerbau und Viehhaltung und schließlich die Zivilisation mit Städten und Schrift. Morgans Schema klang so plausibel, dass Archäologen es gern übernahmen. In den 1960er Jahren wurde es von Neoevolutionisten in abgeänderter Form sogar wieder aufgegriffen.

Mit dem Kulturrelativismus war es jedoch Anfang des 20. Jh. in die Kritik geraten. Jede Kultur galt jetzt als einzigartig. Modelle mit Universalanspruch waren out. Für Archäologen brachen die ethnographischen Vergleichsmöglichkeiten weg. Spätestens 1933 war es in Deutschland ohnehin nicht mehr opportun, die »lichtbringenden« Urgermanen mit »primitiven« Asiaten, Indianern oder Afrikanern auf eine Stufe zu stellen.

Nach dem Missbrauch der archäologischen Forschung im Dritten Reich zogen sich speziell deutsche Archäologen auf Typologie und Chronologie zurück. Sie klammerten zentrale Fragen wie Religion und Gesellschaftsstruktur in der Vorgeschichte weitgehend aus. Für populäre Darstellungen bediente man sich aber weiterhin unreflektiert der Vorstellungen aus dem 19. Jh., denn die Archäologie braucht für die Deutung ihrer Funde immer ein Referenzsystem, sei es aus der Völker- oder Volkskunde, der Geschichtsschreibung oder der experimentellen Archäologie.

Dennoch etablierte sich die Erforschung ethnographischer Analogien als eigener Forschungszweig – abgesehen von einigen Pionieren – erst in den späten 1960er Jahren mit der New Archaeology. Lewis Binford plädierte für einen systematischen Vergleich, um aus der toten Materie eine lebendige Vorzeit entstehen zu lassen. Mit Hilfe der Middle Range Theory (MRT) sollte eine Art Handbuch erstellt werden, um archäologische Befunde interpretieren zu können. Ebenso sollten neue Hypothesen und Fragestellun-

In den Anfängen der Ethnoarchäologie in den 1960er Jahren galt das Interesse hauptsächlich den materiellen Hinterlassenschaften heutiger Jäger und Sammler. Ihre Wohnplätze wurden untersucht, um zu dokumentieren, was davon übrig blieb, nachdem sie verlassen wurden. Heute haben sich ethnoarchäologische Vergleiche sogar auf Kunst und Religion ausgeweitet.

gen aus den beobachteten Regelhaftigkeiten abgeleitet werden. Binfords deduktive Methode baute auf ethnologischen Modellen auf. Analog zu den Naturwissenschaften wollte er auch im menschlichen Handeln universal gültige Gesetze finden. Diese sollten – aus der Gegenwart abgeleitet – auf die Deutung archäologischer Befunde anwendbar sein. Selbst wenn dieser Anspruch nie vollständig eingelöst werden konnte, gehört seit seinen Forschungen bei den Eskimo die Ethnologie wieder zum Fundus archäologischer Erklärung.

Pfahlbaubilder Mitte des 19. Jh. ist der ethnographische Vergleich so anerkannt, dass der Schweizer Archäologe Gottfried Keller vorgibt, die Schweizer Pfahlbauten nach Vorbildern aus Neuguinea zu illustrieren, obwohl seine Rekonstruktionen im wesentlichen auf Herodots Beschreibungen antiker Pfahlbauten im Prasias-See in Nordgriechenland beruhen.

Ethnoarchäologie

Rasch wurde klar, dass Archäologen andere Fragen stellen als Ethnologen. Deshalb betreiben erstere seit den 1960er Jahren eigene Feldforschungen: Die Ethnoarchäologie war geboren. Ihr Ziel ist es, Handlungsmuster zu erkennen und herauszufinden, wie diese sich im archäologischen Material widerspiegeln. Akribisch protokollierten Archäologen vor allem Herstellungsprozesse und Gebrauch von Keramik, Geräten und Schmuck. Sie dokumentierten Handelsnetze, Ernährungs-, Siedlungs- und Abfallverhalten in traditionellen Gesellschaften. Besonderes Augenmerk legten sie auf taphonomische Prozesse: Wie schnell zerfallen Häuser? Was passiert mit einem kaputten Tontopf? Wie sieht ein verlassenes Jägerlager nach einem Winter aus?

Einer der ersten, der die Beobachtungen der materiellen Kultur – und besonders der *chaîne opératoire*, der Herstellungsprozesse – auf den gesellschaftlichen Bereich erweiterte, war der französische Archäologe Pierre Lemonnier. Im Laufe der 1980er Jahre dehnten Forscher wie Ian Hodder, Pierre Pétrequin oder Alain Gallay das Forschungsfeld immer weiter aus. Sie untersuchten soziale Beziehungen und das wechselseitige Verhältnis zwischen gesellschaftlichen Strukturen, der Handlungspraxis und der materiellen Kultur. Benutzen Menschen Schmuck, Waffen oder Keramikformen als Symbole, um eine Gruppenzugehörigkeit zu manifestieren? »Symbols in action«, so der Titel von Hodders Buch über seine Untersuchungen am Baringo-See in Kenia, war Programm.

Was steckt dahinter?

Je weiter Archäologen sich jedoch von der funktionalen Deutung eines Objektes entfernen, um so vielfältiger werden die Möglichkeiten der Interpretation: Die Funktion eines Steinbeils lässt sich durch den aktualistischen Vergleich relativ eindeutig bestimmen. Anders sieht es bei sozialen oder gar religiösen Bedeutungen aus. War das Steinbeil zugleich Prestigeobjekt? Wohnt im größten Haus am Ort der Häuptling oder ist es der Versammlungssaal des Dorfrates? Die Ethnologie liefert ein breites Spektrum an möglichen Deutungen. Ein und dasselbe Objekt hat in verschiedenen Kontexten zudem unterschiedliche Bedeutung. Dies haben Forschungen des französischen Archäologen Pierre Pétrequin in Irian Jaya, Indonesien, gezeigt. Für die Dani haben Steinbeile zwar einen praktischen Nutzen, gleichzeitig sind sie aber Handelsobjekte und zudem wichtige Statussymbole.

Beschränkte sich die Modellbildung anfangs weitgehend auf Wildbeuter, so gerieten nach und nach auch Bauernkulturen ins Visier der Ethnoarchäologen. Anatolische oder afghanische Bauern liefern Erklärungsmodelle für neolithische und metallzeitliche Wirtschafts- und Gesellschaftsstrukturen. Selbst für Häuptlingstümer und frühe Staaten werden am Beispiel der traditionellen indischen Maharadschas Modelle entwickelt. Der Grat, auf dem sich die Ethnoarchäologie bewegt, zwischen

Die letzten Völker, die Steinbeile noch im Alltag benutzten, lebten im Hochland Neuguineas. Bei den Dani waren die Wochen lang geschliffenen Klingen nicht nur Werkzeug, sondern auch Statussymbol und Handelsware.

AFRIKANISCHEN TÖPFERINNEN ÜBER DIE SCHULTER GESCHAUT

Töpferinnen auf die Finger geschaut: Genfer Archäologen haben in einem mehrjährigen ethnoarchäologischen Projekt in Mali beobachtet, ob und wie sich gesellschaftliche Gruppierungen in der Herstellungsart, Form und Verzierung der Keramik widerspiegeln.

Kein Kontinent wurde von Archäologen so durchforstet wie Afrika – nicht auf der Suche nach antiken Schätzen, sondern nach traditionellen Lebensformen. Eines der umfassendsten Projekte ist die »Mission Ethnoarchéologique Suisse en Afrique de l'Ouest« der Universität Genf. Die ethnoarchäologischen Untersuchungen des Teams von Alain Gallay bei traditionellen Fischern und Ackerbauern des Niger-Binnendeltas zeigen, dass unterschiedliche gesellschaftliche Gruppen tatsächlich grosso modo unterschiedlich verzierte Töpfe benutzen. Allerdings sind diese Gruppen nicht nur durch ihre ethnische Zugehörigkeit bestimmt, sondern auch durch ihre Wirtschaftsweise und Umwelt. Daher sind sie deutlich kleiner als die ethnischen Gruppierungen.

Und wie würde ein Archäologe wohl folgendes Beispiel interpretieren? Bei den Fulbe, einem Hirtenvolk, gibt es Schmiede, die ihrem Namen nach zu den Bozo, einer Fischergruppe, gehören. Sie sind jedoch von den Fulbe assimiliert, sprechen deren Sprache und verstehen sich selbst als Fulbe. Ihre Frauen töpfern aber noch immer in der Tradition der Bozo. Archäologen würden hier wahrscheinlich Hinweise auf lokale Imitationen oder vielleicht auch auf Handel schließen. Wer aber würde Handwerker vermuten, die sich sonst nicht von der ortsansässigen Bevölkerung unterscheiden lassen? Doch solche Fälle scheinen zum Glück die Ausnahme zu sein.

Gewichtiger ist die Erkenntnis, dass sich die Tongefäße eher aufgrund ihrer Machart – der chaîne opératoire – voneinander unterscheiden lassen als aufgrund von Verzierung und Dekor, die sonst in der Archäologie als wichtigste Merkmale gelten. Nicht minder aufschlussreich ist die unterschiedliche Verbreitung der Keramik, die je nach Verkehrs-, Transport- und Verkaufsmöglichkeiten mehr oder weniger weit verhandelt wird.

Die ethnoarchäologischen Untersuchungen der Genfer Archäologen gehen somit weit über eine einfache funktional-technologische Analyse hinaus. Sie binden die Töpferei in das räumliche und soziale – und ergänzt durch Ausgrabungen sogar in das historische – Gefüge ein und eröffnen damit für die Archäologie neue Fragestellungen und Betrachtungsweisen.

Evolutionismus auf der einen und der reinen Illustration archäologischer Entdeckungen auf der anderen Seite ist aber gerade bei solchen Themen schmal.

Die Möglichkeiten, die die Ethnologie und die Ethnohistorie für die Thesen- und Modellbildung in der Archäologie bieten, sind noch längst nicht ausgeschöpft. Vergleichende Analysen, die langfristige Prozesse wie die Sesshaftwerdung, die Entstehung der produzierenden Wirtschaftsweise oder die Stadtentwicklung untersuchen, stecken noch in den Kinderschuhen.

Der Blick auf fremde Sitten, Bräuche, Wirtschafts- und Lebensweisen hat aber schon jetzt gezeigt, mit welcher Vielfalt an Interpretationsmöglichkeiten Archäologen rechnen müssen, aber auch wie lückenhaft ihr Material ist. Ruinen, Scherben und ein paar Knochen sind der traurige Abglanz einst blühender Kulturen. Das gilt besonders für Wildbeuter und Nomaden, deren mobile Lebensweise kaum archäologisch greifbare Spuren hinterlässt.

Erhaltungsprobleme

Einst waren sie die Herren der Welt. Den Nomaden der eurasischen Steppen war keine militärische Macht gewachsen. Aber was wird man je von Dschingis Khans Palast finden, der auf einem riesigen Wagen durch die Steppe rumpelte, was von Attilas unbesiegbaren Bogenschützen, die sich vom Blut ihrer Pferde nährten? Wo liegen die Tempel und Paläste der Nomaden, wo ihre Gräber? Die Archäologie kann nur das deuten, was in die Erde gelangt, sich dort bis heute erhält und einen Ausgräber findet. Diese Filter sind so enorm, dass kaum mehr als ein zufälliger Rest übrig bleibt und aus diesem Wenigen müssen Archäologen Geschichte schreiben. Nomaden kommen selten darin vor.

Filter 1: Was bleibt übrig?

Archäologen sind weit davon entfernt, ihre Funde wie nach einem Dornröschenschlaf einfach wach zu küssen: Dornröschens schöne Kleider wären Humus, der Koch zu einem Skeletthaufen zerfallen und der Löffel, mit dem er dem Küchenjungen eins überbraten wollte, längst vermodert.

Nichts von dem, was Menschen essen, womit sie arbeiten, womit sie sich kleiden, ist dafür vorgesehen, unter die Erde zu kommen. Das Fleisch wird gegessen, die Knochen kriegt der Hund. Die Bronzebeilklinge wird wieder eingeschmolzen, der Stiel verbrannt. Altes Bauholz wird wieder verwendet oder verheizt. Kurz: Archäologen müssen auf Gräber und Opfergaben hoffen, auf Abfälle, Unfälle oder Katastrophen, die ihnen den Alltag konservieren – nicht gerade eine repräsentative Auswahl.

Taphonomie Schon immer waren sich Archäologen der Lückenhaftigkeit ihres Fundmaterials bewusst. Dennoch begann man erst in den 1970er Jahren zu untersuchen, wie aus der lebenden Kultur der tote archäologische Befund entsteht – wissenschaftlich nennt sich das dann Taphonomie. Die wichtigsten Filter sind dabei die Erhaltungsbedingungen und die Handlungen der früher Lebenden (wird Abfall verbrannt oder deponiert? Was gibt man den Toten mit?). Archäologen beschäftigen sich aber immer noch vor allem damit, das zu interpretieren, was sie finden und nicht mit der Frage, was fehlt und warum es fehlt.

Filter 2: Was gelangt in den Boden?

Von dem was bleibt, erhält sich auf der Erdoberfläche nichts sehr lange. Organisches wird in kurzer Zeit zersetzt, Keramik verwittert. Am stabilsten sind Steine, Bunt- und Edelmetalle. Archäologen sind deshalb darauf angewiesen, dass Gegenstände unter die Erde kommen. Das sind meist künstliche, vom Menschen gemachte »Sedimentfallen«: Gruben, Gräben und Gräber oder aber künstliche »Sedimente« wie Gebäudereste, die zu Schutthaufen zerfallen oder zu Lehmhaufen zerfließen.

Gruben sind wegen der Funde, die sich darin ansammeln, so wichtig, dass manche Archäologen von gut bekannten »Grubenkulturen« und schlecht erforschbaren »Nicht-Grubenkulturen« sprechen. Markantes Beispiel ist die La-Hoguette-Keramik, im westlichen Deutschland, in Frankreich und der Schweiz. Sie ist fast nur am nordöstlichen Rand ihres großen Verbreitungsgebietes bekannt. Hier findet sie sich in Gruben der Linearbandkeramik, einer mustergültigen Grubenkultur.

Filter 3: Wo ist ein Fund sicher?

Wenn aber ein Objekt in den Boden gelangt ist, heißt das noch lange nicht, dass es sich in Sicherheit wiegen kann. Ganze Landstriche können in den Fluten versinken. Am Ende der letzten Eiszeit stieg der Meeresspiegel um 120 m an. Die Nordsee und die Flachländer Südostasiens wurden geflutet. Am Mittelmeer gingen zahlreiche Fundplätze unter, auch der Eingang zur Grotte Cosquer. Erst 1991 entdeckten Taucher in 37 m Tiefe den Zugang zu den sensationellen altsteinzeitlichen Malereien.

Die ägyptische Sphinx gibt den Betrachtern seit rund 4500 Jahren Rätsel auf. Wie lange noch, ist aber ungewiss, da sie durch aufsteigendes Wasser allmählich zerstört wird.

Flüsse suchten sich immer wieder einen neuen Lauf und schwemmten noch mittelalterliche Städte hinweg, ganz zu schweigen von römischen und altorientalischen Siedlungen oder steinzeitlichen Befestigungen, die alle gerne über den steilen und erosionsgefährdeten Prallhängen angelegt worden waren.

Filter 4: Was wird erforscht?

Die Zahl archäologischer Fundstellen ist kaum abzuschätzen. Sicher ist nur, dass die allerwenigsten vor ihrem Verschwinden durch Fachleute untersucht werden. Selbst im reichen Deutschland gehen manche von Verlustquoten von 90% aus und wie mag es da erst im boomenden China, in Pakistan oder in Nigeria aussehen?

Zudem wird das Geld für Ausgrabungen häufig selektiv eingesetzt. Dafür kann der Zeitgeist verantwortlich sein, der unbedingt römische Tempel entdecken oder von slawischen Siedlungen im »germanischen« Deutschland nichts wissen will. Es können aber auch persönliche Vorlieben derjenigen sein, die darüber entscheiden, was ausgegraben wird: heute keltische Grabhügel, morgen Pfahlbauten und übermorgen mittelalterliche Städte.

Die Verbreitung bekannter archäologischer Fundstellen hängt stark vom Wirken Einzelner ab. Das können Berufs- oder Hobbyarchäologen sein. Innerhalb weniger Jahre verwandeln sich durch ihre Arbeit fundleere Regionen in archäologische Schatzkammern. Intensive Arbeit oder Zufallsfunde – beides zwingt die Archäologen immer wieder zum Umdenken.

Dazu tragen vor allem diejenigen Siedlungen und Gräber bei, von denen mehr erhalten ist, als die üblichen Scherben, Pfostenlöcher, Fundamente und Knochen. Diese Ausnahmen verdanken die Archäologen dem Pech ihrer Urahnen. Vorgeschichtliche Unglücksfälle sind des Archäologen Traum. Dazu gehören erfrorene und mumifizierte Menschen sowie verschüttete und untergegangene Siedlungen.

Eingefroren und eingesalzen

Reinhold Messner wäre bestimmt nicht weitermarschiert, wenn er gewusst hätte, bei wessen Bergung er da am 21.9.1991 zufällig vorbeikam. Da hielt man »Ötzi« noch für einen verunglückten Bergsteiger. Der Mann aus dem Eis erhellt blitzlichtartig die dunkle Vorzeit, in der sich die Archäologen – die »Maulwürfe unter den Historikern« – sonst nur vorsichtig tastend vorwärts bewegen. Er ist mitten aus dem Leben gerissen. Seine Kleidung, Werkzeuge, Waffen, Schmuck und Amulette – alles ist, wenn auch zerfleddert, erhalten geblieben.

Welcher Archäologe hätte sich je getraut, einen Steinzeitmenschen mit braun-weiß gestreiftem Fellmantel, ledernen Leggins und Bärenfellmütze zu rekonstruieren? Graues Sackleinen war das übliche Outfit, in dem Jungsteinzeitler präsentiert wurden. Fast so aussagekräftig wie Ötzi sind Eismumien auf Andengipfeln. Die berühmteste ist die 1995 entdeckte »Juanita«, ein 14-jähriges Mädchen, das etwa im Jahr 1430 auf dem Gipfel des 6300 m hohen Vulkans Ampato dem Gott Apu Ampato geopfert wurde.

Nicht minder informativ sind Eskimo-Bestattungen oder die tiefgefrorenen Gräber im Altai. Sie zeigen eine unerwartet vielfältige und farbige Kleidung, prächtige Tätowierungen, filigranen Schmuck und unterschiedlichste Frisuren.

Ein besonderer Glücksfall sind die spätbronze- und eisenzeitlichen Salzbergwerke in Hallstatt (Österreich). Hier entdeckte man nicht nur die Ausrüstung der prähistorischen Bergleute (und gelegentlich auch ihre Ausscheidungen), sondern sogar drei »Männer im Salz«. Obwohl sie perfekt konserviert waren, kamen sie auf den örtlichen Friedhof, denn damals, im 16., 17. und 18. Jh., waren noch keine Archäologen zur Stelle.

Abgetaucht und verschüttet

Sehr viel häufiger als eingesalzene sind feucht erhaltene Funde und Befunde. Der permanente Luftabschluss unter Wasser verhindert, dass die organischen Reste verfaulen. Holz und Pflanzenfasern bleiben immer erhalten,

Unerwartet vielfältig: Kleidung, Aussehen und Ausrüstung des »Ötzi« sind bei weitem nicht so primitiv, wie man es Steinzeitmenschen gemeinhin zuschreibt. Mit Heu gefütterte Schuhe, gestreifter Fellmantel und Kupferbeil sprechen für eine hoch entwickelte Kultur.

GEFUNDEN – GEFÄHRDET

Alle wollten sie sehen, die berühmten Höhlenmalereien von Lascaux – und alle durften es. Doch schon bald tauchte neben rotem Ocker und schwarzem Mangan ein sanfter grüner Schimmer an den Wänden auf: Algen! Im Licht der Glühbirnen gediehen sie prächtig. Lascaux wurde geschlossen und jahrelang arbeitete man an Lascaux 2, einer Kopie in Beton, mit der die Besucher jetzt Vorlieb nehmen müssen.

Diese Möglichkeit hat man in Ägypten noch nicht erwogen. Doch auch hier setzen die Besucher den Wandgemälden zu. Mit Schweiß und Atemluft transportieren sie Feuchtigkeit in die Grabkammern. Salz löst sich und sobald es wieder trockener wird, kristallisiert es aus und sprengt die Farbschichten ab. Aus diesem Grund wurde schon 1950 das Grab der Nefertari, Gattin von Ramses II, gesperrt und ab 1983 für zwei Millionen Dollar restauriert.

Im Vorderasiatischen Museum in Berlin lässt der Wechsel zwischen trockener Heizungsluft im Winter und feuchter Sommerluft das Salz blühen und zerstört die

Glasur auf den Ziegeln des Ischtar-Tors. Geschätzte Kosten für die Restaurierung: knapp zwei Millionen Euro.

Selbst die Sphinx und andere für die Ewigkeit errichtete Monumente bröckeln neuerdings. Seit wenigen Jahren saugen sie sich immer wieder mit hoch gepumpten Grund- oder nicht abgeleiteten Abwasser voll. Wird es wieder trockener, kristallisieren Mineralien aus und sprengen ganze Stücke ab. Das Gleiche passiert im pakistanischen Mohenjo Daro, dem Zentrum der antiken Indus-Kultur und an den nabatäischen Tempeln von Petra in Jordanien.

Die Gefährdung der meisten Monumente steigt mit ihrer Freilegung extrem an. Daher hat man die Australopithecus-Fußspuren in Laetoli (Tansania) nach ihrer Entdeckung rasch wieder mit Sand und Erde bedeckt. Doch schon 13 Jahre später war die Hälfte durch Wurzeln und Witterung beschädigt oder zerstört. Jetzt soll Geotextil die 3.700.000 Jahre alten Spuren schützen. Mit diesen zähen Matten werden auch Überreste der Pfahlbauten an den Seeufern zugedeckt. Abwässer haben den schützenden Schilfsaum vernichtet und für Yachthäfen wurden große Bereiche ausgebaggert.

Römische und mittelalterliche Mauerreste müssen nach der Freilegung aufwändig konserviert werden, damit Wind und Wetter sie nicht binnen weniger Jahre sprengen. Gelegentlich wird dabei mehr aufgemauert als nach der Ausgrabung da war. Moderner Mörtel und ergänzte Steine dominieren das Bild manchmal so sehr, dass man eher von »Konserven« als von Ruinen sprechen möchte. Selbst Stonehenge kann kaum noch als prähistorisches Monument bezeichnet werden. In den letzten 100 Jahren wurde buchstäblich jeder Stein »zurechtgerückt« oder in einem Betonfundament wieder neu aufgestellt – welche Legitimation astronomische Peilungen da noch haben, sei dahingestellt.

Opfer seines Erfolgs: Obwohl die Ziegel des Ishtar-Tors vor dem Wiederaufbau in Berlin entsalzt wurden, reichen die verbliebenen Mineralien aus, um die Ziegel zu sprengen. Ursache ist der ständige Wechsel zwischen trockener Heizungsluft im Winter und feuchtwarmer Luft im Sommer.

In den etwa 2400 bis 3000 Jahre alten gefrorenen Gräbern von Pazyrik und Ukok im Altai sind nicht nur die tätowierten Toten tiefgekühlt erhalten. Auch Möbel, Leder- und bunte Filzarbeiten, Teppiche und chinesische Seide begeistern die Archäologen.

während Leder oder Knochen nur unter bestimmten Bedingungen konserviert werden. Holzgeräte, Gewebe und Geflechte finden sich in den Abfallhaufen der Calusa in Florida ebenso wie in schottischen oder baltischen Inselsiedlungen oder in den Pfahlbauten rund um die Alpen. Dagegen tauchen in den nördlichen Mooren vor allem Zeugen des unnatürlichen Todes auf. Fast jede der spektakulären Moorleichen trägt Spuren der Gewalt, die zu ihrem Tod führte.

Ein plötzliches und unerwartetes Ende erleiden auch die Siedlungen und Lebewesen, die von einem Vulkan verschüttet werden. Das ist nicht nur das berühmte Pompeji, sondern bereits eine über 1000 Jahre ältere bronzezeitliche Siedlung an den Hängen des Vesuvs, aber auch Akrotiri auf Santorin, wo sich unter der Asche 3500 Jahre alte, zweistöckige Häuser erhalten haben. Das Weltkulturerbe Joya del Cerén in El Salvador ist ein vom Vulkan verschüttetes Mayadorf. Wie kein anderes gewährt es Einblick in das tägliche Leben dieser Zivilisation, die sonst fast nur aus ihren Kultbauten bekannt ist.

Eine Klasse für sich sind die steinernen Monumente, die für die Ewigkeit gebaut waren wie Stonehenge, Dolmen und Pyramiden. Sie stehen aber häufig nur als leere, längst geplünderte Hüllen in der Landschaft. Um diese Monumente, die immer sichtbar waren, ranken sich Märchen und Legenden und sie sind auch heute noch ein Anziehungspunkt für Besucher und Touristen.

Archäologie in der globalisierten Welt

17.11.1997: Im Tempel der Hatschepsut in Luxor werden 58 Besucher, darunter 35 Schweizer und vier Deutsche kaltblütig getötet. Archäologie-Touristen waren das erste »soft target« islamistischer Terroristen. Für Ägypten hatte das Massaker katastrophale Folgen. Der Tourismus ist die wichtigste Einnahmequelle im Land am Nil – wichtiger als die gesamte Industrie- und Agrarproduktion zusammen. Brachte er 1997 noch 3,73 Milliarden Dollar ein, so waren es 1998 1,17 Milliarden weniger und die Zahl der deutschen Touristen ging von 3,8 auf 1,9 Millionen zurück.

Rolltreppen in Machu Picchu?

Etwas weniger als Ägypten hängt Peru am Tropf des internationalen Tourismus. Dennoch ist Machu Picchu durch die Besuchermassen gefährdet. Die Regierung hat die Anlage an einen amerikanischen Hotelkonzern und eine Fluggesellschaft verpachtet. Diese wollen die Inkastadt leichter zugänglich machen und die Besucherzahlen verdoppeln. Ob aber die Ruinenstadt nach dem Einbau von Rolltreppen und Seilbahnen noch der mythische Ort ist, als der sie heute gilt? Spätestens mit dem geplanten Bau eines riesigen Hotelkomplexes direkt neben den Ruinen wäre das Weltkulturerbe endgültig zum Disneyland verkommen. Doch auch so stiegen die Besucherzahlen von 9000 im Jahr 1992 auf 150.000 zehn Jahre später.

2004 zog die UNESCO die Notbremse und verlangte einen Plan zum Schutz und zur Erhaltung des Weltkulturerbes. Seit 2005 sind die Besucherzahlen auf 2500 pro Tag begrenzt, der Eintritt von 20 auf 30 Dollar erhöht. Die Einnahmen sprudeln – wie auch in Ägypten, das die immer noch moderaten Eintrittspreise 2004 verdoppelt hat.

Olympia, antikisiert

Anlässlich der Olympiade 2004 inszenierte Griechenland sein antikes Erbe. Bei der Entzündung des olympischen Feuers standen »Priesterinnen« statuengleich in langen Plissee-Kleidern im Kreis und führten danach einen »rituellen Tanz zu Ehren der Götter« auf. Ein uralter Brauch? Frauen hatten bei den antiken olympischen Spielen nichts zu suchen – für sie gab es eigene Wettkämpfe – und Fackelläufer wurden erstmals von den Nazis bei der Olympiade 1936 in Berlin eingesetzt. Selbst das Kugelstoßen, die Disziplin, die schließlich gegen den erbitterten Widerstand der Archäologen im alten Stadion ausgetragen wurde, war in

links: Begehrte Beute: Um Kunststücke wie die Büste der Nofretete streiten sich selbst Staaten. Heute ist sie in Berlin ausgestellt, wird aber von Ägypten vehement zurückgefordert.

rechts: Die Inka-Residenz von Machu Picchu wurde nie erobert, nach dem Untergang des indianischen Reiches aber dem Verfall preisgegeben. Heute ist sie die wichtigste touristische Attraktion in Peru und entsprechenden Begehrlichkeiten von Investoren ausgesetzt.

der Antike unbekannt. Doch an solchen Details stoßen sich nur wenige, wenn es um die Vermarktung der Antike geht.

Erbstreitigkeiten

Das archäologische Erbe lockt so viele Touristen an, dass sogar Staaten darum streiten. So will Deutschland von Russland den »Schatz des Priamos« zurück, der 1945 widerrechtlich nach Moskau gelangt sei. Eine Forderung, die aber kaum erfüllt werden wird. Die russische Duma hat eigens ein Ge-

Das olympische Kugelstoßen fand 2004 im antiken Heiligtum selbst statt – eine einmalige Aktion gegen den erbitterten Widerstand der Fachleute. Andernorts werden aber auf römischen und selbst einzigartigen keltischen Originalfundamenten wieder dauerhafte Mauern errichtet.

setz erlassen, um die Rückgabe von Kriegsbeute zu verhindern. Und selbst wenn: Die Berliner dürften nicht lange Freude an dem antiken Geschmeide haben, hat doch die Türkei bereits angeklopft und will ihrerseits von Deutschland den Schatz zurück haben. Schließlich, und dem ist nicht zu widersprechen, habe Schliemann das Gold damals illegal außer Landes gebracht.

Auf der türkischen Wunschliste steht auch der Pergamon-Altar, den Carl Humann 1878 bis 1886 in tausenden von Bruchstücken nach Berlin holte. Er soll in Zukunft Besucher in die Türkei und nicht mehr nach Berlin locken. Entsprechendes verlangt die griechische Regierung von Großbritannien. Der Parthenonfries von der Athener Akropolis soll zurück nach Griechenland. Seit 1801 befindet er sich als »Elgin Marbles« im British Museum und seit 200 Jahren wird diskutiert, ob der Fries damals legal nach England kam.

Ähnliches gilt für die Büste der Nofretete, deren Wert 1912 heruntergespielt worden sein soll, um sie nach Deutschland bringen zu können. Dieses Prunkstück der Berliner Museumsinsel will Zahi Hawwas, der in den Medien omnipräsente Chef der ägyptischen Altertümerverwaltung zurück an den Nil holen. Seine jüngste Begründung, sie sei in Berlin nicht dauerhaft sicher, entbehrt nicht einer gewissen Ironie, denn genau mit diesem Argument wurden tausende von Kunstschätzen aus dem Orient geholt und mit dieser Begründung wird heute häufig ihre Rückgabe verweigert.

Offenkundig spielen auf allen Seiten finanzielle Gründe die Hauptrolle, denn was wäre die Berliner Museumsinsel ohne Pergamon-Altar, ohne Ischtar-Tor und ohne Nofretete, was das British Museum ohne den Parthenonfries, ohne den Stein von Rosette und ohne ägyptische Mumien? Die wirtschaftliche Rolle der Archäologie wird an solchen Spitzenfunden besonders deutlich.

Plünderer am Werk

Vielerorts übertrifft aber der Profit, der durch Plünderungen archäologischer Fundorte erzielt wird, den aus dem Tourismus. Selbst unter den gestrengen Mullahs wurden alleine in Irans Provinz Mazandaran etwa 100.000 Löcher von Raubgräbern ausgeschachtet. In China wurden in der Saison 1989/90 trotz der Bedrohung durch die Todesstrafe 40.000 Gräber geplündert. In einem noch größeren Umfang werden die altindianischen Hochkulturen verhökert.

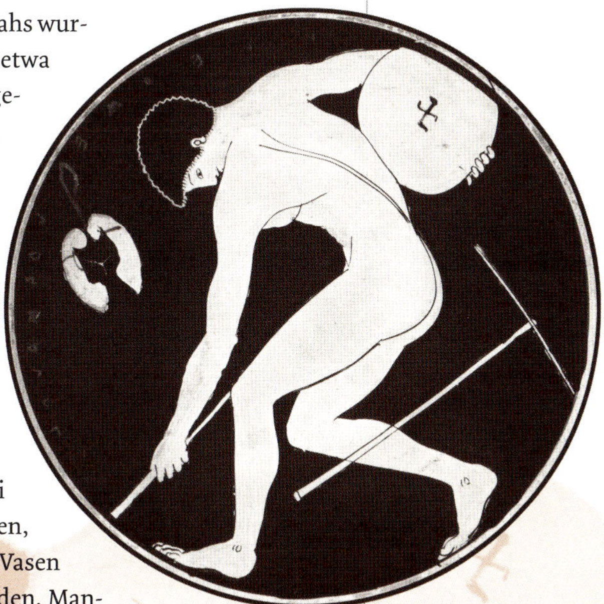

Experten schätzen den Verlust in Italien auf 30.000 archäologische Objekte pro Jahr. Nur selten wird aus blanker Not geplündert, in der Regel aus Profitgier, wenn etwa in Süditalien bei Baggerarbeiten, die offiziell dazu dienen, Entwässerungsgräben zu ziehen, antike Vasen en gros illegal aus dem Boden geholt werden. Mancher Neureiche macht sich sogar in seiner Yacht auf, um in griechischen Gewässern nach Wracks mit Kunstschätzen für seine Villa zu tauchen und nur wenige gehen dabei der Polizei ins Netz. In Kambodscha stehen Tempel kurz vor dem Einsturz, weil Plünderer mit Baggern die Khmer-Reliefs aus den Wänden brechen und sie via Thailand auf den westlichen Kunstmarkt bringen, doch auch die Arme-Leute-Methode, bei der noch in den entlegensten Tempeln wenigstens die Gesichter der Skulpturen abgeschlagen werden, hinterlässt irreparable Schäden.

Vor allem die finanzstarken amerikanischen Museen »leisten« sich bis heute immer wieder geraubte Kunst, von der sie nur einen kleinen Teil zurückgeben. Viele der Spitzenstücke europäischer Museen sind aber vor 100 bis 200 Jahren auf ähnliche Weise beschafft worden.

Waffen, Drogen, Antiken

Nach Schätzungen der UNESCO wird mit illegal gehandelten Antiken und Kunstwerken inzwischen ähnlich viel Geld umgesetzt wie mit Drogen- und Waffenschmuggel, und bei neun von zehn Objekten, so Experten, könne man davon ausgehen, dass sie nicht legal in den Handel gelangt seien. Verschiedene Staaten werden von ihnen beschuldigt, diesen Handel zu erleichtern. So musste ein Händler bis Mitte 2005 in der Schweiz nur nachweisen, dass ein Objekt seit fünf Jahren in seinem Besitz oder dem eines Sammlers war. Dann durfte er es völlig legal verkaufen, selbst wenn es aus einer Raubgrabung stammte.

Archäologen, Kunsthistoriker und Kulturorganisationen liefen Sturm dagegen, doch die Gesetze wurden erst 35 Jahre nach der entsprechenden UNESCO-Konvention geändert. Nur selten gelang es der Polizei Lager auszuheben, in denen illegale Objekte die geforderten fünf Jahre ruhten, bevor sie mit sattem Gewinn verkauft wurden – so weiß man von einem Idol, für das der indianische Finder 7,50 Dollar bekam und das auf der Auktion 188.000 Dollar brachte. Inzwischen ist die »Wartezeit« in der Schweiz von

Selten sind Raubgräber in Europa so dreist wie hier, wo in einer archäologischen Schutzzone im süditalienischen Salapia mit Baggern antike Vasen en gros aus dem Boden geholt werden.

fünf auf 30 und in Japan von zwei auf zehn Jahre heraufgesetzt worden, aber so lange die Frist in Liechtenstein und auf den Cayman-Inseln nur sieben Tage beträgt, kann man Zürich, Basel und Tokio leicht umgehen.

Mit deutscher Gründlichkeit

Auch in Deutschland existiert ein riesiger Schwarzmarkt für Antiken. Für den Nachschub an heimischen Funden sorgen kriminelle Banden, die archäologische Fundstätten systematisch plündern. Spektakuläre Fälle sind sicher nur die Spitze des Eisbergs. So wurden hunderte von Fibeln einer süddeutschen Kultstätte in Amsterdam und die Himmelsscheibe von Nebra in Basel beschlagnahmt.

WOHLTÄTER GETTY, ...

1999 gab das J. Paul Getty Museum freiwillig drei wertvolle Antiken, darunter eine attische Kylix, eine Trinkschale, an Italien zurück, nachdem bekannt wurde, dass sie dort aus Museen gestohlen worden waren. Auch die Millionen teure Restaurierung des Grabs der Pharonengattin Nefertari wurde von Getty bezahlt. Die Getty-Foundation ist mit Marion True auch am Francavilla-Projekt beteiligt.

In den 1980er Jahren bemerkte man, dass neben dem Getty-Museum auch Museen in Bern und Kopenhagen Objekte vom selben Fundort besaßen. Den Archäologen war klar, dass es sich um Raubgut aus einem frühen griechischen Heiligtum in Süditalien handeln musste. Als 1992 bekannt wurde, dass dieses sich in Francavilla Marittima nahe Tarent befindet, beschlossen die drei Institutionen, ihre Bestände zusammen nach Italien zurückzugeben. Hier schlummerte in den Magazinen in Sibari, dem antiken Sybaris, das Gros der Funde aus dem Heiligtum. Raubgräber hatten eine mehrjährige Unterbrechung der offiziellen Grabungen genutzt und ab 1969 die Stätte geplündert. Schon Mitte der 1970er Jahre waren die besten Stücke aus den Raubgrabungen in Museen aufgetaucht.

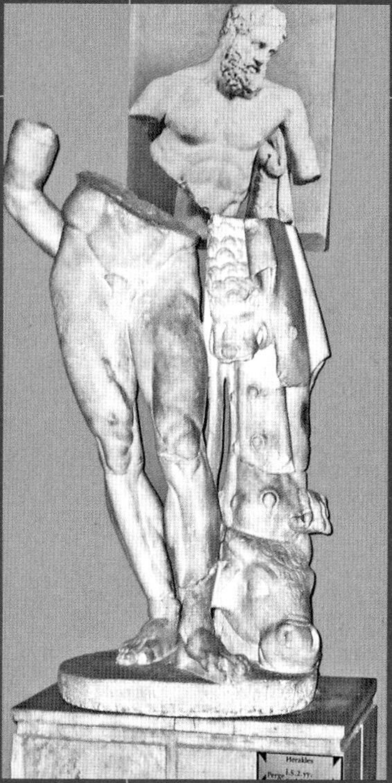

Das Unterteil einer Herakles-Statue wurde von Archäologen ausgegraben. Die obere Hälfte der Statue kann das Museum von Antalya aber nur auf einem Foto zeigen, denn das illegal ausgegrabene Oberteil befindet sich im Museum of Fine Arts in Boston, wo man sich weigert, es zurückzugeben.

... Straftäter Getty?

Ausgerechnet eine Kuratorin des renommierten Getty Museums in Los Angeles wurde 2005 vom italienischen Staat verklagt. Trotz ihres Vertrauen erweckenden Namens soll Marion True mit Grabräubern, Hehlern und Schmugglern zusammengearbeitet haben, um beispielsweise illegal an eine Aphrodite-Figur zu kommen, deren Wert auf 20 Millionen Dollar geschätzt wird. Insgesamt 42 antike Kunstobjekte soll sie auf dem Schwarzmarkt gekauft haben, schlimmer noch: Sie sollen teilweise gezielt für sie ausgegraben worden sein. Die Strafverfolger wollen in diesem Musterprozess, in dem es nebenbei auch um immense Schadensersatzforderungen geht, ein Netzwerk von Grabräubern, Schmugglern, Hehlern und ihren Komplizen in Museen und Kunsthandel offen legen, das seit Jahrzehnten aktiv sei.

Tatsächlich stehen gerade die finanzstarken amerikanischen Museen und Sammler immer wieder im Zwielicht. Das Getty-Museum hat bereits mehrfach gestohlene Objekte zurückgeben müssen und lehnte noch 2003 den italienischen Vorschlag ab, namhafte Leihgaben alleine für das Versprechen zu bekommen, nicht mehr bei verdächtigen Händlern zu kaufen.

Nachdem die bayerische Denkmalpflege den geophysikalisch ermittelten Plan eines frühmittelalterlichen Grabes veröffentlicht hatte, plünderten umgehend Raubgräber das Grab im Maisfeld. Doch damit nicht genug: Nachdem die Denkmalpfleger das Loch wieder zugeschaufelt hatten, wurde exakt die selbe Stelle noch zwei weitere Male bei Nacht und Nebel ausgeschachtet. Drei verschiedene Grabräubertrupps waren hier tätig, die sich in Fachzeitschriften ihre Opfer auswählen.

Abgelegene Burgruinen werden von ihnen mit deutscher Gründlichkeit durchwühlt. Die Menge an römischem und mittelalterlichem Metall, die überregional agierende Raubgräber auf Märkten und im Internet anbieten, lässt allmählich daran zweifeln, ob in vielen archäologischen Fundstellen überhaupt noch Metallobjekte vorhanden sind.

Doch nicht nur von dieser Seite bläst der Archäologie ein harter Wind ins Gesicht. Der Staat selbst, Hauptfinanzier von Forschung und Denkmalpflege, zieht sich immer weiter aus seiner Verantwortung zurück. Flächendeckende archäologische Denkmalpflege, wie sie zumindest in den reichen Ländern bis Anfang 1990er Jahre noch realisierbar schien, wird zum Beispiel der »Schaffung zeitgemäßen Wohnraums« untergeordnet. In Zeiten, in denen der Rotstift regiert, ist die Archäologie einem dumpfen Rechtfertigungsdruck ausgesetzt, bei dem vor allem auf das Portemonnaie geschaut wird.

Archäologie wird heute immer weniger als hoheitliche Aufgabe wahrgenommen. Sie kann zwar nicht vollständig privatisiert werden, die Durchführung und Auswertung von Ausgrabungen werden aber oft schon von Privatfirmen übernommen. Viele Denkmalpfleger befürchten deshalb, dass die Qualität der Arbeit unter dem Kostendruck leiden könnte. Mag eine Privatisierung der Grabungstätigkeit diskutabel sein, so sind die einheitliche Inventarisierung, die dauerhafte Magazinierung und die öffentliche Präsentation der Ergebnisse nur durch die öffentliche Hand zu gewährleisten.

Händler und Hehler Schon 2003 wurde das Urteil gegen Frederick Schultz bestätigt, den ehemaligen Präsidenten der »National Association of Dealers in Ancient, Oriental and Primitive Art«: 33 Monate Haft dafür, dass er einen ägyptischen Pharaonenkopf außer Landes geschmuggelt und für 1.200.000 Dollar verkauft hatte.

Man wird auch dem einfachen Häuslebauer nicht die Kosten für archäologische Ausgrabungen auf seinem Bauplatz aufbürden. Archäologische Funde sind hier in einem wörtlicheren Sinne Altlasten als chemische Substanzen oder Kampfstoffe. Leider sind sie aber nicht ähnlich gefährlich. Während also chemische Verschmutzung und Sprengstoff praktisch immer fachgerecht entsorgt werden, gilt das nicht für archäologische Ent-

Die Sprengung der riesigen Buddha-Statuen von Bamiyan durch die afghanischen Taliban ist ein aktuelles Beispiel für die seit Jahrtausenden andauernde gezielte Zerstörung des kulturellen Erbes von Kriegs- oder Glaubensgegnern.

deckungen. Wie leicht »übersieht« man doch »versehentlich« Scherben, Knochen und Erdverfärbungen – ein bedenkliches Vorgehen, das aber angehenden Architekten an den Hochschulen bis heute beigebracht wird.

Krieg dem Kulturerbe

Weit schlimmer ist selbstverständlich die organisierte Zerstörung historischer und archäologischer Denkmäler. Bis die Raubzüge im Irak 2005 alles bis dahin Bekannte übertrafen, galt die Beraubung christlicher Kirchen in Nordzypern als größte Plünderungsaktion nach einem Krieg. Mosaike aus dem 6. Jahrhundert erzielten in New York Schwarzmarktpreise von einer viertel Million Dollar pro Stück und bei einem Antikenhändler in Deutschland wurden 1997 nicht weniger als 60 Kisten mit geraubten Kunstschätzen aus nordzypriotischen Kirchen sichergestellt.

In Kriegszeiten wird bis heute kaum Rücksicht auf die Archäologie genommen. So stationierten Amerikaner und Polen ihre Truppen auf den Ruinen von Babylon. Sandsäcke wurden mit Kulturerbe gefüllt und schwere Panzer zerdrückten alles, was ihnen unter die Ketten kam. In Afghanistan sprengten 2001 die Taliban die größten Buddhastatuen der Welt in Bamiyan. Bei allem Entsetzten darüber wollen wir nicht unerwähnt lassen, dass auch das christliche Abendland einmal unter solch unfassbarer religiöser Verblendung gelitten hat. Wie viele tausende von mittelalterlichen Kunstwerken fielen protestantischen Bilderstürmern im 16. Jh. zum Opfer? Die zertrümmerten Heiligenfiguren, die 1986 in Bern bei archäologischen Ausgrabungen nahe dem Münster zum Vorschein kamen, sind stumme Zeugen dieser Katastrophe.

Viel bestaunt und doch gefährdet: Die Seiten im »Tagebuch der Menschheit« werden schneller zerstört, als Archäologen sie abschreiben können.

Das Ende des Tagebuches?

Einige Seiten im Tagebuch der Menschheit haben wir aufgeschlagen: die letzten dramatischen Stunden Ötzis miterlebt, vom ersten Streik der Geschichte und von aidsresistenten Germanen gelesen – vielleicht in der Phantasie sogar den Duft bronzezeitlichen Parfums gerochen und die Klänge der eiszeitlichen Schwanenknochenflöte gehört.

Vieles wird man zwar nie mehr genau erfahren können, aber jede archäologische Ausgrabung zeigt, dass noch ungeahnte Mengen an Information im Boden stecken. Täglich entziffern Archäologen neue Seiten im Tagebuch der Menschheit. Jede Seite ist einzigartig und jede hat Details zu bieten, die auf keiner anderen stehen. Kunstobjekte sind die Highlights, die bunten Initialien. Kunstwerke, zumal ortsfeste wie Tempel, bleiben manchmal über Jahrtausende erhalten, auch wenn viele antike Marmorsäulen auf Nimmerwiedersehen in neuzeitlichen Kalkbrennereien verschwanden.

Doch viel zu häufig sehen heute noch Staat und Öffentlichkeit weg, wenn die Bagger in ihrem gleichmütigen Wüten Seiten aus dem Tagebuch der Menschheit zerreißen. Die Erhaltung oder wenigstens die Abschrift dieser Seiten ist nie wieder möglich. Noch schlimmer sind die Raubgräber. Sie reißen, um beim Bild des Tagebuchs zu bleiben, Seite um Seite heraus, schneiden die bunten Initialien aus und verhökern sie. Jedes Stück ein Kunstwerk, gewiss. Aber der erklärende Text dazu, der Kontext, ist verloren. Während Archäologen eine neue Seite entziffern, werden zehn Seiten für immer zerstört.

Dabei versuchen Archäologen in mühevoller, geduldiger Kleinarbeit, Highlights wie Ötzi oder die Pyramiden in ihrem Kontext zu deuten und das mit einer Vielzahl modernster Methoden. Wie kaum ein anderes Fach vereint die Archäologie Natur- und Geisteswissenschaften. Doch während sich die Archäologie mitten in einer Wissensexplosion befindet, wird die Geschichte, die das ganze Tagebuch preisgeben könnte, immer bruchstückhafter – und diese Geschichte ist die Geschichte einer Region, eines Landes, der ganzen Menschheit.

Weltkarte der Archäologie

Nord-
polarmeer
gklappe
Göbekli Tepe
Zeugma
Jerf el-Ahmar
Tell Brak
Jebel Aruda
Habuba Kabira
Niniveh
Nimrud
Abu Hureyra
Euphrat
Assur
Mari
Byblos
Baalbek
Mittelmeer
Sidon
Kamid el-Loz
Tyros
Tigris
Bagdad
Ain Ghazal
Babylon
Kish
Rosette
Jericho
Nippur
Susa
Alexandria
Umma
Auaris
Euphrat
Lagash
Piramesse
Ur
Ba'ja
Petra
Gizeh
Saqqara
Nil
Serabit-el-Kadim
0
100
200
300 km
Rotes Meer
Dmasini
Taschkent
Buchara
Bamiyan
Xi'an
Rosette
Auaris
Alexandria
Petra
Gizeh
Abydos
Karnak
Dilmun
Mohenjo Daro
Deir el Medina
Luxor
Bhimbetka
Pazifischer
Ozean
Abu Simbel
Bahr el
Ghazal
Kerma
Angkor Wat
Kerala
Tissamaharama
Baringo
Laetoli
Flores
Kuk Swamp
Karonga
Zimbabwe
Indischer Ozean
Swartkrans/
Sterkfontain
Blombos-Höhle

Literaturauswahl

Die Literaturliste ist in Themenbereiche gegliedert: Allgemeine Übersichten, Geschichte der Archäologie (S. 7–36), das Bild des Menschen (S. 37–54), Mensch und Umwelt (S. 55–100), Mensch und Gesellschaft (S. 101–152) Archäologie heute (S. 152–176) und Ausstellungskataloge.

Angegeben sind vor allem neue Einführungen und Übersichten, die einen Einstieg erlauben und einige wissenschaftliche Artikel zu aktuellen Forschungsergebnissen, sowie einige Adressen wichtiger Websites.

Literatur allgemein

Bücher

Bahn, Paul; Beard, Mary; Henderson, John. Wege in die Antike. Kurze Einführung in die Archäologie und die Altertumswissenschaft. Stuttgart, Weimar (Metzler) 1999.

Eggert, Manfred K. H. Prähistorische Archäologie – Konzepte und Methoden. Tübingen (Francke) (UTB 2092) 2005.

Hölscher, T. (Hrsg.) Klassische Archäologie – Grundwissen. Darmstadt (Wiss. Buchges.) 2002.

Matthews, Roger. The archaeology of Mesopotamia: theories and approaches. London (Routledge) 2003.

Pollock, Susan (Hrsg.) Archaeologies of the Middle East: critical perspectives. Malden (Blackwell) 2005.

Renfrew, Colin; Bahn, Paul. Archaeology – Theories, Methods and Practice. London (Thames & Hudson)[5] 2005.

Renfrew, Colin; Bahn, Paul (Hrsg.). Archaeology – The Key Conepts. London (Routledge) 2005.

Zeitschriften

Abenteuer Archäologie (Spektrum-Verlag)

Archäologie der Schweiz (nur im Abo oder als SGUF-Mitglied)

Archäologie in Deutschland (Zeitschrift, Theiss Verlag)

DAMALS (Zeitschrift, Konradin-Verlag)

Websites

www.archaeologie-online.de – umfangreiches deutschsprachiges Internetportal

www.ancientneareast.net – umfangreiches Internetportal für die Vorderasiatische Archäologie (eng., dt., franz., ital. Originalgrabungspublikationen, Rezensionen, Jobs etc.)

www2.hu-berlin.de/winckelmann/virtbibl.html

Seite 7–36

Bücher

Benz, M. Augusta Raurica. Eine Entdeckungsreise durch die Zeit. Archäologie der Schweiz 26/2 2003.

Benz, M.; Liedmeier, A. Archaeology and the German Press. In: Clack, Tim A. R.; Brittain, Marcus (Hrsg.) Archaeology and the Media. London (UCL Press) 2006.

Daniel, Glyn. Geschichte der Archäologie. Bergisch Gladbach (Lübbe) 1982.

Experimentelle Archäologie in Deutschland (Red. Mahmoun Fansa). Oldenburg (Isensee) 1990.

Experimentelle Archäologie. Oldenburg (Isensee) 1991 ff. *(verschiedene Jahresbände)*.

Graichen, Gisela; Hillrichs, Hans H. (Hrsg.) C14 Vorstoß in die Vergangenheit. Gütersloh (Bertelsmann) 1992.

Graichen, Gisela; Siebler, Michael. Schliemanns Erben. Mainz (von Zabern) 1996.

Hafner, Albert; Suter, Peter J. 5000 Jahre Abgetaucht: Aufgetaucht Bielersee 1984–2004. o. J. *(Geschichte der Pfahlbauten/Taucharchäologie)*.

Holtorf, Cornelius. From Stonehenge to Las Vegas: Archaeology as popular culture. Lanham (Altamira Press) 2005.

James, Peter; Thorpe, Nick. Halley, Hünen, Hinkelsteine. Zürich (Sanssouci) 2001.

Jensen, Inken; Wieczorek, Alfried (Hrsg.) Dino, Zeus und Asterix. Zeitzeuge Archäologie in Werbung, Kunst und Alltag heute. Weißbach (Beier & Beran) 2002.

Röder, Brigitte; Hummel, Juliane; Kunz, Brigitta. Göttinnendämmerung. Das Matriarchat aus archäologischer Sicht. München (Droemer Knaur) 1996.

Schnapp, Alain. La conquête du passé: aux origines de l'archéologie. Paris (Éd. Carré) 1998.

Websites

www.exar.org – Experimentelle Archäologie

www.exarc.net – Experimentelle Archäologie.

Seite 37–54

Bücher

Banck, Johanna; Biel, Jörg u.a. Experiment Hochdorf. Keltische Handwerkskunst wiederbelebt. Stuttgart (Wais) 1996.

David, Ann Rosalie; Archbold, Rick. Wenn Mumien erzählen: neueste naturwissenschaftliche Methoden enträtseln das Alltagsleben im Ägypten der Pharaonen. München (Heyne) 2001.

GEOkompakt 4. Die Evolution des Menschen. Hamburg (Gruner + Jahr) 2005.

Hermann, Bernd (Hrsg.) Archäometrie: naturwissenschaftliche Analyse von Sachüberresten. Berlin, Heidelberg (Springer) 1994.

Jenny, Mirjam T.; Schaffner, Brigitte (Hrsg.) Frauen in Augusta Raurica. Dem römischen Alltag auf der Spur. Augst (Römermuseum) 2001.

Johanson, Donald C. et al. Lucy und ihre Kinder. Heidelberg (Spektrum) 1998.

Pekridou-Gorecki, Anastasia. Mode im antiken Griechenland. München (C.H.Beck) 1989.

Schrenk, Friedemann. Die Frühzeit des Menschen. München (C.H. Beck) 1997.

Schrenk, Friedemann; Müller, Stephanie. Die Neandertaler. München (C.H. Beck) 2005.

Spektrum der Wissenschaft. Dossier Evolution des Menschen II. 1/2004. Heidelberg (Spektrum der Wissenschaft) 2004.

Seite 55–100

Bücher

Auf den Spuren der Pfahlbauer. Archäologie der Schweiz 27/2, 2004.

Benecke, Norbert. Der Mensch und seine Haustiere. Die Geschichte einer jahrtausendealten Beziehung. Stuttgart (Theiss Verlag) 1994.

Benz, M. Die Neolithisierung im Vorderen Orient. Berlin (ex oriente) 2000.

Guilaine, Jean (Hrsg.) Premiers paysans du monde. Naissance des agricultures. Paris (Éd. Errance) 2000.

Jacomet, Stefanie; Kreuz, Angela. Archäobotanik. Stuttgart (Ulmer) 1999 (UTB 8158).

Knaut, Matthias; Quast, Dieter. Die Völkerwanderungszeit. Stuttgart (Theiss Verlag) 2005.

Küster, Hansjörg. Geschichte der Landschaft in Mitteleuropa. München (Beck) 1995.

Lüning, Jens (Hrsg.) Siedlungen der Steinzeit. Heidelberg (Spektrum) 1989.

Maise, Christian. Archäoklimatologie: vom Einfluss nacheiszeitlicher Klimavariabilität in der Ur- und Frühgeschichte. Jahrbuch der Schweizerischen Gesellschaft für Ur- und Frühgeschichte 81. Basel (SGUF) 1998.

Paczensky, Gert v.; Dünnebier, Anna. Kulturgeschichte des Essens und Trinkens. München (Orbis) 1999.

Ruddiman, William. Earth's climate: past and future. New York (Freeman) 2000.

Seite 101–152

Bücher

Akkermans, Peter M. M. G.; Schwartz, Glenn M. The archaeology of Syria: from complex hunter-gatherers to early urban societies (c. 16,000–300 BC) Cambridge (Cambridge Univ. Press) 2004.

Ament, H. et al. Frühe Völker Europas. Stuttgart (Theiss Verlag) 2003.

Assmann, Jan. Ägpyten: eine Sinngeschichte. München (Hanser) 1996.

Aveni, Anthony F. Das Rätsel von Nasca. München (Ullstein) 2000.

Bahn, Paul G. The Cambridge illustrated history of prehistoric art. Cambridge (Cambridge Univ. Press) 1998.

Brinkmann, Vinzenz; Kühling, Renate (Hrsg.). Bunte Götter: die Farbigkeit antiker Skulptur ; München: Staatliche Antikensammlung und Glyptothek, 2003.

Burenhult, Göran (Hrsg.) Menschen der Urzeit. Köln (Karl Müller) 2004.

Finton, J. Lesley. Die Minoer. Völker der Antike. Stuttgart (Theiss Verlag) 2004.

Gebel, Hans-Georg. Subsistenz, Siedlungsweisen und Prozesse des sozialen Wandels vom akeramischen bis zum keramischen Neolithikum. Freiburg 2002, Online-Ressource.

GEO EPOCHE 3. Das Reich der Pharaonen. Hamburg (Gruner + Jahr) 2000.

GEO EPOCHE 5. Das Römische Imperium. Hamburg (Gruner + Jahr) 2001.

GEO EPOCHE 13. Das antike Griechenland. Hamburg (Gruner + Jahr) 2004.

GEO EPOCHE 15. Maya, Inka, Azteken. Hamburg (Gruner + Jahr) 2004.

Giuliani, Luca. Bild und Mythos. Geschichte der Bilderzählung in der griechischen Kunst. München (C.H. Beck) 2003.

Haffner, Alfred (Hrsg.) Heiligtümer und Opferkulte der Kelten. Stuttgart (Theiss Verlag) 1995.

Heinz, Marlies (Hrsg.) Der »Garten Eden« im dritten Jahrtausend (2850-2350 v. Chr.). Freiburg (Rombach) 2002.

Heinz, Marlies. Altsyrien und Libanon: Geschichte, Wirtschaft und Kultur vom Neolithikum bis Nebukadnezar. Darmstadt (Wiss. Buchges.) 2002.

Hodder, Ian. Symbols in action – ethnoarchaeological studies of material culture. Cambridge (Univ. Press) 1982.

Hrouda, Barthel. Der Alte Orient. München (Bassermann) 2003.

Keeley, Lawrence. War before civilisation. New York, Oxford (Oxford University Press) 1996.

Korn, Wolfgang. Mesopotamien. Wiege der Zivilisation. Stuttgart (Theiss Verlag) 2004.

Kuckenburg, Martin. Wer sprach das erste Wort? Die Entstehung von Sprache und Schrift. Stuttgart (Theiss Verlag) 2004.

Latacz, Joachim. Troia und Homer. Leipzig (Koehler und Amelang)[5] 2005.

Lesko, Leonard H. (Hrsg.). Pharaoh's workers: the villagers of Deir el Medina. Ithaca; London (Cornell University Press) 1994.

Lorblanchet, Michel. Höhlenmalerei. Ein Handbuch. Sigmaringen (Thorbecke) 1997.

Markoe, Glen E. Die Phönizier. Stuttgart (Theiss) 2003.

Miranda, J. Green. Dying for the gods. Human sacrifice in Iron Age & Roman Europe. Stroud (Tempus) 2001.

Müller, Felix. Götter, Gaben, Rituale. Religion in der Frühgeschichte Europas. Mainz (Zabern) 2002.

National Geographic Special. Das Alte Ägypten. 1/2001.

Schlichtherle, Helmut (Hrsg.) Pfahlbauten rund um die Alpen. Stuttgart (Theiss Verlag) 1997.

Selz, Gebhard J. Sumerer und Akkader. Geschichte, Gesellschaft, Kultur. München (C.H. Beck)

Sinn, Ulrich. Das antike Olympia. Götter, Spiel und Kunst. München (C.H. Beck). 2004.

Zettler, Richard L. Treasures from the royal tombs of Ur. Philadelphia 1998.

Seite 152–176

Bücher

Archäologisches Nachrichtenblatt Jg. 10, 2005, Band 2 *(Schwerpunkt: Deutsche archäologische Denkmalpflege und Ur- und Frühgeschichtsforschung im Umbruch)*

Bernbeck, Reinhard. Theorien in der Archäologie. Tübingen (Francke) 1997.

Binford, Lewis R. Die Vorzeit war ganz anders – Methoden und Ergebnisse der neuen Archäologie. München (Harnack) 1984.

Dobres, Macia-Anne (Hrsg.) Agency in archaeology. London (Routledge) 2000.

Gallay, Alain. Peuples et céramiques du Delta intérieur du Niger (Mali): un bilan de cinq années de mission. Mainz (von Zabern) 1998.

Graepler, Daniel. Fundort unbekannt: Raubgrabungen zerstören das archäologische Erbe; eine Dokumentation. München (Biering) 1993.

Hodder, Ian (Hrsg.) Interpreting archaeology. London (Routledge) 1995.

Pétrequin, Pierre. Ecologie d'un outil – la hache de pierre en Irian Jaya (Indonésie) Paris (CNRS Éditions) 1993.

Shanks, Michael; Tilley, Christopher, Y. Re-constructing archaeology: theory and practice. London (Routledge) 1992.

UNESCO-Courier April 2001. Focus: Stop the Art Thieves!

Die meisten Informationen zur Bedrohung archäologischer Fundstellen finden sich weit verstreut in Zeitungen, Zeitschriften und im Internet.

Ausstellungskataloge

Die Alamannen. Archäologisches Landesmusem Baden-Württemberg (Hrsg.). Stuttgart (Theiss Verlag) 1997.

Azteken. Köln (DuMont) 2003.

Europas Mitte um 1000. 3 Bände. Wieczorek, Alfried (Hrsg.) Darmstadt, Stuttgart (Theiss Verlag) 2000.

Georgien. Schätze aus dem Land des goldenen Vlies Gambaschidze, Irine et al (Hrsg.). Bochum (Dt. Bergbau-Museum) 2001.

Der geschmiedete Himmel. Die weite Welt im Herzen Europas vor 3600 Jahren. Meller, Harald (Hrsg.) Stuttgart (Theiss Verlag) 2004.

Gesichter des Orients – 1000 Jahre Kunst und Kultur aus Jordanien. Salje, Beate. Mainz (von Zabern) 2004.

Hannibal ad portas. Badisches Landesmuseum Karlsruhe (Hrsg.) Stuttgart (Theiss Verlag) 2004.

Die Hethiter und ihr Reich. Kunst u. Ausstellungshalle Bonn (Hrsg.) Stuttgart (Theiss Verlag) 2002.

Im Labyrinth des Minos. Kreta – die erste europäische Hochkultur. Siebenmorgen, Harald (Hrsg.) München (Biering & Brinkmann) 2000.

Menschen, Zeiten, Räume. Menghin, Wilfried; Planck, Dieter (Hrsg.). Stuttgart (Theiss Verlag) 2002.

Das Rätsel der Kelten vom Glauberg. Stuttgart (Theiss Verlag) 2002.

Römer zwischen Alpen und Nordmeer. Wamser, Ludwig (Hrsg.). Mainz (von Zabern) 2000.

Spuren der Jahrtausende: Archäologie und Geschichte in Deutschland. Freeden, Uta von (Hrsg.) Stuttgart (Theiss Verlag) 2002.

Stadtluft, Hirsebrei und Bettelmönch. Landesdenkmalamt Baden-Württemberg; Stadt Zürich (Hrsg.) Stuttgart (Theiss Verlag) 1992.

Syrien – Wiege der Kultur. Fortin, Michel (Hrsg.). Antikenmuseum Basel 1999.

Troia – Traum und Wirklichkeit. Archäologisches Landesmusem Baden-Württemberg (Hrsg.) Stuttgart (Theiss Verlag) 2001.

Glossar

Abri Felsüberhang, als regengeschützter Lagerplatz bei Wildbeutern und später bei Hirten und Jägern beliebt.

aDNA ancient DNA, Bruchstücke von → DNA, die in Knochen, Zähnen und Pflanzenresten erhalten geblieben sind.

Akropolis Oberstadt/Burg. Griechische und orientalische Städte hatten häufig eine ummauerte Oberstadt mit Tempeln und Palästen. So ist der Ruinenhügel von Hisarlik nur die Akropolis von Troia, die Unterstadt ist dagegen heute kaum mehr erkennbar.

Amphore Zweihenkliges Transport- oder Vorratsgefäß. Anhand ihrer Bruchstücke lassen sich Handelsverbindungen nachweisen.

Andamanen Inselgruppe zwischen Indien und Thailand.

Anthropologie Lehre vom (Körper des) Menschen, in Deutschland gilt sie als Teil der Medizin. In Amerika umfasst Anthropology die Fächer Archäologie, Ethnologie und physische Anthropologie.

Artefakt Vom Menschen hergestelltes Objekt.

Australopithecus Affenähnlicher Vorfahre des Menschen, lebte vor 4,5–2 Millionen Jahren in Afrika. → Lucy.

Befund Umschreibt den Zusammenhang, in dem archäologische Funde gemacht werden. Erst der Vergleich von Befunden erlaubt eine korrekte Einordnung und Interpretation der einzelnen Funde.

Bewuchsmerkmal Schon im 19. Jh. stellten Archäologen fest, dass über Mauern das Getreide schneller, über Gräben und Gruben dagegen später gelb wird. Grundrisse römischer → Villen zeichnen sich daher gelb in grün, Erdwerke dagegen grün in gelb ab. Effizient nutzbar wurde diese Erkenntnis aber erst mit der Entwicklung der → Luftbildarchäologie.

Bipolar Nach Geschlecht differenzierte Bestattungsart, z. B. rechtsseitig bzw. linksseitig; Kopf in Richtung Norden bzw. in Richtung Süden.

Birkenpech Aus Birkenrinde durch Destillieren hergestellte Klebemasse.

Büchse der Pandora Nach der griechischen Mythologie schenkte Zeus der ersten Frau auf Erden, Pandora (die Allgebende) eine Büchse, die sie nicht öffnen sollte. Aus Neugier tat sie es dennoch. So kam alles Übel auf die Welt, als sie das zweite Mal die Büchse öffnete, aber auch die Hoffnung.

^{14}C → Radiocarbondatierung.

Chaîne Opératoire Herstellungsprozess.

Chiton Griechisches Gewand, entweder sackartig oder ein einfaches Tuch, das an einer oder beiden Schultern mit Fibeln zusammengehalten wurde.

Chronologie Erforschung der zeitlichen Abfolge. → Typologie, → Dendrochronologie, → Radiocarbondatierung.

Dendrochronologie Anhand des Vergleichs einer standardisierten Kurve der Jahresringe von Bäumen mit einer Holzprobe kann das Alter eines Holzes auf das Jahr genau bestimmt werden. → Kalibrationskurve.

Denkmalamt/Denkmalpflege Behörde zur Erforschung, zum Erhalt und zur Pflege historischen und archäologischen Kulturgutes.

Dechsel Quergeschäftetes Beil zur Bearbeitung von Holz.

Depot Absichtlich niedergelegte oder versteckte Objekte, sei es als Opfergabe oder zur sicheren Verwahrung in Krisenzeiten.

DNA (engl.) Desoxyribonucleine Acid (Desoxyribonukleinsäure). DNA ist Träger der Erbinformationen, eine DNA-Analyse ermöglicht eine Verwandtschaft zu bestimmen.

Dolmen Kleines →Megalithgrab aus meist vier Tragsteinen und Deckstein.

Domestikation Bei Pflanzen Aussaat, Pflege und Ernte durch den Menschen, dabei bewusste oder unbewusste Selektion vorteilhafter Genvarianten, bei Tieren Haltung durch den Menschen, später gezielte →Zucht.

Einkorn Primitive Weizenart, Ursprungsgebiet →Fruchtbarer Halbmond.

Emmer Primitive Weizenart, Ursprungsgebiet →Fruchtbarer Halbmond.

Erdwerk Kreisförmiger mit Wällen, Gräben und →Palisaden umgebener Ort.

Fibel Gebogene Gewandnadel ähnlich der heutigen Sicherheitsnadel, die von der Bronzezeit bis ins Mittelalter modisches Accessoire war und deshalb häufig für die →Typologie und →Chronologie benutzt wird.

Feuerstein →Silex.

Fruchtbarer Halbmond Wie ein Halbmond zieht sich um die Arabische Wüste eine fruchtbare Region. Sie umfasst das heutige Israel, Jordanien, den Libanon, Syrien, die Südosttürkei und den Irak sowie den südwestlichen Iran.

Fürstengräber Reich ausgestattete Gräber mit Grabkammern unter Hügeln, mit wertvollen Beigaben, häufig Importen. Mit der Übertragung des Begriffes »Fürst« aus der mittelalterlichen Feudalgesellschaft ist aber nicht gesagt, dass es in der Vorgeschichte ähnliche Gesellschaftsformen gab.

Geoglyphen Großflächige, von Menschen in der Landschaft angebrachte Zeichnungen, Linien oder Figuren. Berühmte G. sind die von Nasca und Palpa in Peru, das »White Horse« im südenglischen Kalkgebiet oder der schlangenförmige »serpent mound« in den USA.

Geophysikalische Prospektion →Geomagnetik, Georadar.

Geomagnetik Jeder Bodeneingriff verändert die magnetischen Eigenschaften des Untergrunds, diese können mit Magnetometern gemessen werden. Gruben, Palisaden, Gräber, Mauern und gebrannter Ton zeichnen sich dabei als Anomalien ab. Um das Messbild zu interpretieren, bedarf es stichprobenartiger Ausgrabungen.

Georadar Ähnlich wie Schallwellen bei der Seismik werden elektromagnetische Impulse von der Oberfläche in den Untergrund geschickt und gemessen, was reflektiert wird. Harte Mauern und weiche Grubenfüllungen unterscheiden sich dabei im Messbild deutlich.

Gewichtswebstuhl Senkrecht stehender Webstuhl mit nach unten hängenden Kettfäden, an denen Ton- oder Steingewichte befestigt sind.

GIS Geographische Informationssystem (s. S. 94).

GPS Global Positioning System. Durch die Entfernungsmessung zu drei oder mehr Satelliten kann die Position eines beliebigen Punkts auf der Erdoberfläche im Idealfall zentimetergenau bestimmt werden. Wird in der Archäologie vor allem bei Surveys eingesetzt.

Halbwertszeit Ist die Zeit, in welcher sich ein exponentiell mit der Zeit abnehmender Wert halbiert hat, typisch dafür ist der Zerfall radioaktiver Isotope. → Radiocarbondatierung.

Hämatit Bluteisenstein, eisenhaltiges Mineral (Fe_2O_3), wurde vor allem als roter Farbstoff verwendet.

Hierogylphen Die ältesten ägyptischen Schriftzeichen. Dabei handelt es sich nicht um eine Bilderschrift, denn die H. setzen sich aus Laut- und Bildzeichen zusammen. Sie wurden von ca. 3200 v. Chr. bis 300 n. Chr. benutzt.

Hypokaustum Römische Wand- und Fußbodenheizung.

Interpretative Archäologie → Postprozessuale Archäologie.

Isotope Sind Atome eines Elements, die sich durch die unterschiedliche Anzahl von Neutronen im Atomkern unterscheiden.

Jazygen (lat. *Iazyges*) Reiternomadischer Stamm, ursprünglich an der Schwarzmeerküste beheimatet.

Jungpaläolithikum Letzte Phase der Altsteinzeit, ca. 40.000–10.000 v. Chr.

Kaftan Langes orientalisches Gewand.

Kalibrationskurve Dient dazu, die Fehlerspanne der → Radiocarbondaten zu korrigieren, die sich daraus ergibt, dass der ^{14}C-Gehalt in der Atmosphäre nicht konstant ist (s. S. 36).

Katastrophisten Forscher, die Katastrophen (Naturkatastrophen, Seuchen etc.) als Hauptursache für Veränderungen ansehen.

Keilschrift Älteste bekannte Schrift (ab etwa 3300 v. Chr.). Einzelne Keile wurden zu Zeichen kombiniert und in feuchte, ungebrannte Tontafeln gedrückt. Keilschrift war im 2. Jt. v. Chr. die Verkehrsschrift im Vorderen Orient, wurde im Laufe des 1. Jt. v. Chr. durch Alphabetschrift allmählich abgelöst.

Knochengrus Kleine, meist undefinierbare Knochenstückchen, die nach dem Verbrennen von Tieropfern oder von Toten übrig bleiben.

Kognitive Archäologie → Postprozessuale Archäologie.

Kollektivgrab Massengrab oder Grabkammer, in der immer wieder Verstorbene bestattet wurden.

Krater Großes griechisches Weinmischgefäß.

Ley-lines Linien, die nach Meinung der »Ley-hunter« bedeutsame Orte in einer Region verbinden (s. S. 23).

Lucy Skelett einer → Australopithicus-Frau, in Hadar, Äthiopien, 1974 gefunden.

Luftbildarchäologie Aus großer Höhe lassen sich im Streiflicht oder anhand von → Bewuchsmerkmalen großflächige Strukturen erkennen, etwa Feld- und Wegesysteme, Hausgrundrisse oder Grabhügelfelder.

Matriarchat Herrschaft der Mütter/Frauen (s. S. 20).

Menhir Einzeln stehender, von Menschen aufgestellter und manchmal bearbeiteter Monolith.

Megalithgrab Aus mehreren Steinplatten errichtetes Grab, meist als → Kollektivgrab genutzt; → Dolmen.

Mithras-Kult Persische Erlöserreligion, die sich mit dem römischen Militär im ganzen Römischen Reich ausbreitete.

Middle Range Theory (MRT) Ist eine Theorie, mit der der Prozess von der lebenden Kultur zum lückenhaften archäologischen Befund erklärt wird → Taphonomie.

Neolithikum Griechisch: neos: neu und lithos: Stein, beginnt mit dem Übergang zur produzierenden Wirtschaftsweise (Neolithisierung), weitere Kennzeichen sind: Keramik, geschliffene Steingeräte und solide Häuser.

Obsidian Vulkanisches Glas, das noch bessere Eigenschaften als → Silex hat, und daher oft verhandelt wird.

Oppidum/Oppida Keltische stadtähnliche Anlagen.

Paläoanthropologie Die Erforschung fossiler oder prähistorischer Menschen.

Paläolithikum Altsteinzeit, Griechisch: palaios: alt und lithos: Stein.

Palisade Befestigung aus runden oder gespaltenen Holzstämmen.

Papyrus Aus der Papyruspflanze in Ägypten hergestelltes Papier.

Parasit Lebewesen, das sich im oder am Menschen, in oder an einem Wirtstier oder einer Wirtspflanze einnistet und sich von diesem/dieser ernährt.

Pergament Getrocknete und geglättete Tierhaut, auf der geschrieben wurde.

Pfahlbau Auf Pfählen errichtetes Haus, vor allem in Moor- und Seeufersiedlungen.

Planum/Plana Ebene, künstlich geschaffene Oberfläche bei einer Ausgrabung, um Strukturen erkennen und dokumentieren zu können.

Pollendiagramm (s. S. 61).

Postprozessuale Archäologie Aus der Kritik an der → Prozessualen Archäologie entwickelte sich in den 1980er Jahren die P. Es gibt verschiedene theoretische Ausrichtungen wie die interpretative oder kontextuelle, stark hermeneutisch geprägte Archäologie oder die kognitive, die sich mit der Entwicklung der mentalen Kapazitäten beschäftigt.

Prozessuale Archäologie/New Archaeology In den 1960er Jahren wurde gefordert, diejenigen Prozesse systematisch zu beobachten, die von lebenden Kulturen zu archäologischen Befunden führen. Aus den erwarteten Regelhaftigkeiten sollten Theorien und Fragestellungen abgeleitet werden.

Pyrit Schwefelhaltiges Eisenmineral (FeS_2), das zum Feuermachen benutzt wurde.

Quaden Germanischer Volksstamm.

Radiocarbondatierung Da die → Halbwertszeit von radioaktivem Kohlenstoff (^{14}C) bekannt ist – sie beträgt 5730 Jahre – kann durch die Bestimmung des Gehaltes an ^{14}C das Alter abgestorbener Organismen bestimmt werden (s. S. 36).

Regenbogenschüsselchen Bezeichnung für keltische Goldmünzen, die sich nach dem Volksglauben am Ende des Regenbogens fänden.

Replik Originalgetreue Kopie eines archäologischen Objektes.

Runen Germanische Schriftzeichen.

Saflor Färberdistel *(Carthamus tinctorius)* schnellwachsende, bis 90 cm hohe distelähnliche Pflanze; wurde in Ägypten bereits im 4. Jt. v. Chr. als Färbemittel (gelb) benutzt.

Sarkophag Prunkvoller Steinsarg. Der Begriff S. wird bei ägyptischen Funden auch für Holz- und Metallsärge verwendet.

Silex (Horn-, Feuerstein oder Flint) glasartiges Silikatgestein, vom → Paläolithikum bis in die Bronzezeit wurden aus S. scharfkantige Werkzeuge und Waffen hergestellt.

Spondylusmuschel Im Mittelmeer verbreitete Muschel, die im → Neolithikum bis nach Mitteleuropa getauscht wurde.

Stratgraphie Abfolge von Ablagerungsschichten, die archäologisches Material umfassen (= Kulturschicht) oder fundleer sein können (natürliche Bodenbildungen, Sedimente). Die S. gibt Archäologen Aufschluss über das Alter der Funde. Im Normalfall ist die untere Schicht älter als die darüber liegende.

Survey Eine Region wird systematisch auf Fundstellen hin untersucht. Traditionelle Methode sind flächendeckende Feldbegehungen, bei denen archäologische Funde und Befunde kartiert werden. S. werden heutzutage häufig durch → Luftbildarchäologie und/oder → geopyhsikalische Prospektionen erweitert.

Taphonomie Lehre von den Zersetzungsprozessen natürlicher u. künstlicher Materie.

Terra sigillata Leuchtend rotes römisches Tafelgeschirr.

Token Geometrische Ton- oder Steinobjekte, im alten Orient als Zählsteine benutzt.

Trepanation Operative Öffnung des Schädels.

Tunika Hemdartiges Gewand in unterschiedlichen Längen.

Typologie Technologisch oder stilistisch evolutionäre Ordnung von Objekten zur Klärung des relativen Alters eines Objektes.

Villa *Villa rustica:* Römisches Landgut mit zugehöriger Wirtschaftsfläche, in Größe und Ausstattung sehr variabel, je nach Wohlstand des Besitzers.

Volute Spiral- oder schneckenförmige Verzierung.

Wildbeutertum Lebensweise, die auf Jagen, Fischen und Sammeln beruht.

Wüstung Aufgegebene Siedlung, die im Gelände nicht mehr erkennbar ist. Seltener sind Stadtwüstungen, etwa in Bergbaugebieten. W. wird vor allem für mittelalterliche Dörfer verwendet.

Zucht Gezielte Selektion oder Kreuzung bevorzugter Genvarianten von Pflanzen und Tieren durch den Menschen.

Zunderschwamm Baumpilz, der zum Feuermachen benutzt wurde.

Bildnachweis

akg-images 42, 62, 155; akg-images, Rainer Hackenberg 135; akg-images, Erich Lessing 70; akg-images, Rabatti - Domingie 29; Amt für Städtebau – Unterwasserarchäologie Zürich 65; Archäologische Bodenforschung Basel Stadt 36; Archäologischer Dienst Bern 39; Bau, Flemming, Århus 44; Baumeister, Ralf, Federseemuseum Bad Buchau 17; Benz, Marion, Laufenburg 12, 16, 49, 115; Bunte Götter, 2003, Vinzenz Brinkmann 130; Christen, J., Mannheim 98; Deutsches Archäologisches Institut, Berlin, Foto: Gerber 134; GGH - Giese, Grubert & Hübner Gbr 93; Haußner, Christoph, München 90; Institut für Geodäsie und Photogrammetrie, ETH Zürich 173; Landesamt für Denkmalpflege, Freiburg 24; Landesamt für Denkmalpflege, Hessen 94, 96, 110; Maise, Christian, Laufenburg 43; Museum für Vorgeschichte, Halle 54; Palm, Peter, Berlin 57, 59, 178/179; Picture Alliance 2, 6–9, 14, 20, 21, 23, 26, 32, 45, 46, 52, 60, 63, 68, 73, 74, 81, 83, 84, 85, 88, 89, 97, 103–105, 107–109, 111, 112, 117, 121, 124, 126, 127, 132, 137, 138, 140–143, 147, 152, 157, 161, 164, 168–170, 175, 176; RGZM, Mainz 163; Römerstadt Augusta Raurica, Foto: Germaine Sandoz 10; Römerstadt Augusta Raurica, Foto: Rudolf Laur-Belart 113; Soprintendenza Archeologica della Puglia 172; Ulmer Museum, Ulm 133; Universität Genf, Mission Ethnoarchéologique Suisse en Afrique de l'Ouest 158

Verlag und Autor danken allen Leihgebern für die Bereitschaft Bildmaterial für diese Publikation zur Verfügung zu stellen. Leider war es nicht in allen Fällen möglich, die Inhaber der Urheberrechte zu ermitteln. Etwaige Ansprüche kann der Verlag bei Nachweis entgelten.

Bibliografische Information Der Deutschen Bibliothek
Die Deutsche Bibliothek verzeichnet diese Publikation in der Deutschen Nationalbibliografie; detaillierte bibliografische Daten sind im Internet über http://dnb.ddb.de abrufbar.

Umschlaggestaltung: Stefan Schmid, Stuttgart, unter Verwendung von Abbildungen der picture-alliance, Frankfurt/Main
Kartografie: Peter Palm, Berlin

Die Herausgabe dieses Werkes wurde durch die Vereinsmitglieder der WBG ermöglicht.
Lektorat und Bildredaktion: Katharina Kulke, Freiburg
Reihen-Gestaltung und Satz: Katrin Kleinschrot, Stuttgart
Reproduktionen: reproteam siefert, Ulm
Druck und Bindung: Uhl, Radolfzell
ISBN-10: 3-8062-1966-4
ISBN-13: 978-3-8062-1966-1

Besuchen Sie uns im Internet: www.theiss.de